Ingeborg & Horst Obereder

**Das unglaubliche
Glaubensbuch**

*Lebenshilfe
für Leib und Seele*

Ingeborg & Horst Obereder

Das unglaubliche Glaubensbuch

*Lebenshilfe
für Leib und Seele*

Mediatrix-Verlag
A-3423 St. Andrä-Wördern, Gloriette 5

*„Die Identität des Christen
fordert ein ständiges Bemühen
um eine immer bessere Ausbildung,
weil die Unwissenheit
der schlimmste Feind des Glaubens ist.
Wer kann behaupten,
Christus wahrhaft zu lieben,
wenn er sich nicht bemüht,
Ihn besser kennen zu lernen?"*

(Papst Johannes Paul II.)

3. Auflage

Mit kirchlicher Druckerlaubnis
Zl.O.-1082/07, 28. Juni 2007
Familienbischof DDr. Klaus Küng, St. Pölten

Alle Rechte vorbehalten

© Mediatrix-Verlag, St. Andrä-Wördern 2010

Layout: Horst Obereder
Alle Bilder: © privat

ISBN 978 3 85406 182 3

INHALT

Zum Geleit 7
Sinn und Ziel des Lebens 13
Schöpfung 17
Heilige Schrift 21
Gott Vater 25
Gott Sohn 29
Gott Heiliger Geist 33
Dreifaltigkeit 37
Katholische Kirche 41
Maria 45
Sakramente 49
Sakrament der Taufe 53
Sakrament der Firmung 57
Sakrament der Eucharistie 61
Sakramente der Heilung 65
Sakrament der Weihe 69
Sakrament der Ehe 73
Gottesliebe (1. – 3. Gebot) 77
Familie (4. Gebot) 81
Leben (5. Gebot) 85
Liebe und Treue (6. und 9. Gebot) 89
Eigentum und Neid (7. und 10. Gebot) 93
Wahrheit (8. Gebot) 97
Die Letzten Dinge 101
Gebet 101
Heilige Messe - Ablauf 109
Moderne Heilslehren 113
Bedrohung des Glaubens 117
Unterscheidung der Geister 121
Auftrag zur Evangelisation 125
Heiße Eisen 129
Privatoffenbarungen 133
„Warum lässt Gott das zu?" 137
Leben mit Jesus im Alltag 141

Kirchenjahr	147
Weihnachten	151
Fastenzeit	155
Leidensgeschichte	159
Ostern	163
Pfingsten	167
Allerheiligen	171
Berufung des Mannes	177
Berufung der Frau	181
Tipps zum Glücklichsein	185
Die Beziehung in der Ehe pflegen	189
Konfliktbewältigung in der Ehe	193
Fruchtbarkeit – Humanae vitae	197
Familie und Beruf	201
Christliche Kindererziehung	205
Lernen lernen	211
Feste feiern in der Familie	215
„Loslassen" und „Loslösen"	219
Ein gesundes Selbstwertgefühl	223
Depressive Verstimmung - was tun?	227
Richtig mit der Angst umgehen	231
Burnout	235
Heilkräfte der Seele	239
Christliche Heilmittel	245
Haus- und Gebetskreise	249
Unter dem Schutz der Engel	253
Literatur	256

„Der Glaube
ist Frucht der Seele,
nicht des Körpers.
Wer also jemanden
zum Glauben führen will,
braucht die Fähigkeit
zur guten Rede
und ein rechtes Denken…"
(Benedikt XVI.)

Zum Geleit

Lieber Leser!

Der Inhalt des vorliegenden Buches entstand im Rahmen der „Initiative Hauskirche" und war als Unterlage für Familien-Hauskreise gedacht. Die ersten beiden Auflagen wurden im DIN A4-Format unter dem Titel „Hauskreise" gedruckt.

Die Mappe wurde überaus positiv aufgenommen. Sie diente zur persönlichen Glaubensvertiefung, als Unterlage für Hauskreise, zur Vorbereitung auf die Firmung oder Konversion und sogar als Anregung für Predigten. Bischöfe, Priester und Laien haben diese Mappe sehr empfohlen.

Verschiedene Rückmeldungen und vor allem die Rezension eines Schweizer Theologen haben uns bewogen, das Format, den Titel und das Cover zu ändern.

„Unglaubliches Glaubensbuch" heißt dieses Buch deshalb, weil es – leicht lesbar – und strukturiert die wesentlichen Glaubensinhalte abdeckt und so neben dem Katechismus und dem Kompendium ein „Glaubensbuch für alle" zur Seite stellt.

In diesem Werk werden 33 „Glaubensthemen", 7 „Themen zum Kirchenjahr" und 19 „Ausgewählte Themen" für das alltägliche Leben behandelt. Das Buch ist daher nicht nur ein Glaubensbuch, sondern auch eine Lebenshilfe für Leib und Seele.

In die einzelnen Kapitel flossen die Erfahrungen aus unserem Ehe- und Familienalltag, sowie aus unserem vielseitigen Berufsleben ein. Zu Hilfe kamen uns auch unsere Erfahrungen als Katechisten, Pädagogen, Trainer in der Erwachsenenbildung und als langjährige Mitarbeiter in Erneuerungsbewegungen.

Für die „Ausgewählten Themen" waren die Erfahrungen aus der psychotherapeutischen Praxis von Ingeborg eine große Hilfe.

Wir wünschen, dass durch das „Unglaubliche Glaubensbuch" gläubige Katholiken in ihrem Glauben gestärkt werden und fern stehende Menschen zum Glauben und zum Glück finden.

Linz, am 8. September 2007
Ingeborg & Horst Obereder

Zum Geleit

Rezensionen

Für die Mappe „Hauskreise", deren Text im „Unglaublichen Glaubensbuch" vollinhaltlich übernommen und erweitert wurde, erhielten wir viele Rezensionen, die wir hier auszugsweise wiedergeben.

Papst Benedikt XVI.

Seine Heiligkeit hat mich beauftragt, Ihnen für diese schöne Initiative herzlich zu danken, mit der Sie Ihre treue Verbundenheit mit dem Nachfolger Petri und mit seinem universellen Hirtendienst zum Ausdruck bringen.
(Msgr. Gabriel Caccia i.A.von Papst Benedikt XVI.)

Kardinal Dr. Christoph Schönborn

Dort, wo Menschen als christliche Familien zusammenleben, wird auch die Haltung des Glaubens gelernt.
Der Zusammenschluss von Familien in Hauskreisen ist ein Multiplikator für den Glauben. Möge das Gebet und die Vertiefung in die Glaubenswahrheiten reiche Frucht tragen.

P. Daniel Ange
Dieses Werk ist „Wunderbar" – ich werde dafür werben!

Familienbischof DDr. Klaus Küng

Das Gebot der Stunde heißt: Den Glauben vertiefen und sich in Gruppen zusammenschließen. Genau diesem Zweck dient die vorliegende Arbeitsmappe für Hauskreise. Ich wünsche dem „Projekt Hauskreise", das in der Urkirche seine Wurzeln hat (vgl. Apg 12, 12), große Fruchtbarkeit und reichen Segen.

Bischof Dr. Ludwig Schwarz, Linz

Die Mappe ist geprägt von der Treue zur katholischen Lehre auf der Grundage des Katechismus der Katholischen Kirche. Sie ist durch ihre besondere Gestaltung sehr attraktiv und leicht lesbar.
Als Diözesanbischof danke ich Ihnen für diese Arbeit im Rahmen der „Initiative Hauskirche" und wünsche ihr eine weite Verbreitung unter den Gläubigen.

Gertrud H. Schweiz
über Internet zugeschickt

Die Entdeckung Ihres Hauskirchenbuches war ein Geschenk Gottes. Mit Genehmigung unseres Pfarrers hat es die Pfarrei für alle Gebetskreise gekauft!

Zum Geleit

P. DDr. Alfons Berkmüller
„Ein Freund ist jemand, der die Melodie deines Herzens hört und sie dir vorsingt, wenn du sie vergessen hast." Auf jeder Seite des Buches hören wir diese Melodie des Herzens erklingen und hören, was sie uns Menschen, die wir diese Melodie vergessen haben, heute sagt. Die Autoren zeigen in meisterhafter Art, was die Melodie Gottes ist.

Pfr. Dr. Anton Lässer
Sowohl was Inhalt und Aufmachung als auch was Struktur und Systematik betrifft, erscheint mir die Mappe „Hauskreise" durch und durch gelungen – einfach eine Freude!

Dr. Herbert Madinger

Die Idee, eine solche Mappe „Hauskreise" herauszubringen, hat mich begeistert. Danke, dass Sie den Mut gehabt haben, dies zu tun. Ich bete dafür, dass sie in unzählige Haushalte kommt.

P. Bernhard Kunst

Ich bin sehr dankbar, dass Sie so eine systematische Glaubensverkündigung zusammengestellt haben. Ich verwende diese Mappe für meine Predigten. Die christlichen Grundsätze werden so wunderbar dargelegt, dass ich das Buch jedem Pfarrer empfehlen kann.

Man findet auch Beispiele, es ist so schön gegliedert, es ist einfach einmalig. Ich kann dazu nur gratulieren. Der Heilige Vater würde dieses Werk nur begrüßen.

Pfr. Mag. Josef Michal
Das ist die passende Unterlage für die Gruppenarbeit nach dem Glaubensseminar!

DDDr. Peter Egger

Wir erleben heute zunehmend den Aufbruch der Hauskirche! Dieser Aufbruch ist aber nur möglich, wenn es dazu auch eine solide und handfeste Anleitung für die Gestaltung und den Aufbau der Hauskirche gibt. Mag. Ingeborg und DI. Horst Obereder ist es in dankenswerter Weise gelungen, eine solche Anleitung zu schaffen: Ihr Werk "Hauskreise" vermittelt die grundlegenden katholischen Glaubenswahrheiten und gibt ganz konkrete Anweisungen für eine christliche Lebensgestaltung, es führt in die Bedeutung und in die Praxis der Sakramente ein und gibt Tipps für die Feier des Kirchenjahres. Es behandelt viele aktuelle Fragen und heiße Eisen, die in jeder Familie zur

Sprache kommen. Das Buch hat eine solide theologische Grundlage, es ist aber auch sehr lebensnahe und praktisch ausgerichtet. Es ist auch in methodischer Hinsicht gut aufbereitet und eignet sich daher vorzüglich zur Führung von Hauskreisen. Das Werk von Ingeborg und Horst Obereder kann für den Gebrauch in den einzelnen Familien, aber auch für die Leitung von Hauskirchen-Kreisen nur wärmstens empfohlen werden.

Dr. Don Reto Nay - Exeget

Wer das Werk bisher nicht gekannt hat, ist selber schuld. Das Ziel des Werkes wird in einem Zitat von Papst Johannes Paul II. zusammengefasst: „Die Identität des Christen fordert ein ständiges Bemühen um eine immer bessere Ausbildung." Für die päpstlich gewünschte Schulung der Christen haben das Autorenehepaar, Ingeborg und Horst Obereder aus Linz, ein überzeugendes Werkzeug geschaffen.

Darum verdient „Hauskreise" ein überschwängliches Lob. Das Buch bietet seinen Inhalt glasklar und leicht verständlich dar. Aus ihm kann man den christlichen Glauben mit Kopf und Herz lernen.

Zu loben ist auch das Layout. Es ist weder schwülstig-katholisch noch grau-depressiv neukatholisch, sondern schön, durchsichtig und auf das Wesentliche hinweisend. Das Lesen des „Hauskreises" ist ein helles Vergnügen.

Das Buch lädt Christen mit und ohne Familie ein, sich zusammenzusetzen und gemeinsam eine Kreuzfahrt durch die Meere des katholischen Glaubens zu unternehmen. Dabei kommt aus der Schiffsküche etwas anderes als das übliche sentimentale Gesäusel, das heute gewöhnlich den Platz einer soliden Katechese besetzt. „Hauskreise" bietet Inhalte und füllt darum eine echte Marktlücke.

Gesagt wird es uns schon lange: Es sei notwendig, junge und ältere katholische Ehepaare in den Pfarreien zu sammeln und zu begleiten. Doch wie viel Kaffee kann man bei solchen Anlässen schlürfen, wie viele Kekse verdrücken? Wie oft kann man sich die gleichen Geschichtchen erzählen? Die Alternative zu dieser letztlich sinnlosen Cafeteria- und Kalorien-Pastoral ist im Buch „Hauskreise" enthalten.

Das kleine Werk könnte zur Grundlage für eine Katechesekampagne in unseren Pfarreien werden.

Ich wünsche dem Buch zum Neuen Jahr einen neuen Namen und eine Auflage von 100.000 Exemplaren.

Gösweiner Johanna

Ich habe in dem Buch auf alle religiösen Fragen eine Antwort gefunden.

Glaubensthemen
(GT)

vom
„Sinn und Ziel des Lebens"
bis zum Thema
„Leben mit Jesus im Alltag"

Wir glauben

Der Glaube ist ein persönlicher Akt:
die freie Antwort des Menschen
auf die Einladung des sich offenbarenden Gottes.
Doch der Glaube ist kein isolierter Akt.
Niemand kann für sich allein glauben,
wie auch niemand für sich allein leben kann.
Niemand hat sich selbst den Glauben gegeben,
wie auch niemand sich selbst das Leben gegeben hat.
Der Glaubende hat den Glauben von anderen empfangen;
er muss ihn anderen weitergeben.
Unsere Liebe zu Jesus und zu den Menschen drängt uns,
zu anderen von unserem Glauben zu sprechen.
Jeder Glaubende ist so ein Glied
in der großen Kette der Glaubenden.
Ich kann nicht glauben,
wenn ich nicht durch den Glauben anderer
getragen bin, und ich trage
durch meinen Glauben
den Glauben anderer mit.

(KKK 166)

Sinn und Ziel des Lebens   GT 1

- ❖ **Begleitende Literatur:** KKK 26 - 73

- ❖ **Schriftbetrachtung:** Lk 12,13-21

- ❖ **Ein Text zur Einstimmung:**

*War kerngesund – kauft einen Grund,
erstellt einen Plan – und geht es an.
Gräbt eine Grube – für seine Stube,
baut eine Wand – aus Ziegel und Sand.
Gleich danach – setzt er ein Dach,
ist sehr behände – reibt sich die Hände!
Stattet sein Haus – mit Möbeln aus,
setzt einen Zaun – pflanzt einen Baum,
reibt sich die Hände! – Plötzliches Ende!*
(Horst Obereder)

- ❖ **Zum Thema: „Sinn und Ziel des Lebens"**

1. **Hat Ihr Leben einen Sinn?**
   - Stellen Sie sich vor, da läuft ein Film im Fernsehen, der Ihr Leben zeigt.
   - Was darf man zeigen?
   - Was sollte niemand sehen?
   - Was haben Sie mit Ihrer Zeit, Ihrem Geld und Ihren Talenten gemacht?
   - Welche Ziele und Ideale haben Sie verfolgt?
   - Sind Sie mit all Ihren Aktivitäten einverstanden oder würden Sie manches anders machen wollen?

- **Fragen nach dem Sinn**
  - Was sind Ihre Ziele?
  - Was tun Sie, wenn Sie Ihre Ziele erreicht haben?
  - Welche Ideale haben Sie?
  - Können diese Ideale Sie glücklich machen?
  - Was ist eigentlich der Sinn Ihres Lebens?

- **Mit der Sinnfrage treffen wir den tiefsten Kern unserer Existenz!**
  - Hat uns der Zufall ins Dasein geworfen und vegetieren wir

Sinn und Ziel des Lebens — GT 1

ohne Sinn und Ziel dahin?
- Oder sind wir zu einem Sein in Ewigkeit berufen?

- **Manche Menschen sagen, wir wissen nicht, was nach dem Tode kommt. Die Begründungen sind stereotyp:**
  - „Niemand ist jemals zurückgekommen." (Aber stimmt das? – Christus ist auferstanden und den Jüngern erschienen!)
  - „Niemand kann ‚hinüber' schauen."
    (Auch das stimmt nicht, denken wir an die Erscheinungen in Lourdes oder Fatima.)
  - „Glauben heißt – nichts wissen!"
    (Der Glaube hat mit naturwissenschaftlichem Wissen nichts zu tun, er geht darüber hinaus! Schließlich wissen wir, dass Christus und die Apostel gelebt haben.)

- **Die Frage nach dem Sinn des Lebens hat eine fundamentale Bedeutung für jeden Menschen:**
  - Solange er keine Antwort auf diese Frage gefunden hat, bleibt er auf der Flucht vor sich selbst.
  - Ohne Sinn wird er ein Gefangener seiner Triebe und Süchte und bleibt im Tiefsten einsam.
    (Deshalb verzweifeln viele einstige Stars und Berühmtheiten, wenn ihr Stern gesunken ist, verfallen dem Alkohol oder nehmen Drogen. Manche enden sogar im Selbstmord.)

2. Ideen der Philosophen

Die Philosophie ist jene Wissenschaft „die sich mit den Fragen nach dem Sinn des Lebens, nach dem Zusammenhang der Dinge beschäftigt und nach der Wahrheit forscht" (Duden – Bedeutungswörterbuch).

- **Bei den Philosophen finden wir die unterschiedlichsten Aussagen („Wahrheiten"):**

  - **Pascal** sagt:
    „Der Gott der Christen ist ein Gott der Liebe."
  - **Nietzsche** posaunt:
    „Gott ist tot! ... das Sein ist ohne Sinn und Ziel!"
  - **Jaques Monod** meint:
    „Wir sind nur Zufall, ohne Sinn und ohne Ziel."

- Blaise Pascal hat allen nach der Wahrheit Suchenden seine tiefste Erkenntnis mitgeteilt: Auf einem Zettel, den man nach seinem Tod – eingenäht in seinem Rockmantel – fand, stand geschrieben:

  „Gott Abrahams,
  Gott Isaaks, Gott Jakobs
  - nicht der Philosophen
  und Gelehrten!"

Sinn und Ziel des Lebens GT 1

3. Die Antwort der Kirche

- **Das Geheimnis des Menschen**
  - Die Konzilsväter haben geschrieben:

    „Tatsächlich klärt sich nur im Geheimnis des fleischgewordenen Wortes das Geheimnis des Menschen auf" (GS 22).
  - Der letzte Sinn des Lebens ist daher nur durch eine Selbstmitteilung Gottes zu erfahren!
  - Der Schöpfer selbst muss sich seinem Geschöpf offenbaren und ihm den Sinn des Lebens erschließen. Dies ist im Christentum – und **nur allein im Christentum** – durch den Sohn Gottes, durch Jesus Christus, geschehen!
  - Wir können daher aus uns selbst nicht den letzten Sinn unseres Daseins erkennen, wir sind auf die Offenbarung Gottes angewiesen.

- **Jesus hat Kunde gebracht**
  - Im Prolog des Johannesevangeliums lesen wir den Schlüsselsatz der Offenbarung:

    „Der Einzige, der Gott ist und am Herzen des Vaters ruht, er hat Kunde gebracht" (Joh 1,18).
  - Nicht wir geben unserem Dasein einen Sinn, Gott gibt den Sinn, denn er ist der Ursprung des Lebens.
  - Das Evangelium ist die frohe Botschaft von Jesus, dem Sohn Gottes, der uns den Sinn des Lebens erschließt. Für sein Wort bürgt er durch seinen Tod und seine Auferstehung.

- **Jesus ist der Herr**
  - Jesus ist das ewige Wort des Vaters, auf ihn hin ist alles geschaffen.
  - Er, dem Wind und Wellen gehorchen, ist Herr über den ganzen Kosmos.
  - Ohne ihn wäre nichts, würde alles ins Nichts fallen.

- **Antworten auf die Sinnfrage**

  Jesus, der Herr, er hat „Kunde" gebracht; daher kann die Kirche auf die Frage nach dem „Woher, Warum und Wohin" eine klare Antwort geben:

Woher kommen wir?
  - Die Kirche stellt klar Sinn und Ziel des Lebens vor Augen.
  - Ihre Quelle ist aber nicht die Philosophie, sondern die Offenbarung Gottes.
  - Die Kirche ist das Sprachrohr Gottes.
  - Die Kirche lehrt, dass Gott die Welt in Freiheit aus dem Nichts erschaffen hat und der Mensch als Ebenbild Gottes die Krone dieser Schöpfung ist.

  – Wir kommen aus der Hand Gottes!

Sinn und Ziel des Lebens

Warum sind wir?
- Die Kirche lehrt, dass die Welt und mit ihr der Mensch zur Ehre Gottes geschaffen sind.
- Nicht um seine Herrlichkeit zu mehren, hat Gott uns ins Leben gerufen, sondern um uns in seiner überfließenden Liebe seine Herrlichkeit mitzuteilen und uns Anteil zu geben an seinem göttlichen Leben.

*– Wir sind,
weil Gott uns liebt!*

Wohin gehen wir?
- Die Kirche gibt uns auch Antwort auf die Frage nach dem Ziel unseres Lebens und erhellt somit den letzten Sinn unseres Daseins.
- Unser Ziel ist ein Leben in Fülle, die ewige „Gemeinschaft mit Gott".
- „Der Himmel ist das letzte Ziel und die Erfüllung der tiefsten Sehnsüchte des Menschen, der Zustand höchsten, endgültigen Glücks" (KKK 1024).

*– Wir gehen durch den Tod
ein in das ewige Leben mit Gott!*

❖ **Anregungen zum Nachdenken / Gespräch:**

➢ Wohin gehen Ihre Zeit und Ihr Geld?
➢ Wofür setzen Sie Ihre Talente ein?
➢ Hat Ihr Leben auch angesichts des Todes einen Sinn?
➢ Kirkegaard sagt: „Ein Ideal ist ein erkannter Wert, von dem ich meine Vollendung und mein ganzes Glück erwarte." Welches Ideal entspricht dieser Definition?

*„Wer keinen Sinn
im Leben sieht,
ist nicht nur unglücklich,
sondern kaum lebensfähig."*
(Albert Einstein)

*„Es gibt erfülltes Leben
trotz vieler
unerfüllter Wünsche."*
(Dietrich Bonhoeffer)

Schöpfung GT 2

❖ **Begleitende Literatur:** KKK 279 - 421

❖ **Schriftbetrachtung:** Genesis 1

❖ **Ein Text zur Einstimmung:**

Im Buch der Weisheit lesen wir, „denn von der Größe und Schönheit der Geschöpfe lässt sich auf ihren Schöpfer schließen" (Weish 13,5). *Der Mensch kann mit seinem Verstand „die Welt erforschen" und „den Herrn der Welt" erkennen* (vgl. Weish 13,9). *Die ganze Schöpfung nämlich kündet von der Allmacht Gottes. Der Psalmist drückt es so aus: „Die Himmel rühmen die Herrlichkeit Gottes, vom Werk seiner Hände kündet das Firmament"* (Ps 19,2). *Die Schöpfung kündet von einem absoluten, vollkommenen und dreifaltigen Gott.* (Kurzbetrachtung)

❖ **Zum Thema: „Schöpfung"**

1. Gott schafft aus dem Nichts
- Die Astrophysiker sagen, dass sich das Weltall mit Lichtgeschwindigkeit ausbreitet und vor etwa 14 Milliarden Jahren aus einem mächtigen Urknall heraus begonnen hat.
- Warum kam es zu diesem Urknall? Die Wissenschaftler stehen vor einem Rätsel; die Christen hingegen sehen dahinter die Schöpferhand Gottes.
- Es war Gott, der aus dem Nichts den ganzen Kosmos schuf.
- Die Bibel ist kein naturwissenschaftliches Buch.
- Die Genesis, das erste Buch der Bibel, beschreibt daher nicht „WIE" die Schöpfung entstand, sondern lediglich, „DASS" der ganze Kosmos von Gott geschaffen wurde.
- Aus reiner Liebe hat Gott Himmel und Erde erschaffen, einzig dar-

17

um, damit wir Anteil an seiner göttlichen Freude haben können (vgl. KKK 295).

2. Die Schöpfung ist vollkommen

- **Es war alles sehr gut**
  „Gott sah alles an, was er gemacht hatte: Es war sehr gut" (Gen 1,31). Ja, die Schöpfung ist vollkommen! Der Betrachter staunt ob der Genialität – vom Mikrokosmos bis zum Makrokosmos.
  - **Naturgesetze:**
    Sie beherrschen Atome, Sonnensysteme, Galaxien…
  - **Ein genialer Bauplan der Geschöpfe:**
    Vögel:
    Sie haben leichte Röhrenknochen, aerodynamische Flügel,…
    Fische:
    Sie atmen im Wasser durch Kiemen, halten enormen Druck aus...
    Stubenfliege:
    Die Flügel schwingen mit der Eigenresonanz des Körpers...
  - **Das Wunder Mensch:**
    Das Auge:
    Zwei Augen, um dreidimensional sehen zu können; Pupillen, die wie eine Blende arbeiten, Stäbchen und Zäpfchen, die die Lichtreize aufnehmen und Ströme zum Gehirn leiten; Gehirnzellen, die aus den Reizen ein Bild erstellen – und das in Bruchteilen von Sekunden.
    Das Ohr:
    Zwei Ohren, damit wir „stereo" hören können. Ein Trommelfell, das durch die Luftschwingungen bewegt wird. Diese Bewegungen wieder können wir als akustische Signale wahrnehmen und im Gehirn verarbeiten, als Gesang, Sprache...
    Knochen, Gelenke, Sehnen und Muskeln:
    Das Kniegelenk oder Handgelenk – sie sind geniale „Konstruktionen".
    "Maschinen", die ohne unser Zutun arbeiten:
    Herz, Lunge, Magen und Darm, Blase, Niere... sind organische Maschinen, die ohne unser Zutun ununterbrochen arbeiten.
    Verbrauchsteile:
    Nägel und Haare sind Verbrauchsteile, die immer wieder nachwachsen. Wenn die Haare Nerven hätten?
    „Wunder" des Wachstums:
    Maschinen, die während ihrer Arbeit größer werden – das sind die Organe unseres Körpers! Und alles wächst proportional zueinander. Mit den Muskeln wachsen gleichzeitig die Sehnen, die Blutgefäße, die

Knochen, die Haut... Alles behält seine Proportionen.
„Wunder" des Heilungsprozesses:
Eine Wunde heilt, ein Knochen wächst wieder zusammen..., das Programm dazu hat uns Gott in unseren Genen mitgegeben.
„Wunder" der Geschlechtlichkeit:
Mann und Frau, wie sind sie einander zugeordnet! Überlegen Sie selbst, was alles zusammenspielen muss, damit es zur Vereinigung und zu einer Zeugung kommen kann.
„Wunder" des neuen Lebens:
Der Same des Mannes verbindet sich mit der Eizelle der Frau zu neuem Leben. Es wird genährt und wächst ohne Zutun der Mutter.

- **Der Mensch – Abbild Gottes**
  - Gott hat den Menschen als sein Abbild geformt (vgl. Gen 1,26).
  - Die moderne Biologie hat entdeckt, dass die Information für das Leben auf DNS-Molekülen, die langen spiralförmigen Fäden gleichen, gespeichert ist.
  - Der Psalmist sagt dazu: „...du hast mein Inneres geschaffen, mich gewoben im Schoß meiner Mutter" (Ps 139,13).
  - In der Tat, wir sind gewoben; der Psalmist verwendet den treffendsten Ausdruck für die biologische Wirklichkeit des Lebens.

3. Die Schöpfung kommt aus der Hand eines dreifaltigen Gottes

- Gott ist dreifaltig; Jesus Christus hat uns dieses unergründliche Geheimnis geoffenbart. Hinweise auf die Dreifaltigkeit finden wir in der ganzen Schöpfung:
  - *Der Raum, der uns umgibt ist dreidimensional:*
    Drei voneinander unabhängige Richtungen spannen den einen Raum auf, wie Gott auch Einer ist in der Dreifaltigkeit.
    Die Koordinatenachsen sind voneinander unabhängig und doch einander zugeordnet – ein Bild für Vater, Sohn und Heiligen Geist.
  - *Die menschliche Familie:*
    Eine Familie in der Dreiheit von Vater, Mutter und Kind – ein Abbild der Dreifaltigkeit.
  - *Die menschliche Existenz:*
    Seele, Körper, Geist – bestimmen den einen Menschen.
  - *Der Atomaufbau:*
    Elektron, Proton, Neutron bilden ein Atom...

4. Die Schöpfung ist „gefallen"

- Trotz aller Schönheit und Erhabenheit der Schöpfung liegt ein Makel auf ihr. Paulus formuliert dies so: „Denn wir wissen, dass die gesamte Schöpfung bis zum heutigen Tag seufzt und in Geburtswehen liegt" (Röm 8,22). Sie seufzt und liegt in Geburtswehen, weil sie den ursprünglichen Zustand der Vollkommenheit durch den Sündenfall der ersten Menschen verloren hat.
- Der Sündenfall war die erste und folgenschwerste Tragödie der Menschheit, denn am Anfang gab es weder Tod noch Leid; beide sind Folgen der Ursünde, Folgen der Abkehr von Gott.
- Diese Abkehr von Gott hat den ganzen Kosmos in einen anderen Zustand geführt! Jeder, der seither geboren wird, „erbt" damit auch Leid und Tod. Diese Ursünde heißt daher auch Erbsünde.

5. Gott bleibt seiner Schöpfung treu

- Unmittelbar nach der Tragödie des Sündenfalls verheißt Gott der Menschheit einen Erlöser, den „neuen Adam".
- Dieser Erlöser – Jesus Christus – nimmt Schuld und Sünde auf sich und heftet sie ans Holz des Kreuzes, und er besiegt durch seine Auferstehung auch den Tod.
- Er verheißt uns eine „neue Schöpfung", in der es kein Leid und keinen Tod mehr geben wird, „keine Trauer, keine Klage, keine Mühsal!" (Offb 21,4).

❖ **Anregungen zum Nachdenken / Gespräch:**

➢ Ein Sprichwort lautet: „Aus nichts wird nichts!" Was heißt das auf die Schöpfung angewendet?
➢ Es gibt Behauptungen, dass das Leben durch Zufall entstanden sei. Welche Zufälle wären gleichzeitig erforderlich, damit ein funktionsfähiges Auge entsteht?
➢ Ist es denkbar, dass ein Gott der Liebe einen Kosmos schafft, um ihn sich selbst zu überlassen?

Frage an ein vierjähriges Mädchen:
Wie hat der liebe Gott die Sonne gemacht?
Antwort des Mädchens:
„Wenn ich das wüsste,
wäre ich ja selber der liebe Gott!"

Heilige Schrift GT 3

- **Begleitende Literatur:** KKK 101 - 141

- **Schriftbetrachtung:** Joh 12,44-50

- **Ein Text zur Einstimmung:**

Ein junger Haudegen war gefeierter Soldat und Lebemann in Spanien. Als er im Kampf jedoch verwundet wurde, musste er lange Zeit das Bett hüten. Man brachte dem jungen Mann alle verfügbaren Bücher, damit er sich die Zeit vertreiben könne. Als er alle gelesen hatte, gaben ihm seine Betreuer schließlich die Bibel und Heiligenlegenden. Diese gefielen dem jungen Mann, vor allem das Wort der Heiligen Schrift drang tief in sein Herz. Er fasste den Entschluss, mit aller Kraft dem Herrn nachzufolgen. Der Soldat, der sich durch das Lesen der Heiligen Schrift auf seinem Krankenlager bekehrte, war Ignatius von Loyola, der Gründer des Jesuitenordens. (Aus dem Leben des hl. Ignatius von Loyola)

- **Zum Thema: „Gott offenbart sich in der Heiligen Schrift"**

1. Bedeutung der Heiligen Schrift
- Die Heilige Schrift hat die Welt verändert, denken wir nur an die Zehn Gebote oder an die Bergpredigt (Mt 5).
- Heute noch werden jährlich 44 Millionen Bibeln verkauft.
- Dieses Buch hat ungezählte Menschen zu Gott geführt, ihnen Trost und Glauben, neuen Sinn und Freude geschenkt.
- Vielen Menschen ist die Heilige Schrift kostbarer als die Nahrung für den Leib.

2. Ein Handbuch für das Leben
- **Gott hat sich den Menschen offenbart**
  - Er spricht zu uns durch…
    - die Schöpfung (Röm 1,19; Ps 19).
    - unser Gewissen.
    - den Heiligen Geist (Einge-

bungen, Prophetien, Träume, Visionen...).
- die Kirche.
- den Nächsten.
- die Heilige Schrift (durch Propheten und durch Jesus).
  o Wir müssen ihn nur hören wollen!
- **Gott spricht zu uns durch die Bibel**
  o Die Heilige Schrift ist ein von Gottes Geist inspiriertes Buch.
  o Der Katechismus lehrt: „Gott ist der Urheber der Heiligen Schrift!" (KKK 105).
  o Freilich, die Bibel ist 100% Menschenwerk in Sprache, Stil, Formulierung..., aber sie ist auch 100% Gotteswerk, dem heilsgeschichtlichen Inhalt nach (vgl. KKK105-107).
  o Diese Urheberschaft Gottes war immer Glaube der Kirche.
  o Das II. Vatikanum sagt, dass die Heilige Schrift, da sie unter dem Einfluss des Hl. Geistes geschrieben wurde, ohne Irrtum die Wahrheit lehrt (KKK 108).
- **Die Heilige Schrift hat Autorität**
  o Die Heilige Schrift ist authentisch.
    - Je größer die Anzahl erhaltener Texte ist, desto weniger Zweifel bestehen an deren Echtheit. Vom „Gallischen Krieg" existieren 10 und von der „Römischen Geschichte" 20 Abschriften; vom „Neuen Testament" hingegen gibt es Tausende Abschriften (3.000 griechische und 10.000 lateinische)!
    - Verblüffend ist, dass es vom Neuen Testament vollständige Handschriften aus dem 4. Jahrhundert gibt, während z.B. die ältesten Exemplare von „Cäsar" erst um 900 n.Chr. datieren.
- **Die Heilige Schrift lehrt Gottes Willen.**
    - Sie ist Autorität für unser Tun, indem sie uns hilft, uns Gott zuzuwenden und ein Leben zu führen, das ihm gefällt.
    - Die Zehn Gebote sind, so schreibt ein Bischof, ein brillantes Destillat der Mindestbedingungen, unter denen ein Volk, eine Nation ein nüchternes, gerechtes und zivilisiertes Dasein führen kann.

3. Ein Liebesbrief Gottes an uns

- Was schreibe ich meiner/meinem Geliebten? – Alles, was sie/er von mir wissen soll, damit sie/er mich so lieben kann, wie ich sie/ihn liebe und damit sie/er immer bei mir sein will! **Das tut auch Gott mit der Hl. Schrift!**

- Gott will, dass wir seine Liebe erfahren! Von Anfang an hat er sich auf die Suche nach den Menschen begeben: „Immer wieder hast du den Menschen deinen Bund angeboten und sie durch die Propheten gelehrt, das Heil zu erwarten" (4. Hochgebet).
- Ein Liebesbrief ist etwas Lebendiges! Gott hat nicht nur in der Vergangenheit gesprochen, er spricht auch heute, jetzt zu mir!
- Er fragt auch mich heute: **„Liebst du mich?"** (Joh 21,16).

4. Durch die Heilige Schrift spricht Gott zu uns

- **Die Bibel führt jene, die Gott noch nicht kennen, zum Glauben**
  - „Die Botschaft kommt aus dem Wort, das Christus selber spricht" (Röm 10,17).
  - Nicht nur Ignatius von Loyola hat sich durch die Lektüre der Heiligen Schrift bekehrt, es sind viele Menschen, die durch das Wort Gottes angesprochen wurden: Frauen und Männer aus allen Ständen und mit unterschiedlichem Alter.
  - Ein Zeugnis: Ein Kommunist stieß immer wieder auf ein besonderes Buch. Er las es – es war die Bibel –, bekehrte sich und wurde nach einem langen und harten Prüfungsweg katholischer Priester.
- **Die Bibel spricht die Menschen in allen Situationen des Lebens an**
  - Das Lesen der Heiligen Schrift hilft den Menschen in den vielfältigen Lebenssituationen. Wer sein Herz öffnet, der begegnet Jesus ganz persönlich in den Worten der Heiligen Schrift. Sie führen und trösten ihn.
  - Denjenigen, der Böses getan hat und darüber verzweifeln möchte, ermutigt die Heilige Schrift: „Wären eure Sünden auch rot wie Scharlach, sie sollen weiß werden wie Schnee" (Jes 1,18).
  - Dem Verzweifelten, der meint, nicht mehr weiter zu können, gilt: „Werft all eure Sorgen auf ihn, denn er kümmert sich um euch" (1 Petr 5,7) und „Wer von euch kann mit all seinen Sorgen sein Leben auch nur um eine kleine Zeitspanne verlängern?" (Lk 12,25).
  - Wer von seiner Vergangenheit nicht loskommt, den ermahnt die Heilige Schrift: „Keiner, der die Hand an den Pflug legt und nochmals zurückblickt, taugt für das Reich Gottes" (Lk 9,62).
  - Derjenige, der keinen Ausweg mehr sieht, kann wieder Mut

fassen, wenn er liest: „…für Menschen ist das unmöglich, aber nicht für Gott; denn für Gott ist alles möglich" (Mk 10,27).
- o Dem Traurigen gilt die Stelle: „Selig die Trauernden, denn sie werden getröstet werden" (Mt 5,4).
- **Die Lektüre der Bibel ist ein Schutzschild gegen Angriffe des Bösen**
  - o Im Brief an die Epheser heißt es: *„Nehmt den Helm des Heils und das Schwert des Geistes, das ist das Wort Gottes"* (Eph 6,17).

5. Durch die Heilige Schrift höre ich Gottes Stimme

Zum Lesen der Heilige Schrift muss ich mir Zeit nehmen. Besser Sie lesen täglich einige Minuten in der Heiligen Schrift und nicht einmal gleich 2 Stunden, um dann wieder aufzuhören.

- Um in der Heiligen Schrift zu lesen, sollte ich mir einen ungestörten Platz suchen. Jesus ging oft in die Stille, an einen einsamen Ort, um dort zu beten.
- Vor dem Lesen der Schrift ist es angebracht, um den Heiligen Geist zu beten!
- Überlegen Sie: Was sagt mir dieser Text, was bringt er für mein Leben?
- Wo fange ich in der Bibel zu lesen an?
  - o Evangelien: Mk, Mt, Lk, Joh
  - o Apostelgeschichte, Briefe
  - o Psalmen
  - o Genesis, Tobit, Jesaja…

❖ **Anregungen zum Nachdenken / Gespräch:**

➢ Wie oft habe ich in der Heiligen Schrift gelesen?
➢ Welchen Zugang zur Heiligen Schrift habe ich gehabt?
➢ Was hat mich am Wort Gottes am meisten angesprochen?
➢ Hat die Heilige Schrift mein Leben verändert?
➢ Wann könnte ich mir Zeit nehmen, um regelmäßig in der Heiligen Schrift zu lesen?

"Die Bibel ist das Buch, dessen Inhalt selbst von seinem göttlichen Ursprung zeugt. Die Bibel ist mein edelster Schatz, ohne den ich elend wäre."
(Immanuel Kant)

Gott Vater   GT 4

❖ **Begleitende Literatur:** KKK 198 - 421

❖ **Schriftbetrachtung:** Lk 15, 11-23

❖ **Ein Text zur Einstimmung:**

Ein fünfstöckiges Wohnhaus steht in hellen Flammen. Im zweiten Stock sitzt ein kleiner Junge am Fensterbrett und weint. „Spring, spring!" schreien die Feuerwehrleute. „Wir haben ein Sprungtuch aufgespannt und fangen dich auf." Der kleine Bub aber bleibt sitzen und schreit nur noch lauter. Plötzlich eilt der Vater des Buben herbei und ruft mit fester und lauter Stimme: „Andreas, spring! Ich fang' dich auf!" Da fasst Andreas Mut und springt voll Vertrauen in die Arme seines Vaters. (Parabel)

❖ **Zum Thema: „Gott Vater"**

1. Es gibt nur einen Gott

- Dem Volk des Alten Bundes hat sich Gott als der EINE geoffenbart und gesprochen: „Höre, Israel! Jahwe, unser Gott, Jahwe ist einzig. Darum sollst du den Herrn, deinen Gott, lieben mit ganzem Herzen, mit ganzer Seele und mit ganzer Kraft" (Dtn 6,4-5).

- Diesem einen Gott soll sich Israel zuwenden, und zwar mit ganzem Herzen!

- Im Buch Jesaja lesen wir: „Wendet euch mir zu, und lasst euch erretten, ihr Menschen aus den fernsten Ländern der Erde; denn ich bin Gott, und sonst niemand… Nur beim Herrn gibt es Rettung und Schutz" (Jes 45,22-24).

2. Gott offenbart seinen Namen

- Seinem Volk Israel hat sich Gott so geoffenbart wie sonst keinem anderen Volk. Er hat ihm nämlich seinen Namen preisgegeben, das heißt er hat sein Wesen geoffen-

- bart.
- Unser Gott ist daher nicht wie im New Age eine namenlose Kraft, er ist eine ansprechbare Person, die zu Mose sagt: „Ich bin der Gott deines Vaters Abraham, der Gott Isaaks und der Gott Jakobs" (Ex 3,6). Wir können mit der Aussage des Mathematikers Pascals aus GT1 fortsetzen: „Nicht der Philosophen und Gelehrten!"
- Gott offenbart seinen Namen „Jahwe", den man mit *„Ich bin, der ist"* oder *„Ich bin, der ich bin da"* übersetzen kann.
- 6800 Mal wird dieser Name im Alten Testament genannt. Aus Ehrfurcht vor dem Namen spricht ihn das Volk Israel nicht aus und verwendet dafür den Würdetitel „Adonai", „Kyrios" oder „Herr"!

3. Gott ist Wahrheit, Treue und Liebe

- Der Psalmist schreibt: „Das Wesen deines Wortes ist Wahrheit, deine gerechten Urteile haben alle auf ewig Bestand" (Ps 119,160).
- Dieser treue Gott sagt zu Jesaja: „Auch wenn die Berge von ihrem Platz weichen und die Hügel zu wanken beginnen… meine Huld wird nie von dir weichen" (Jes 54,10).
- Gott hat jeden von uns von Ewigkeit her geliebt, und er sagt jedem ganz persönlich: „Mit ewiger Liebe habe ich dich geliebt, darum habe ich dir so lange die Treue bewahrt" (Jer 31,3).
- Gott verwendet unzählige Vergleiche, um uns seine Treue zu bezeugen. Jesaja schreibt: „Kann denn eine Frau ihr Kindlein vergessen, eine Mutter ihren leiblichen Sohn? Und selbst, wenn sie ihn vergessen würde: ich vergesse dich nicht" (Jes 49, 15).
- An einer anderen Stelle heißt es: „Sieh her: Ich habe dich eingezeichnet in meine Hände" (Jes 49, 16).
- Gott Vater erkennen wir nicht erst durch die Offenbarung Jesu, er offenbart sich seinem Volk schon im Alten Bund.
- Auch wenn wir uns weit von ihm entfernt haben, macht er uns Mut. Jesaja schreibt: „Wären eure Sünden auch rot wie Scharlach, sie sollen weiß werden wie Schnee. Wären sie rot wie Purpur, sie sollen weiß werden wie Wolle" (Jes 1,18).

4. Gott ist unser Vater

- Gott ist dreifaltig; er hat sich im Neuen Testament als Vater, Sohn und Heiliger Geist geoffenbart.
- Wenn wir von Gott Vater sprechen, dann bringen wir dadurch zum Ausdruck, dass wir ihm unser Leben verdanken und seine Kinder sind.

- Niemand ist Vater so wie Gott, und niemand ist Mutter wie er. Jesaja schreibt: „Wie eine Mutter ihren Sohn tröstet, so tröste ich euch" (Jes 66,13).
- Obwohl wir dem Vatergott im ganzen Alten Testament begegnen, so hat ihn doch erst Jesus Christus richtig geoffenbart.
- Jesus, der allein im Johannesevangelium 115 Mal Gott seinen Vater nennt, er hat, wie Johannes schreibt, „Kunde gebracht" (Joh 1,18).
- Jesus hat uns von seinem und unserem Vater erzählt und er hat uns das Geheimnis der Dreifaltigkeit erschlossen, das Geheimnis einer innigen Liebe von Vater, Sohn und Heiligem Geist.

5. Gott lässt uns nie im Stich

- Jesus hat uns das Wesen oder, besser gesagt, das Herz Gottes am tiefsten durch das Gleichnis vom verlorenen Sohn erschlossen (Lk 15, 11-32).
- Wie dem „verlorenen Sohn" überlässt uns Gott unser Erbe – das Leben, all unsere Gaben… Vor allem respektiert er unsere Freiheit, auch dann, wenn wir in unser Verderben laufen wollen.
- Alles, was uns der Vater geschenkt hat, können wir missbrauchen; aber er wird uns immer in Liebe anschauen und voll Sehnsucht auf unsere Umkehr warten.
- Wer umkehrt – und wäre er noch so fern gewesen – wird wieder voll als Kind angenommen und in alle Kindesrechte eingesetzt. – Wie gütig und barmherzig ist doch unser Vater im Himmel!

6. Gott ist der Schöpfer von Himmel und Erde

- Gott Vater ist uns ganz nahe und doch unerreichbar, unvorstellbar, unendlich; er ist der Schöpfer von Himmel und Erde.
- Alle Propheten erschraken, als Gott in ihr Leben trat, alle verhüllten ihr Angesicht.
- Dieses Gefühl der Ohnmacht einerseits, des Staunens und der Ehrfurcht andererseits, erleben auch wir ansatzweise bei einem Sturm am Meer, einem Sonnenaufgang in den Bergen, einem Gewitter…
- Unwillkürlich steigt das Wort auf: „Wie klein bin ich! Ein Nichts!" – „Er die Allmacht, ich die Ohnmacht!"
- Wer aber die Allmacht und Größe Gottes erkennt, gelangt zur „Gottesfurcht".
- Diese „Gottesfurcht", von der die Propheten sprechen, ist der „Anfang der Erkenntnis" (Spr 1, 7). Jesa-

ja sagt, es ist die „Wurzel der Weisheit" (Jes 1,20).
- Wer Gott als Gott anerkennt und sich seiner Stellung als Geschöpf bewusst ist, der ist „weise" (vgl. Sir 1,20).
- Betrachten Sie den wunderbaren Lobpreis auf die Schöpfung:
  „Die Himmel rühmen die Herrlichkeit Gottes, vom Werk seiner Hände kündet das Firmament. Ein Tag sagt es dem anderen, eine Nacht tut es der anderen kund, ohne Worte und ohne Reden, unhörbar bleibt ihre Stimme. Doch ihre Botschaft geht in die ganze Welt hinaus, ihre Kunde bis zu den Enden der Erde" (Ps 19,1-5).
- Unendlich groß ist unser Gott. Jesus Sirach schreibt: „Sagten wir noch mal soviel, wir kämen an kein Ende; darum sei der Rede Schluss: **Er ist alles!** Wir können ihn nur loben, aber nie erfassen, ist er doch größer als alle seine Werke. Überaus ehrfurchtgebietend ist der Herr, unbegreiflich in seiner Stärke" (Sir 43,27-29).

❖ **Anregungen zum Nachdenken / Gespräch:**

➢ Wo begegne ich Gott in seiner Schöpfung?
➢ Gott ist barmherzig, was heißt das für mich?
➢ Kann ich mich voll Vertrauen in die Arme Gott Vaters fallen lassen?
➢ Welches Gottesbild habe ich?
➢ Welches Bild habe ich vom Vater im Himmel? (KKK 232-267)

*„Wenn ihr betet,
sollt ihr nicht plappern wie die Heiden.
Die meinen, sie werden nur erhört,
wenn sie viele Worte machen.
Macht es nicht wie sie;
Denn euer Vater weiß, was ihr braucht,
noch ehe ihr ihn bittet."*
(Mt 6,7-8)

*„Ich bin der Gott deines Vaters,
der Gott Abrahams,
der Gott Isaaks
und der Gott Jakobs."*
(Ex 3,6)

Gott Sohn   GT 5

❖ **Begleitende Literatur:** KKK 430 - 682

❖ **Schriftbetrachtung:** Phil 2, 5-11

❖ **Ein Text zur Einstimmung:**

Bei einer Buchmesse sieht ein junger Moslem das NT. Ungeachtet dessen, dass er überhaupt kein Buch kaufen wollte, erwirbt er es dennoch. Er beginnt noch am selben Abend zu lesen. Die Evangelien sprechen ihn an, und so liest er weiter. Es ist schon Nacht, als er beim Johannesevangelium anlangt. Von ihm ist er besonders fasziniert: Aber als er schließlich zu der Stelle kommt: „Denn so sehr hat Gott die Welt geliebt, dass er seinen einzigen Sohn dahingab, damit wir das Leben haben" (Joh 3,16), *weiß er: Diesen Gott hat er gesucht, diesen Gott der Liebe und des Erbarmens, an diesen Gott glaube ich. Schon am nächsten Morgen begann er, diesen barmherzigen Gott zu verkünden.* (Zeugnis)

❖ **Zum Thema: „Gott Sohn"**

1. Woher wissen wir, dass Jesus gelebt hat?

- Es gibt außer dem Neuen Testament auch nichtbiblische Quellen über Jesus. Davon nur zwei Beispiele:
  - Der römische Geschichtsschreiber Tacitus schreibt schon um das Jahr 100 von einem Christus, der unter Pontius Pilatus gekreuzigt wurde.
  - Schon im Jahre 70 erwähnt der Talmud, der neben der Thora eine der Säulen der jüdischen Überlieferung ist, einen „Jesus", der vor dem Paschafest hingerichtet wurde.

2. Was hat Jesus getan?

- Eine Kurzbiographie von Jesus von Nazaret schaut etwa folgendermaßen aus:

- o Er lebte und arbeitete 30 Jahre verborgen in Nazaret.
- o Er verkündete die Wahrheit vom Reich Gottes.
- o Er vergab Sünden, heilte Kranke, trieb Dämonen aus.
- o Er beanspruchte, Gottes Sohn zu sein (Mk 14, 61-64 u.a.).
- o Er begründete mit der Bergpredigt die souveränste Ethik aller Zeiten (Mt 5).
- o Er erwählte und schulte zwölf Jünger, die die Welt verändern sollten.
- o Er starb für uns am Kreuz!
- o Er ist von den Toten auferstanden.
- o Er ist in den Himmel aufgefahren.

3. Wer war Jesus wirklich?

- Jesus war so völlig außergewöhnlich, dass es nur drei Möglichkeiten gibt, um seine Person zu erklären:
  - o War er ein Fall für die Psychiatrie?
  - o War er ein eingebildeter Hochstapler?
  - o War er, was er bezeugte: Gottes Sohn?

4. Womit lassen sich Jesu Aussagen belegen?

- **Seine Lehren**
  - o Selbst manche Nichtchristen sind überzeugt: Jesus sprach die bedeutendsten Worte, die je gesprochen wurden.
  - o Gandhi z.B. hat sich bemüht, nach der Bergpredigt zu leben.
  - o Die Lehren Jesu sind die Grundlage der gesamten westlichen Zivilisation, auf ihr beruhte ursprünglich die Gesetzgebung im Abendland.
  - o Den Lehren Jesu ist unsere Kultur zu verdanken, die ganze Sozialfürsorge, die Schulbildung, die Krankenpflege…
- **Die Werke Jesu**
  - o Jesus hat Gewalt über die Elemente: Er kann dem Sturm gebieten, Wasser in Wein verwandeln,…
  - o Jesus heilt Stumme, Blinde und Taube, und er kann sogar Tote erwecken.
- **Sein Charakter**
  - o Jesus hat eine ungeheure Faszination auf seine Zeitgenossen ausgeübt: „Noch nie hat jemand so gesprochen!" „Er lehrte sie wie einer, der (göttliche) Vollmacht hat, und nicht wie ihre Schriftgelehrten!" (Mt 7,29).
  - o Jesus verkörperte ein Höchstmaß an Selbstlosigkeit, Demut, Frohsinn, Sanftmut ohne rückgratlose Nachgiebigkeit...

5. Die Erfüllung der alttestamentlichen Prophetien

- In der Person Jesu erfüllten sich über 300 Prophezeiungen, die über einen Zeitraum von 5000 Jahren gemacht wurden.
- Wenn wir an die prophezeiten Einzelheiten seines Todes denken (Jesaja – Gottesknechtlieder) oder an den Ort seiner Geburt – so müssen wir zugeben, dass dies nicht einmal der cleverste Betrüger hätte manipulieren können.

6. Jesu Auferstehung

- Paulus schreibt den wesentlichen Satz: „Ist aber Christus nicht auferweckt worden, dann ist unsere Verkündigung leer und euer Glaube sinnlos" (1Kor 15, 14).
- Es gibt aber sehr beeindruckende Zeugnisse für die Auferstehung:
  o Das Grab ist leer!
  o Das Leichentuch von Turin zeigt ein durch einen Lichtblitz eingebranntes Abbild eines Gekreuzigten. Dieser Lichtblitz kann nur mit der Auferstehung erklärt werden.
  o Seine Jünger sahen Jesus 6 Wochen lang, hatten also keine Halluzinationen.
  o Außerdem sahen ihn 500 Personen gleichzeitig.
  o Jesus erschien physisch, nicht als Gespenst. Er aß und trank und lehrte seine Jünger auch noch als Auferstandener (Joh 20,19-22 u.a.).
  o Durch die ganze Kirchengeschichte hindurch gab es Erscheinungen Jesu, die oft mit Heilungen oder anderen Wundern verbunden waren.
  o Es gibt so viele Belege, Fakten und Rückschlüsse, dass jedes Gericht der Welt den Auferstehungsbericht für wahr erklären müsste.

7. Warum starb Jesus?

- Die Erbsünde und unsere persönlichen Sünden hätten es uns unmöglich gemacht, gerettet zu werden. Paulus schreibt: „Der Lohn der Sünde ist der Tod" (Röm 6,23).
- Jesus aber hat, wie es im Kolosserbrief heißt, den „Schuldschein, der gegen uns sprach, durchgestrichen und seine Forderungen, die uns anklagten, aufgehoben. Er hat ihn dadurch getilgt, dass er ihn an das Kreuz geheftet hat" (Kol 2,14).
- Der wichtigste Buchstabe im christlichen Alphabet sollte daher das „m" sein, damit es „**m**ein Jesus", „**m**ein Retter", „**m**ein Erlöser" „**m**ein Herr", und „**m**ein Gott" heißt.
- Machen Sie es wie der Apostel Paulus, der die Erlösung durch

Jesus ganz für sich in Anspruch genommen hat und dies mit den Worten ausdrückte: Er hat „mich geliebt und sich für mich hingegeben" (Gal 2,20).

8. Was sagt die Kirche von Jesus?
- Jesus ist die zweite göttliche Person der Dreifaltigkeit, er ist dem Vater wesensgleich.
- Jesus ist der LOGOS, das Wort (Joh 1,1), das von Ewigkeit her am Herzen des Vaters ruht.
- Durch ihn und für ihn ist alles geschaffen.
- Jesus hat Kunde gebracht von Gott.
- Jesus hat uns das innerste Wesen Gottes erschlossen, und er hat uns den Weg zum Heil gezeigt.
- Jesus ist wahrer Mensch und wahrer Gott.
- Die Person Jesu hat zwei Naturen – eine göttliche und eine menschliche.
- Jesus ist der Sohn der Jungfrau Maria.
- Der Name Jesus bedeutet: „Gott rettet".
- Der Name Christus bedeutet: „Messias" oder „Gesalbter" und ist eine Ehrenbezeichnung.
- Jesus Christus ist für unsere Sünden gestorben.
- Am dritten Tage ist Jesus auferstanden von den Toten und eröffnet uns dadurch den Zugang zu neuem Leben.
- Jesus ist aufgefahren in den Himmel und wird wiederkommen in Herrlichkeit, um Gericht zu halten über Lebende und Tote.

❖ **Anregungen zum Nachdenken / Gespräch:**

➢ Was unterscheidet Jesus von anderen Religionsstiftern? Wer ist Jesus für mich?
➢ „Es ist arrogant und dumm, wenn man meint, nur die Christen hätten die Wahrheit!" Was antworten Sie?
➢ Welche Konsequenzen hat es, wenn Jesus „mein Herr" und „mein Retter" ist?

„Ich verstehe nicht,
wie man dem nicht trauen kann,
der alles vermag.
Mit ihm alles,
ohne ihn – nichts."
(Sr. Faustyna)

Gott Heiliger Geist — GT 6

❖ **Begleitende Literatur:** KKK 683 - 747

❖ **Schriftbetrachtung:** Apg 2, 37-42

❖ **Ein Text zur Einstimmung:**

Auf einer Ikone aus dem 14. Jahrhundert sieht man im unteren Teil die Propheten des Alten Bundes. Sie halten eine Schriftrolle in ihrer Hand; doch es umgibt sie Dunkelheit. Dies bringt zum Ausdruck, dass sie die Schrift nicht verstehen. Der obere Teil des Bildes stellt das Pfingstereignis dar: Maria sitzt inmitten der Apostel; über den Köpfen schweben Feuerzungen und alles ist in Licht getaucht! Dies soll zeigen, dass die Apostel durch die Ausgießung des Heiligen Geistes nun fähig sind, in die Geheimnisse Gottes einzudringen und die Heilige Schrift zu verstehen. (Bildkatechese)

❖ **Zum Thema: „Gott Heiliger Geist"**

1. Ich glaube an den Heilige Geist

- **Das Wesen des Heiligen Geistes**
  Der Heilige Geist ist wahrer Gott, die dritte göttliche Person der Dreifaltigkeit. Er ist eines Wesens mit dem Vater und dem Sohn, und er wird auch mit dem Vater und dem Sohn angebetet und verherrlicht.

- **Der Heilige Geist ist immer am Werk**
  Der Heilige Geist hat eine bewegende und formende Kraft. Er wirkt in den inspirierten Schriften, in der Überlieferung, im Lehramt der Kirche, in der Liturgie, im Gebet, in den Charismen, im Apostolat und im Zeugnis der Heiligen.

- **Sinnbilder für den Heiligen Geist**
  Der Heilige Geist hat an sich keine Gestalt; wir können aber sagen: er nimmt immer jene Gestalt an, die seine jeweilige „Mission" am besten ausdrückt.

Beim Pfingstfest nahm er jene von feurigen Zungen an: Zungen, weil die Apostel Zeugnis geben sollen, und Feuer, damit sie mit Glaubensglut reden.
Die Kirche kennt noch andere Sinnbilder für den Heiligen Geist: das Wasser, die Salbung mit Öl, das Feuer, die Wolke und das Licht, das Siegel, die Hand, den Finger, die Taube (vgl. KKK 694-701).

- **Namen für den Heiligen Geist**
Der Heilige Geist hat viele Namen: Paraklet (Tröster oder Beistand), Lebendigmacher oder Beweger, Sturm und Feuer, Geist der Verheißung, der Sohnschaft, Geist Christi, Geist des Herrn, Geist Gottes, Geist der Herrlichkeit (vgl. KKK 691-693).

2. Der Heilige Geist im NT
- Die „Fülle der Zeit" wird im Neuen Testament mit einer „Sturmflut des Heiligen Geistes" begonnen:
  o Johannes wurde schon im Mutterleib vom Heiligen Geist erfüllt (Lk 1,15).
  o Mächtig wirkt der Heilige Geist bei der Menschwerdung Jesu. Der Engel sagt zu Maria: „Der Heilige Geist wird über dich kommen und die Kraft des Höchsten wird dich überschatten. Deshalb wird auch das Kind heilig und Sohn Gottes genannt werden" (Lk 1,35).
  o Bei der Taufe Jesu sagte Johannes: „Ich sah, dass der Geist vom Himmel herabkam wie eine Taube und auf ihm blieb" (Joh 1,32).
  o Jesus selbst ist mit dem Geist des Vaters gesalbt und spendet den Jüngern diesen Geist mit den Worten: „Empfangt den Heiligen Geist!" (Joh 20,22).
  o Bei seinen Abschiedsreden verheißt Jesus den Heiligen Geist und sagt: „Der Beistand aber, der Heilige Geist, den der Vater in meinem Namen senden wird, der wird euch alles lehren und euch an alles erinnern, was ich euch gesagt habe" (Joh 14,26).

3. Geist des Glaubens, der Hoffnung und der Liebe
- **Geist des Glaubens**
Paulus schreibt: „„...keiner kann sagen: Jesus ist der Herr!, wenn er nicht aus dem Heiligen Geist redet" (1 Kor 12,3). Ohne den Heiligen Geist können wir weder den Glauben bekennen, noch Zeugnis geben.
- **Geist der Hoffnung**
Die Hoffnung ist eine innere Bewegung, die aus Sehnsucht und Gewissheit besteht. Der Hei-

lige Geist bewirkt die Hoffnung, das heißt die Sehnsucht nach der endgültigen Gemeinschaft mit Christus, und er schenkt auch die Gewissheit, dass diese Hoffnung erfüllt wird, denn „er ist die Hoffnung auf Herrlichkeit" (Kol 1,27).

- **Geist der Liebe**
Der Heilige Geist drängt den Menschen zur Liebe, denn seine Liebe hebt die trennenden Distanzen auf. Durch den Heiligen Geist werden wir in die Lage versetzt, selbst unsere Feinde zu lieben (vgl. Mt 5,44).

4. Der Heilige Geist in der Endzeit

- Am Pfingstfest schenkt Gott den Geist in Überfülle und „alle wurden mit dem Heiligen Geist erfüllt" (Apg 1,4).
- Paulus schreibt, dass uns der Heilige Geist zugesichert ist: „Die Liebe Gottes ist ausgegossen in unsere Herzen durch den Heiligen Geist, der uns gegeben ist" (Röm 5,5).
- Durch diese Kraft des Heiligen Geistes, der in uns wohnt, können die Kinder Gottes Frucht bringen.
- In besonderer Weise ist der Heilige Geist bei der Spendung der Sakramente am Werk: Bei der Taufe mit Wasser werden wir im Heiligen Geist eine „neue Schöpfung", bei der Firmung werden wir durch die Salbung mit Öl mit dem Geist gestärkt und in der Eucharistie werden wir im Geist genährt.
- Der Heilige Geist wirkt aber nicht nur punktuell in den Sakramenten, er ist der Beistand, der für immer bei uns bleibt! Jesus hat uns nicht „als Waisen zurückgelassen", sondern er schenkt uns den „Geist der Wahrheit", den „die Welt nicht empfangen kann" (vgl. Joh 14,15-18). Jenen, die die Wahrheit nicht suchen, wird auch der Geist Gottes nicht geschenkt.
- Jeder aber, der Gott um den Heiligen Geist bittet, der wird ihn sicher erhalten (Lk 11,13) und wird sogar ein „Tempel des Heiligen Geistes" werden (1 Kor 6,19).
- Im apostolischen Glaubensbekenntnis steht der trockene Satz: „ich glaube an den Heiligen Geist". Ist das alles, was wir vom Heiligen Geist bekennen? O nein, denn alle Aufzählungen nach diesem Bekenntnis sind Wirkungen des Heiligen Geistes! Ohne den Heiligen Geist gäbe es nämlich keine Kirche, keine Gemeinschaft der Heiligen, keine Vergebung der Sünden, keine Auferstehung der Toten und kein ewiges Leben!

5. Die Gaben des Heiligen Geistes

- Gott schenkt uns für das konkrete christliche Leben „Gaben des Geistes". Diese Gaben, so schreiben die Konzilsväter „müssen mit Dank und Trost angenommen werden" (LG 13).
- Nach Jesaja sind Weisheit, Einsicht, Rat, Stärke, Erkenntnis, Frömmigkeit und Gottesfurcht die „Sieben Gaben des Heiligen Geistes" (vgl. KKK 1831).
- Im Korintherbrief schildert Paulus noch „Gnadengaben", wie: „Weisheit mitzuteilen,… Erkenntnis zu vermitteln,… Glaubenskraft,… Krankheiten zu heilen,… Wunderkräfte, prophetisches Reden,… Geister zu unterscheiden…" (1 Kor 12, 8-10).

6. Die Früchte des Heiligen Geistes

- Wenn wir die Gaben des Heiligen Geistes aus der Hand Gottes annehmen und zum Aufbau der Kirche einsetzen, dann werden wir dadurch unser Leben heiligen und Frucht bringen, die bleibt.
- Diese Früchte des Geistes sind: „Liebe, Freude, Friede, Langmut, Freundlichkeit, Güte, Treue, Sanftmut und Selbstbeherrschung" (Gal 5,22-23).
- Leben wir also „aus dem Geist" (Gal 5,25)!

❖ **Anregungen zum Nachdenken / Gespräch:**

> - Tauschen Sie sich darüber aus, ob und wie Sie in Ihrem Leben das Wirken des Heiligen Geistes erfahren haben.
> - Die mit der Spendung von Sakramenten verbundenen Gaben werden erst dann voll wirksam, wenn man sie bewusst annimmt. Bitten Sie Gott, dass er Ihnen diese Gaben schenken möge.

*„Der Heilige Geist
versetzt in das Paradies zurück;*

*führt zum Himmelreich
und zur Annahme an Kindes Statt;*

*lässt voll Vertrauen Gott Vater nennen
und an der Gnade Christi teilhaben…"*

(Basilius)

Dreifaltigkeit GT 7

- **Begleitende Literatur:** KKK 232 - 267
- **Schriftbetrachtung:** Joh 16,4b-15
- **Ein Text zur Einstimmung:**

Der heilige Augustinus wollte ein Buch über die Trinität verfassen, aber er kam nicht richtig voran. Während dieser Zeit hatte er einen Traum: Er sieht sich am Ufer des Meeres entlanggehen, als er ein Kind am Meeresstrand bemerkt, das mit einer Muschel Wasser aus dem Meer schöpft und in eine Sandmulde hineingießt. Er fragt das Kind: „Was machst du denn da?" – Das Kind antwortet: „Ich möchte das Meer in meinen Teich hineinschöpfen." – Da fällt es dem großen Gelehrten wie Schuppen von den Augen: „Genau so etwas Unmögliches versuche ja auch ich, ich will mit meinem kleinen Verstand das Geheimnis des großen Gottes erfassen." (Alte Überlieferung)

- **Zum Thema: „Dreifaltigkeit"**

1. Das Kennzeichen der Christen

- Das Kennzeichen der Christen ist der Glaube an den dreifaltigen Gott.
- Die Dreifaltigkeit ist das zentrale Geheimnis des christlichen Glaubens.
- Alle Christen – auch wenn sie vielfach gespalten sind – haben ein Sakrament gemeinsam: die Taufe auf den dreifaltigen Gott.
- Die Taufe ist ein Auftrag Jesu an seine Jünger.

Vor seiner Himmelfahrt befiehlt Jesus:

„…*tauft sie auf **den Namen** des Vaters und des Sohnes und des Heiligen Geistes*" (Mt 28,19).

Die Christen werden nicht auf **die Namen** des Vaters, des Sohnes und des Heiligen Geistes, sondern ***im Namen*** des Vaters, des Sohnes und des Heiligen Geistes getauft, denn es gibt nur einen einzigen dreifaltigen Gott (vgl. KKK 233).

2. Das Geheimnis der Dreifaltigkeit

- Die Dreifaltigkeit ist ein unergründliches Geheimnis. Der Traum des hl. Augustinus beschreibt dies vortrefflich.
- Gott hat aber in diesem Geheimnis sein innerstes Wesen geoffenbart.
- Schattenhaft ist die Dreifaltigkeit schon im ersten Satz der Genesis angedeutet: „Im Anfang schuf Gott… und Gottes Geist schwebte… und Gott sprach" (Gen 1,1-3). Schon am Anfang der Heiligen Schrift begegnen uns der Vater, der *schuf*, der Geist, der *schwebt* und der Sohn (das Wort), der *spricht*.
- Im Neuen Testament gibt es viele Stellen, die sich auf die Dreifaltigkeit beziehen.
- Die Kirche musste jedoch fast vierhundert Jahre lang um die Formulierung dieser Glaubenswahrheit ringen, bis im Jahr 381, auf dem zweiten ökumenischen Konzil von Konstantinopel, endlich ein Schlussstrich zu diesen theologischen Reflexionen gesetzt wurde.

3. Der Glaube der Kirche

- Bis heute betet die Kirche das Glaubensbekenntnis von Nizäa-Konstantinopel, das bekennt: Wir glauben an den *einen* Gott…
  - **den allmächtigen Vater**
    Der Vater hat alles geschaffen. Er ist der Seiende, der sagt: „Ich bin da!".
  - **den einen Herrn Jesus Christus**
    Der ewige Sohn ist aus der „Substanz" des Vaters, er ist ihm wesensgleich, nicht geschaffen, sondern gezeugt. Ohne Anfang und Ende. Johannes sagt, Jesus ist der, „der am Herzen des Vaters ruht" (Joh 1,18).
  - **den Heiligen Geist**
    Er geht aus dem Vater und dem Sohn hervor, er ist der, der lebendig macht.
- **Gott ist ein Wesen in drei Personen**
  Das Dogma der Dreifaltigkeit lautet: Gott ist ein Wesen in drei Personen. Vielleicht ist es leichter zu verstehen, wenn wir sagen: Gott ist ein Wesen in drei Existenzen.

  Analogien in der Natur
  Da die Schöpfung aus der Hand Gottes kommt, sind in ihr auch die Hinweise auf die Dreifaltigkeit zu erkennen. Viele anschauliche Beispiele können dazu angeführt werden:
  - *Der Raum:* Es gibt einen Raum mit drei voneinander unabhängigen Koordinatenachsen.

- o *Absolutheit:* Absolut in den Erscheinungsformen der Natur sind die Energie, die Lichtgeschwindigkeit und die Information. Hierin finden wir ein Bild für den Vater (den Seienden), den Sohn (den Verbindenden) und den Heiligen Geist (den Bewegenden).
- o *Aggregatzustände:* Ein Stoff kann sein fest, flüssig oder gasförmig.
- **Christus – eine Person in zwei Naturen**
  Jesus Christus ist jene göttliche Person, die zugleich wahrer Mensch und wahrer Gott ist. Jesus ist eine Person in zwei Naturen, die nicht miteinander vermischt sind.

4. Geoffenbarte Wahrheit

- Alle Christen glauben an den dreifaltigen Gott. Dies ist aber nur möglich, weil Gott diese Wahrheit geoffenbart hat, er selbst hat „Kunde gebracht" (Joh 1,18).
- Wenn in der Heiligen Schrift in einem Zusammenhang alle drei göttlichen Personen erwähnt werden, spricht man von „Dreierformeln". Diese finden Sie…
  - o beim Taufbefehl Jesu (Mt 28,19),
  - o im Korintherbrief (1 Kor 12,4-6) und
  - o bei der Grußformel von Paulus: „Die Gnade des Herrn **Jesus Christus** und die Liebe **Gottes** und die Gemeinschaft des **Heiligen Geistes** sei…" (2 Kor 13,13).
- Es ist auch von großer Bedeutung, dass der Engel im Augenblick der Menschwerdung Christi im Schoße Mariens ausdrücklich alle drei göttlichen Personen erwähnt: „**Heiliger Geist** wird über dich kommen und die Kraft des **Allerhöchsten** wird dich überschatten. Daher wird das Kind heilig und **Sohn Gottes** genannt werden" (Lk 1,35).

5. Unterschied zwischen der Gottesoffenbarung im AT und im NT

- Im Alten Testament begegnen wir meist der ersten göttlichen Person, dem Vater.
- Die Dreifaltigkeit ist nur schattenhaft angedeutet. In den ersten drei Versen der Genesis lesen wir, dass **Gott** Himmel und Erde schuf, sein **Geist** über der Urflut schwebte und Gott sprach (Wort=**Sohn**).
- Im Neuen Testament finden wir drei wesentliche Unterschiede zum Alten Testament:
  - o *Gott spricht in Jesus direkt zu uns*
    In Jesus von Nazaret handelt Gott unmittelbar in dieser

Welt. Paulus formuliert dies so: „…in dieser Endzeit aber hat er zu uns gesprochen durch den Sohn" (Hebr 1,2).

- o *Gott Jahwe wird zum Abba*
  Die Juden durften den Namen „Jahwe" nicht einmal aussprechen. Jesus aber lehrt uns, ihn Vater zu nennen.
- o *Der Geist Gottes wohnt im Menschen*
  Jesus verheißt allen, die an ihn glauben, den Geist als Beistand und Anwalt, der uns zu Söhnen und Töchtern Gottes macht und dieser Geist Gottes wohnt in uns!

6. Die Bedeutung der Trinität

- Es gibt in Gott eine Einheit von Vater, Sohn und Geist.
- In Gott gibt es aber auch ein Gegenüber, eine Verschiedenheit, die Verschiedenheit der Personen.
- Die Dreifaltigkeit ist gleichzeitig ein freies Ineinander der drei göttlichen Personen.
- Gott ist nichts Statisches, er ist in sich bewegte Liebe, ja, er ist „die Liebe" (1 Joh 4).
- Die Dreifaltigkeit existiert von Ewigkeit her. Gott braucht daher neben sich keine Welt. Er genügt sich selbst und hat die Welt in Freiheit und Liebe erschaffen.
- Das christliche Gottesbild ist revolutionär, denn es zeigt Gott „in sich" als unendliche Lebendigkeit der Liebe.

❖ **Anregungen zum Nachdenken / Gespräch:**

➤ Vergleichen Sie das „Apostolische Glaubensbekenntnis" mit dem Glaubensbekenntnis von „Nizäa-Konstantinopel". (KKK 185-197)
➤ Jedes Kreuzzeichen ist ein Bekenntnis zur Dreifaltigkeit. Ist uns das bewusst?
➤ Welche persönliche Beziehung haben wir zu den einzelnen göttlichen Personen?
➤ Besprechen Sie die angeführten Analogien in der Natur. Kennen Sie noch andere?

„O seliges Licht,
Dreifaltigkeit
und Ureinheit!"
(Hymnus aus dem Stundengebet)

Katholische Kirche GT 8

❖ **Begleitende Literatur:** KKK 748 - 945

❖ **Schriftbetrachtung:** 1 Petr 2,1-10

❖ **Ein Text zur Einstimmung:**

„Ich verbrachte mit meiner Familie einen langen Urlaub in einem Land, wo es weit und breit keine katholische Kirche gab. Obwohl mir die Erholung sehr gut tat, empfand ich in meinem Herzen eine Leere. Nach fünf Wochen betrat ich wieder den so vertrauten geheiligten Boden einer katholischen Kirche. Es war ein Wochentag, und die Kirche war leer. Ich aber erkannte und fühlte in einem Augenblick den ganzen Schatz, den ganzen Reichtum meiner Kirche. Gott schenkte mir das Gefühl der Geborgenheit und Heimat. Ich war wieder zu Hause!" *(Zeugnis)*

❖ **Zum Thema: „Katholische Kirche"**

1. Die Kirche – meine Heimat

- Von allen Enden der Erde ruft Gott sein Volk in die Kirche, um sie dort auf ihre ewige Heimat, den Himmel, vorzubereiten.
- Das Wort „Kirche" kommt vom griechischen Wort „kyriaké", das heißt **„die dem Herrn Gehörende"**.
  Wir können also sagen:
  Die Kirche ist die Heimat all jener, die dem Herrn gehören.

2. Christus JA, Kirche NEIN

- Immer wieder hört man den Ausspruch: „Christus JA, Kirche NEIN". Wer dies sagt, hat leider nie über das Wesen und den Ursprung der Kirche nachgedacht.
- Christus und die Kirche gehören zusammen! Paulus schreibt im Kolosserbrief: Christus „ist das Haupt des Leibes, der Leib aber ist die Kirche" (Kol 1,18). Man kann das Haupt nicht vom Leib tren-

nen, ohne den ganzen Leib zu verstümmeln.
- Jesus sagt: „Ich bin der Weinstock, ihr seid die Reben... getrennt von mir könnt ihr nichts vollbringen" (Joh 15,5).
- Jesus wollte, dass seine Kirche nicht in die Irre geht. Deshalb hat er ihr ein *Oberhaupt* gegeben und den Heiligen Geist verheißen.
- Zu Petrus sagt Jesus: „Du bist Petrus, und auf diesen Felsen werde ich meine Kirche bauen, und die Mächte der Unterwelt werden sie nicht überwältigen" (Mt 16,18).
- Die Meinung „Christus JA, Kirche NEIN" ist eine Sackgasse und führt in die Irre.

3. Die Kirche – unsere Mutter

- Der heilige Ambrosius sagt: „Wie Eva aus der Seite des schlafenden Adam geformt wurde, so ist die Kirche aus dem durchbohrten Herzen des am Kreuz gestorbenen Christus geboren."
- Durch die Berufung der Jünger und Einsetzung eines Hauptes gab Jesus selbst dieser Kirche eine Struktur.
- Am Pfingsttag wurde die Kirche vor der Öffentlichkeit bekannt gemacht und die Verkündigung nahm ihren Anfang.
- Diese junge Kirche barg in sich einen ungeheuren Schatz: das Wort Gottes und die Liturgie. Paulus konnte deshalb sagen: „sie ist unsere *Mutter*" (Gal 4,26).
- In den ersten christlichen Jahrzehnten wurde dieses Wissen mündlich überliefert. Nachdem viele die biblischen Geschehnisse aufgeschrieben hatten, war es die Kirche, die festlegte, welche der vielen Bücher „inspirierte Bücher" sind.
- Die junge Kirche bemühte sich von Anfang an, den Glauben auszulegen und Glaubenswahrheiten zu formulieren.
- Das erste Apostelkonzil im Jahre 49 befreite die Christen vom jüdischen Gesetz der Beschneidung und die *Konzile von Nizäa* und *Konstantinopel* begründeten das apostolische Glaubensbekenntnis. Es war die eine katholische Kirche, die all dies vollbrachte.

4. Die Kirche – ein Geheimnis

- Man kann die Kirche mit menschlichen Augen und mit den Augen des Glaubens betrachten.
- Mit unseren *menschlichen Augen* erkennen wir in der Kirche viel Negatives. Es ist eine Kirche aus Sündern und sie ist vielfach ge-

spalten.
- Wenn wir sie hingegen mit den *Augen des Glaubens* betrachten, dringen wir zu ihrem Geheimnis, zum Mysterium, vor.
- Dieses Mysterium muss man schrittweise entdecken; in ein Geheimnis kann man nur nach und nach eindringen (LG 3).
- Betrachtet man die Kirche nur von außen, kann man ihr inneres Wesen nicht erkennen. Es ist wie bei einem schönen Kirchenbau, dessen Fenster erst dann zu leuchten beginnen, wenn man **in** der Kirche drinnen ist.

5. Die Kirche im Credo

- Wir glauben an die eine, heilige, katholische und apostolische Kirche.
- Wir glauben an **eine Kirche**, denn sie ist eins im Ursprung. Wir haben einen einzigen Herrn, einen Glauben, einen Vater und einen Heiligen Geist.
- Garant der Einheit ist Petrus, den Jesus eingesetzt hat und dem er den Auftrag gab, die Schafe zu weiden (Joh 21.16).
- Die geschichtliche Entwicklung des Abendlandes wäre ohne das Petrusamt undenkbar. Herder sagt: „Ohne die römische Hierarchie wäre Europa wahrscheinlich ein Raub der Despoten, ein Schauplatz eigener Zwietracht oder gar eine mongolische Wüste geworden."
- Wir glauben an die **heilige Kirche,** denn Christus, der Sohn Gottes, hat sich für diese Kirche hingegeben und sie geheiligt und sie mit der Gabe des Heiligen Geistes erfüllt. Sie ist aber nicht nur heilig vom Ursprung her, sondern auch heilig im Hinblick auf das Ziel, denn in ihr erlangen wir mit der Gnade Gottes die Heiligkeit!
- Wir glauben an die **katholische Kirche**. Sie ist katholisch, das heißt allumfassend, weil in ihr Christus zugegen ist und weil sie von Christus zum ganzen Menschengeschlecht gesandt worden ist.
- Jesus wollte, dass die Verkündigung des Evangeliums bis zum Ende der Zeiten fortgesetzt wird. Er erteilte seinen Jüngern den Auftrag: „Geht hinaus in die ganze Welt und verkündet das Evangelium allen Geschöpfen!" (Mk 16,15).
- Wir glauben an die **apostolische Kirche**, denn sie ist in einem dreifachen Sinn von den Aposteln gegründet:
- Sie ist und bleibt „auf das Fundament der Apostel" gebaut (Eph 2,20).

- Sie bewahrt mit dem Beistand des Heiligen Geistes den Glauben und die Lehre der Apostel und gibt sie weiter (vgl. 2 Tim 1,13-14).
- Sie wird bis zur Wiederkunft Christi weiterhin von den Aposteln belehrt, geheiligt und geleitet.

6. Der Leib Christi – das Volk Gottes

- Niemand kann sich selbst das Evangelium verkünden. „Der Glaube kommt vom Hören" (vgl. Röm 10,17).
- Die Kirche braucht Menschen, die zur Verkündigung gesandt sind! Niemand aber kann sich selbst senden! Wir brauchen daher die Hierarchie der Kirche.
- Christus ist das Haupt und Petrus ist der Fels, auf dem Jesus seine Kirche gebaut hat (vgl. Mt 16,18). Petrus hat daher den Auftrag, das Volk Gottes zu führen – gemäß dem Wort: „Weide meine Schafe!" (Joh 21,17).
- An der Seite des Papstes stehen Bischöfe und Priester im Dienst der Kirche.
- Die gläubigen Laien haben durch Taufe und Firmung Anteil am priesterlichen, prophetischen und königlichen Amt Christi und sind dadurch Zeugen und Werkzeug der Kirche für die Welt.
- Die gottgeweihten Personen, Priester und Ordensleute, geben durch ein gottgeweihtes Leben und durch die Gelübde von Armut, Keuschheit und Gehorsam lebendiges Zeugnis für die Nachfolge Christi.

❖ **Anregungen zum Nachdenken / Gespräch:**

➢ Was kann ich positiv über die Kirche berichten? Hat die Kirche die Welt verändert?
➢ Was bedeutet die Aussage: „Außerhalb der Kirche ist kein Heil"? (KKK 846-848)
➢ Wer gehört zur katholischen Kirche? (KKK 836-838)

*„Die Größe der Kirche anzuerkennen –
Ihre göttliche Autorität
und ihr unfehlbares Zeugnis -,
heißt nichts anderes,
als das Erlösungswerk Christi zu preisen."*
(Scott und Kimberly Hahn)

Maria GT 9

- **Begleitende Literatur:** KKK 963 - 975
- **Schriftbetrachtung:** Joh 19, 25-27
- **Ein Text zur Einstimmung:**

„Bei der großen Verderbnis der Welt ist es schwer, in der Gnade zu verharren. Die Welt ist heutzutage so verdorben, dass fast unvermeidlich selbst fromme Herzen befleckt werden, wenn schon nicht von ihrem Schmutz, dann doch zumindest von ihrem Staub. Es ist beinahe ein Wunder, wenn jemand inmitten dieser heftigen Strömung standhält und nicht mitgerissen wird; wenn er in diesem stürmischen Meere nicht untergeht oder von räuberischen Piraten ausgeplündert wird; wenn er in dieser verpesteten Luft nicht angesteckt wird. Und wer vermag dieses Wunder zu wirken? Nur Maria, die einzig getreue Jungfrau, an der die Schlange niemals Anteil hatte; sie wirkt es für jene, die sich ihr ganz hingeben". (Grignion von Montfort, Das Goldene Buch)

- **Zum Thema: „Maria"**

1. Unbefleckt Empfangene

- 1854 verkündete Papst Pius der IX. das Dogma von der Unbefleckten Empfängnis Mariens.
- Maria ist durch eine besondere Gnade Gottes vom ersten Augenblick ihrer Empfängnis an von jedem Makel der Erbsünde bewahrt worden.
- Sie ist daher im Hinblick auf die Verdienste ihres Sohnes die „Vorerlöste".
- Maria hätte in ihrem Leben aber wie Eva sündigen können, tat es aber nicht, deshalb ist Maria auch die „Sündenlose"!

2. Gottesgebärerin

- Schon vor der Geburt Jesu begrüßte Elisabeth Maria mit den Worten: „Wer bin ich, dass die Mutter **meines Herrn** zu mir

kommt?" (Lk 1,43).
- Welch großes Geheimnis: Maria wurde auserwählt, den Sohn Gottes dem Fleische nach zu empfangen. Die zweite göttliche Person, der Logos (vgl. Joh 1), wurde Mensch aus Maria, der Jungfrau.
- In der Person Jesu Christi sind zwei Naturen vereint: die göttliche und die menschliche. Deshalb ist Maria die „**Gottesgebärerin**".
- Diese Auserwählung Marias hebt die ganze Menschheit in die „Verwandtschaft" Gottes hinein. Wir wurden durch die Menschwerdung des Sohnes Gottes Brüder und Schwestern des Herrn.

3. Allzeit reine Jungfrau
- Würde ein Autofabrikant seinen Sohn mit einem alten, schäbigen Gebrauchtwagen zu seinen Kunden schicken? Sicher nicht! Er würde für ihn das neueste und beste Modell aussuchen.
Und der allmächtige und heilige Gott? Ist es nicht selbstverständlich, dass Gott das Beste wählte - eine heilige und ganz reine Jungfrau -, die den Sohn Gottes gebären sollte?
- Maria war vollkommen auf Gott ausgerichtet. Sie war „voll der Gnade", „Tempel des Heiligen Geistes" und „allzeit reine Jungfrau", auch nach Jesu Geburt.
  - Der Prophet Ezechiel schreibt über das Osttor des Tempels: „*Dieses Tor soll geschlossen bleiben, es soll nie geöffnet werden, niemand darf hindurchgehen; denn der Herr, der Gott Israels, ist durch dieses Tor eingezogen; deshalb bleibt es geschlossen*" (Ez 44,2).
  - Christus ist durch dieses Tor, das ein Symbol für Maria ist, geschritten.
  - Josef hat diese Schriftstelle mit Sicherheit gekannt und sie, geführt durch den Heiligen Geist, richtig gedeutet: Maria ist allzeit reine Jungfrau.
- Immer wieder wird versucht, die Jungfräulichkeit Marias anzuzweifeln:
  - Jesus sei doch nur der „Erstgeborene" gewesen. Demnach müsste Maria ja noch weitere Kinder gehabt haben. „Erstgeborener" ist aber ein juridischer Begriff. – Jener, der das Erstgeburtsrecht besitzt, gehört ganz Gott (Num 3,13) und ist ganz dem Herrn geweiht (Lk 2,23).
  - Auch die in der Heiligen Schrift erwähnten „Brüder und Schwestern" Jesu sprechen nicht gegen die Jungfräulichkeit Marias, denn im arabischen Sprachraum wer-

den alle Verwandten „Brüder und Schwestern" genannt. Auch hierzulande sagt der Pfarrer zu seiner Gemeinde: „Liebe Brüder und Schwestern" – obwohl er nicht deren Bruder ist.

4. Königin der Heiligen
- Maria ist Vorbild in allen Tugenden. Ihre Haltung Gott gegenüber spiegelt sich in dem Wort wieder: „Ich bin die Magd des Herrn, mir geschehe nach deinem Wort" (Lk 1,37-38).
- Die Apokalypse zeigt „die Frau" mit der Sonne umkleidet. Die Sonne aber ist das Symbol für Christus. Maria hat, umkleidet mit Christus, ihre Strahlkraft nicht aus sich selbst, sondern von ihrem Sohn.
- Die zwölf Sterne, die ihr Haupt umgeben, sind ein Sinnbild für das ganze Volk Israel und für die Schar aller Heiligen. Ja, Maria ist nach diesem Bild der Apokalypse die Königin der Heiligen (Offb 12,1).

5. Mutter der Kirche
- Im Konzilsdekret „Lumen Gentium" heißt es: „Die Jungfrau Maria... ist ausdrücklich Mutter der Glieder (Christi),... weil sie in Liebe mitgewirkt hat, dass die Gläubigen in der Kirche geboren werden, die jenes Hauptes Glieder sind" (LG 53).
- Maria ist also nicht nur die natürliche Mutter des Jesus von Nazareth, sie ist auch die Mutter der Kirche.
  - Vom Kreuz spricht Jesus zu Johannes: „Siehe deine Mutter!" (Joh 19,27).
  - Im Pfingstsaal erfleht sie mit den Aposteln die Gabe des Geistes und wird zum „Urbild der Kirche".
- „Mutter der Kirche" ist eine Aussage über ihre Stellung in der Kirche. Die Mutterschaft Marias dauert unaufhörlich fort. Deshalb ist Maria die Gnadenvermittlerin und Fürsprecherin und deshalb preisen sie „selig alle Geschlechter" (Lk 1,48).

6. Aufgenommen in den Himmel
- Ihre Aufnahme in den Himmel mit Leib und Seele lässt sie an der Auferstehung ihres Sohnes teilhaben und ist eine Vorausschau unserer eigenen Auferstehung.
- Papst Pius XII. hat diese Wahrheit im Jahre 1950 – auch als Antwort auf die Gräuel des II. Weltkrieges – als Dogma verkündet. Maria ist daher der pilgernden Kirche als Zeichen sicherer Hoffnung und des Trostes gegeben. Was an Maria bereits

geschehen ist, das wird auch an uns geschehen!
- In der byzantinischen Liturgie betet man: „Du bist zurückgekehrt zum Quell des Lebens, die du den lebendigen Gott empfingst und durch deine Gebete unsere Seelen vom Tod befreien wirst" (KKK 966).

7. Maria, die „Frau"
- Die Gottesmutter Maria wird an ganz besonderen Punkten der Heilsgeschichte nicht Maria, sondern „Frau" genannt.
  o In der Genesis heißt es: „Feindschaft setze ich zwischen dich und die Frau, zwischen deinen Nachwuchs und ihren Nachwuchs" (Gen 3,15).
  o Die Hochzeit zu Kana war der Beginn des öffentlichen Wirkens Jesu. Als Maria zu Jesus sagte: „Sie haben keinen Wein mehr", antwortete Jesus: „Was willst du von mir, Frau?" (Joh 2,4).
  o Schließlich sagt Jesus vom Kreuz herab zu Maria: „Frau, siehe, dein Sohn!", und zu Johannes: „Siehe, deine Mutter!" (Joh 19,26-27).
- Unter dem Kreuz wurde Maria zum „Urbild der Kirche" und zur „Mutter der Kirche" und wir wurden dadurch ihre Kinder.

❖ **Anregungen zum Nachdenken / Gespräch:**

➢ Wie sieht meine Beziehung zu Maria aus?
➢ Missfällt mir etwas an der Marienverehrung?
➢ Wie praktiziere ich meine marianische Frömmigkeit?
➢ Kenne ich den Rosenkranz, wie kann ich ihn besser beten?

*„Als aber die Zeit erfüllt war,
sandte Gott seinen Sohn,
geboren von einer Frau und dem Gesetz unterstellt,
damit er die freikaufe, die unter dem Gesetz stehen,
und damit wir die Sohnschaft erlangen."*
(Gal 4, 4-5)

*„Groß ist die Macht einer Armee,
die in ihren Händen nicht das Schwert,
sondern den Rosenkranz hält."*
(Papst Pius IX.)

Sakramente GT 10

❖ **Begleitende Literatur:** KKK 1076 - 1209

❖ **Schriftbetrachtung:** Jes 55,1-5

❖ **Ein Text zur Einstimmung:**

❖ *Alfred Nobel, der Erfinder des Dynamits, hinterließ eine Stiftung, aus deren Zinsen jährlich die „Nobelpreise" vergeben werden. Der Nobelpreis ist ein Vermächtnis des Stifters, der vom König in einer Zeremonie verliehen wird. Niemand kann sich den Nobelpreis selbst verleihen, sondern er wird in feierlichem Ritus vom König überreicht.*

❖ *Auch Jesus Christus hinterließ seiner Kirche ein Vermögen – kein materielles – aber ein ungeheuer großes: die Sakramente. Sie stehen unter gewissen Bedingungen jedem Menschen offen, doch niemand kann sich ein Sakrament selbst spenden. Es ist die Kirche, die die Sakramente verwaltet und in einem feierlichen Ritus spendet. (Parabel)*

❖ **Zum Thema: „Sakramente"**

1. Was sind Sakramente?

- Die Sakramente sind äußere Zeichen, die bewirken, was sie bezeichnen. „Sie sind wirksam, denn in ihnen ist Christus selbst am Werk" (KKK 1127).
  o Das Sakrament der Taufe zum Beispiel wird durch das „Eintauchen in das Wasser" gespendet. Dadurch werden die Wirklichkeit des mit der Taufe verbundenen Abwaschens der Sünden (Erbsünde und persönliche Sünden) und das gleichzeitige Eintauchen in das Leben Gottes dargestellt.
- Das Wort „Sakrament" heißt wörtlich: „Wirkung zur Heiligung".
  o Im Griechischen wird das

Wort „Sakrament" mit „mysterion" (Geheimnis) wiedergegeben. Sakramente sind daher *„Geheimnisse der Liebe Gottes".*
- Gott hat die Verheißung gegeben, dass er mit dem Haus Israel und dem Haus Juda „einen neuen Bund schließen werde" (Jer 31,31). Dieser neue Bund wurde mit dem kostbaren Blut Jesu am Holz des Kreuzes besiegelt.
- Durch die Sakramente werden wir in diesen neuen Bund mit Gott hineingezogen.
- Alle „Sakramente sind hingeordnet auf die Heiligung der Menschen, den Aufbau des Leibes Christi und schließlich auf die Gott geschuldete Verehrung".

2. Sakramente, unverdiente und unverdienbare Gaben Gottes

- Niemand kann sich selbst ein Sakrament nehmen, geben, verdienen oder erkaufen.
- Sakramente sind reines Geschenk der Liebe Gottes und der Empfänger ist immer auf einen sichtbaren äußeren Vollzug durch einen anderen Menschen angewiesen.
- Wir brauchen jemanden, der in sichtbarer Weise den unsichtbar, aber real wirkenden Gott vertritt, der uns die Sakramente „spendet". Sakramente werden daher immer „gespendet"!
- Ein Sakrament kann nicht „gekauft" werden. „Umsonst habt ihr empfangen, umsonst sollt ihr geben" (Mt 10,8), mahnt Jesus.
- Vielleicht sagen Sie jetzt: „Aber ich zahle immer wieder für eine Messe! Ist das nun in Ordnung oder nicht?"
  o Ja, das ist in Ordnung! Mit dem Geld, dem so genannten „Messstipendium" werden aber nicht die Gnaden der heiligen Messe „gekauft", sondern Sie leisten einen Beitrag zum Unterhalt des Priesters.
  o Allerdings haben Sie in dieser Messe Anspruch auf die Verlesung einer Fürbitte nach Ihrer Intention. Dadurch werden alle Messteilnehmer eingeladen, für Ihr Anliegen zu beten.

3. Sakramente verlangen Glauben und Ehrfurcht

- Wenn Sakramente Geheimnisse der Liebe Gottes sind, dann geht man nicht leichtfertig damit um.
- Die Kirche hat daher zum würdigen Empfang eines Sakramentes immer den Glauben des Empfängers, bzw. bei der Taufe den stellvertretenden Glauben des Paten vorausgesetzt.
  o Der Empfänger eines Sakramentes muss darüber infor-

miert werden, was bei der Spendung des Sakramentes geschieht, und er muss sich selbst nach dem Empfang des Sakramentes sehnen.
- o Von allen, die in der Seelsorge Verantwortung tragen, sollte daher folgender Grundsatz beachtet werden: Zuerst das Evangelium verkünden und dann die Sakramente spenden.
  Die Sakramente könnten anderenfalls wie magisch wirkende Handlungen betrachtet werden.
- Die ehrfürchtig empfangenen Sakramente dienen dem Glauben, sie stärken ihn und führen ihn zur Fülle.

4. Die sieben Sakramente der Kirche

- Die Sakramente des Neuen Bundes sind alle von Jesus Christus eingesetzt (KKK 1114).
- Es war jedoch die Kirche, die im Laufe der Jahrhunderte die Zahl der Sakramente und die Form ihrer Spendung festgelegt hat. Grundlage hierfür bildeten die heiligen Schriften, die apostolische Überlieferung und die Lehre der Väter.
- Es gibt sieben Sakramente. Man kann sie in drei Gruppen zusammenfassen:
  - o *Sakramente der christlichen Initiation* (Taufe, Firmung, Eucharistie)
  - o *Sakramente der Heilung* (Beichte und Krankensalbung)
  - o *Sakramente im Dienst der Gemeinschaft und der Sendung der Gläubigen* (Ehe und Priesterweihe)

5. Wirkung der Sakramente

- Die *Gültigkeit* und *Wirkung* der Sakramente ist unabhängig von der persönlichen Heiligkeit des Spenders.
- Die *Früchte* der Sakramente sind jedoch von der inneren Verfassung des Empfängers abhängig (vgl. KKK 1128).

  Ein Blick in die Gesellschaft zeigt uns folgendes Bild:
  - o Viele Christen, die zwar die Sakramente empfangen haben, vor allem Taufe, Firmung und Buße, werden durch ihr unchristliches Leben oft ein Stein des Anstoßes.
  - o Die meisten Menschen sind getauft und gefirmt und zahlen auch Kirchensteuer. Von den sonntäglichen Messbesuchern gehen die meisten zur Kommunion.
  - o Wir müssten also ein Volk mit ungezählten Heiligen sein. Das sind wir aber offensicht-

lich nicht. – Warum sind wir es nicht?
- o Durch den Empfang der Sakramente gehen wir einen Bund mit Gott ein, zu einem Bundesschluss gehören aber immer zwei.
  - Wenn ein Sakrament gespendet wird, dann schenkt Gott alle Gnaden, die das Sakrament bezeichnet – unabhängig vom Glauben des Empfängers.
  - Der Empfänger des Sakramentes muss jedoch für die Gnaden offen sein, die Gott ihm schenken möchte.
  - In ein geschlossenes Gefäß kann nichts eindringen, selbst wenn es im Ozean schwimmt! Und wer Zucker in den Kaffee gibt, aber nicht umrührt, bei dem bleibt der Kaffee bitter, obwohl der Zucker drinnen ist!
  - So verlangt auch jedes Sakrament eine bewusste Annahme des Empfängers, um wirksam werden zu können.
- o Wenn wir die Sakramente mit der richtigen inneren Gesinnung empfangen, dann werden wir auch die guten Früchte in unserem Leben sehen.

❖ **Anregungen zum Nachdenken / Gespräch:**

➢ Welche Sakramente haben Sie bisher empfangen? In welcher Weise haben Sie die Wirkung dieses Sakramentes erfahren?
➢ Zu welchem Sakrament haben Sie die meiste Beziehung und warum?
➢ Die Kirche sagt, dass ein Sakrament aufgrund der vollzogenen Handlung (ex opere operato) wirkt. Gibt es dazu Parallelen im weltlichen Bereich?
➢ Neben den Sakramenten der Kirche gibt es auch die Sakramentalien. Welche Sakramentalien gibt es und wie wirken sie? (KKK 1667-1673)

„Das Sakrament ist sowohl ein erinnerndes Zeichen dessen,
was vorhergegangen ist,
nämlich des Leidens Christi;
als auch ein hinweisendes auf das,
was in uns durch Christi Leiden gewirkt wird,
nämlich die Gnade;
wie auch ein vorausdeutendes Zeichen,
nämlich eine Vorankündigung der künftigen Herrlichkeit."

(Hl. Thomas von Aquin)

Sakrament der Taufe — GT 11

- **Begleitende Literatur:** KKK 1213 - 1284

- **Schriftbetrachtung:** Mt 28,16-20

- **Ein Text zur Einstimmung:**

Die Taufe ist die schönste und herrlichste Gabe Gottes... Gabe, denn sie wird solchen verliehen, die nichts mitbringen; Gnade, denn sie wird sogar Schuldigen gespendet; Taufe, denn die Sünde wird im Wasser begraben; Salbung, denn sie ist heilig und königlich; Erleuchtung, denn sie ist strahlendes Licht; Gewand, denn sie bedeckt unsere Schande; Bad, denn sie wäscht; Siegel, denn sie behütet uns und ist das Zeichen der Herrschaft Gottes." (Gregor von Nazianz)

- **Zum Thema: „Sakrament der Taufe"**

1. Das Tor zum göttlichen Leben

- Eine Eigenschaft des natürlichen Lebens ist das „Werden": Wir werden gezeugt, wir werden geboren, wir werden erwachsen, wir werden alt und wir werden sterben.
    - Wir kommen nicht als gelehrter Wissenschaftler auf die Welt und auch nicht als praktizierender Christ, wir werden als Kind geboren!
    - Wir brauchen daher Menschen, die uns in die Wissenschaft und in das Christentum einführen.

- Die Einführung in den christlichen Glauben nennt man Initiation. Sie geschieht durch drei Sakramente:
    - die Taufe, die der Beginn des neuen Lebens ist;
    - die Firmung, die dieses Leben stärkt;
    - die Eucharistie, die den Gläubigen mit dem Fleisch und dem Blut Christi nährt, um ihn in Christus umzugestalten.

- Durch diese Sakramente wird man in die Kirche eingeführt und immer tiefer in sie eingegliedert und mit Christus verbunden.
- Das erste dieser drei Initiationssakramente ist die Taufe:
  - Sie ist „das Tor" zur Kirche.
  - Sie ist das „Tor zum göttlichen Leben".
  - Sie ist die Geburt zum neuen Leben in Christus.
- Die heilige Taufe ist die Grundlage des ganzen christlichen Lebens und das Eingangstor zu den anderen Sakramenten.

2. Biblische Grundlage
- Den Auftrag zur Spendung des Sakramentes der Taufe gab Jesus selbst. Im Matthäusevangelium lesen wir:
  - „Mir ist alle Macht gegeben im Himmel und auf der Erde. Darum geht zu allen Völkern und macht alle Menschen zu meinen Jüngern; **tauft sie** auf den Namen des Vaters und des Sohnes und des Heiligen Geistes, und lehrt sie, alles zu befolgen, was ich euch geboten habe" (Mt 28,18-20).
- Im Alten Bund gab es schon Vorzeichen und Vorbilder für die Taufe:
  - Die Sintflut war ein Zeichen der Taufe, denn durch das Wasser wurde die Sünde vernichtete.
  - Beim Durchzug durch das Rote Meer wurden die Israeliten aus der Knechtschaft der Ägypter befreit.
  - Durch die Taufe werden wir von der Knechtschaft des Teufels befreit.
  - Ebenso ging das Volk Gottes durch das Wasser des Jordan hinein in das gelobte Land.

3. Kirchlicher Ritus
- Die Taufe beginnt mit dem Kreuzzeichen, es bezeichnet die Erlösungsgnade.
- Es folgt eine Lesung, denn der Täufling soll darauf mit seinem Glauben an das Wort Gottes antworten.
- Nun wird ein Exorzismus gesprochen, weil die Taufe Befreiung von der Sünde und deren Anstifter, dem Teufel, ist.
- Nun folgt *die eigentliche Taufe*:
  - Der Taufende gießt Wasser über das Haupt des Täuflings und spricht zugleich die Worte: „Ich taufe dich im Namen des Vaters, des Sohnes und des Heiligen Geistes."
  - Der Täufling wird entweder in das Wasser eingetaucht oder mit Wasser übergossen.
  - Durch das Wasser wird angedeutet, dass die Sünden abgewaschen werden.

- o Die Nennung des dreifaltigen Gottes, Vater, Sohn und Heiliger Geist, bezeugt das Hineingenommenwerden in die Liebe des dreifaltigen Gottes.
- o Durch das Eintauchen in das Wasser haben wir Anteil am Tod Christi, wir werden „tief gemacht".
- Da Christus aber von den Toten auferstanden ist, hebt er uns durch die Taufe aus dieser Tiefe heraus, und wir werden mit ihm eine „neue Schöpfung".
- Das Wasser ist nicht nur ein Zeichen für die Reinigung, sondern auch ein Zeichen für das Leben. Das Wasser der Taufe bewirkt Leben: das neue Leben mit Christus.
- Durch die Taufe erhalten wir Anteil an der göttlichen Natur und werden daher Söhne und Töchter Gottes (vgl. Gal 4,5-7).
- Die Taufe ist ein einmaliges Ereignis, denn wir erhalten durch sie ein unauslöschliches Merkmal eingeprägt, sie kann daher auch nicht wiederholt werden. (Höchstens bedingungsweise – wenn die Gültigkeit der Ersttaufe fraglich ist).

4. Reflexionen

- Es gibt nur eine Möglichkeit, dem ewigen Tod zu entgehen: die Taufe zu empfangen.
- Jesus selbst sagt:
  - o „Wenn jemand nicht aus Wasser und Geist geboren wird, kann er nicht in das Reich Gottes kommen" (Joh 3,5).
  - o Dieses Wort Jesu kann uns bestürzen und ist nur auf dem Hintergrund der Erbsünde verständlich.
  - o Durch die Ursünde der Stammeltern kam der Tod in die Welt. Jesus Christus hat den Tod am Kreuz besiegt und schenkt uns durch die Taufe ein Siegel für den Eintritt in die ewige Seligkeit.
- Wer ohne Schuld nicht getauft ist, kann – so lehrt die Kirche – dennoch gerettet werden, denn außer der Taufe aus dem Wasser gibt es nämlich noch die „Begierdetaufe" und die „Bluttaufe".
  - o *„Begierdetaufe"*: Die „Begierdetaufe" erlangen jene Menschen, die nach der Wahrheit gesucht und nach ihrem Gewissen gelebt haben.
  - o *„Bluttaufe"*: Ungetaufte, die für Christus in den Tod gegangen sind, erhalten durch das Martyrium die „Bluttaufe".

5. Taufgnaden

- Durch die Taufe werden sämtliche Sünden nachgelassen, die Erbsünde, alle persönlichen Sün-

den und die Sündenstrafen.
- Man wird dabei zu einer „neuen Schöpfung" (2 Kor 5,17) und zu einem „Tempel des Heiligen Geistes" (1 Kor 6,19).
- Durch die Taufe wird man auch Sohn oder Tochter Gottes (vgl. Gal 4,6)!
  - Man hat als Kind Gottes Anrecht auf die „erste Liebe", Anrecht auf Vergebung und Zuwendung.
  - Man besitzt auch das Erbrecht, nämlich auf den Himmel.
- Der Seele wird ein unauslöschliches geistiges Zeichen eingeprägt, es ist das Siegel des ewigen Lebens.
- Die neue Würde ist so groß, dass sie alle Vorstellungen übersteigt.
- Durch die Taufe wird man ein Glied am Leib Christi und gehört fortan zur Gemeinschaft der Christen.
- Man hat Anteil an allen Schätzen dieser Gemeinschaft und ist nicht alleine auf dem Weg zu Gott.
- Man nimmt Teil am gemeinsamen Priestertum der Gläubigen.

❖ **Anregungen zum Nachdenken / Gespräch:**

> Was spricht für oder gegen die Kindertaufe? (KKK 1250-1252)
> Wer darf die Taufe empfangen und wer darf sie spenden? (KKK 1246, 1256)
> Was bedeutet für den erwachsenen Christen die „Tauferneuerung"? (KKK 1231)
> Die Kirche lehrt, dass die Taufe heilsnotwendig ist. Was bedeutet das für jene, die die Kirche nicht kennen? (KKK 1257-1261)

„Als die Kinder Abrahams,
aus Pharaos Knechtschaft befreit,
trockenen Fußes das Rote Meer durchschritten,
da waren sie ein Bild deiner Gläubigen,
die durch das Wasser der Taufe
aus der Knechtschaft des Bösen befreit sind."
(Osternacht, Segnung des Taufwassers)

„Gott hat das Heil
an das Sakrament der Taufe gebunden,
aber er selbst ist nicht an seine Sakramente gebunden."
(KKK 1257)

Sakrament der Firmung   GT 12

❖ **Begleitende Literatur:** KKK 1285 - 1321

❖ **Schriftbetrachtung:** Apg 2, 1-42

❖ **Ein Text zur Einstimmung:**

➢ *Eine solide Berufsausbildung wird mit einer Lehrabschlussprüfung abgeschlossen. Jetzt kann der junge Mensch rechtskräftig den erlernten Beruf ausüben. Er ist aufgenommen in die Reihe der Bäcker, Spengler oder Elektrotechniker und wird gut und gekonnt seine Arbeit verrichten. Die Krönung der Berufsausbildung aber ist der Meisterbrief. Erst wer ihn erhalten hat, darf selbständig arbeiten und eigene Initiativen ergreifen.*

➢ *Die Grundausstattung des Christen, die erste unverzichtbare Voraussetzung für ein christliches Leben, ist die Taufe. Aber erst die Firmung ist der „Meisterbrief" für den Christen. Erst jetzt ist der Getaufte mit allen Gnaden ausgestattet, um für das Reich Christi zu arbeiten.* (Parabel)

❖ **Zum Thema: „Sakrament der Firmung"**

1. Biblische Grundlage

- Schon die Propheten haben angekündigt, dass auf dem kommenden Messias der Heilige Geist ruhen wird (vgl. Jes 11,2).
- Johannes bezeugte, dass er den Geist vom Himmel herab in Form einer Taube auf Jesus kommen sah und dass er „auf ihm blieb" (Joh 1,32).
- Jesus Christus versprach einige Male das Kommen des Heiligen Geistes. Am Pfingsttag schließlich wurde er über die Apostel ausgegossen.
- In seiner Pfingstpredigt weist Petrus auf den Propheten Joel hin (Joel 3,1-2), der sagte: „Ich werde

von meinem Geist ausgießen über alles Fleisch…" Damit deutete er an, dass nun die messianische Zeit angebrochen ist, die mit der „Gabe des Heiligen Geistes" (Apg 2,38) verbunden ist.
- Von da an vermittelten die Apostel den Neugetauften durch Auflegung der Hände die Gabe des Geistes. In der Apostelgeschichte lesen wir:
  o Petrus und Johannes „zogen hinab und beteten für sie, sie möchten den Heiligen Geist empfangen. Denn er war noch auf keinen von ihnen herabgekommen; sie waren nur auf den Namen Jesu, des Herrn, getauft. Dann legten sie ihnen die Hände auf, und sie empfingen den Heiligen Geist" (Apg 8,14-16).
  o Der Bischof legt dem Firmling nicht nur die Hände auf, sondern er salbt ihn auch mit Chrisamöl. Nun ist der Firmling ein „Gesalbter", jemand, den Gott „gesalbt hat mit dem Heiligen Geist" (vgl. Apg 10,38).

2. Kirchlicher Ritus
- Der Ritus der Firmung durch Handauflegung und Salbung ist schon in der Apostelgeschichte grundgelegt.
- Zu Beginn der Firmfeier breitet der Bischof die Hände über alle Firmlinge aus und erfleht dabei von Gott die Ausgießung des Geistes.
- Nun erfolgt der eigentliche Firmritus:
  o Auflegung der Hände des Bischofs und die Salbung mit Chrisam.
  o Der Bischof betet dabei: „…sei besiegelt durch die Gabe Gottes, den Heiligen Geist!"
    ▪ Die äußere Salbung mit Öl ist ein Zeichen für die innere Salbung mit dem Heiligen Geist.
    ▪ Diese Salbung wird in der Gestalt des Kreuzzeichens vollzogen, das die Gleichförmigkeit mit Christus bezeichnet und ein geistiges Siegel einprägt.
  o Der Firmling antwortet darauf mit: „Amen!"
  o Der Bischof: „Der Friede sei mit dir!"

3. Reflexionen
- Durch die Taufe wird der Mensch Kind Gottes, er wird Christ. Aber erst durch die Firmung wird der Heilige Geist über ihn in Fülle ausgegossen.
- Das zweite Initiationssakrament, die Firmung, vollendet die Taufgnade mit der Einprägung eines geistigen Siegels.

- o Gott selbst ist es, „der uns sein Siegel aufgedrückt und als ersten Anteil den Geist in unser Herz gegeben hat" (2 Kor 1,22).
- o „Dieses Siegel des Heiligen Geistes bedeutet, dass man gänzlich Christus angehört" und „für immer in seinen Dienst gestellt ist" (KKK 1296).
- o Das Siegel führt „zum Wachstum und zur Vertiefung der Taufgnade" (KKK 1303).
- o Die Ausgießung des Geistes ist vollständig und nicht bedingungsweise.
- Das zweite Vatikanische Konzil verkündet: Durch das Sakrament der Firmung werden die Gläubigen…
  - o vollkommener der Kirche verbunden.
  - o mit einer besonderen Kraft des Heiligen Geistes ausgestattet.
  - o in strengerer Weise verpflichtet, „in Wort und Tat als wahre Zeugen Christi den Glauben auszubreiten und zu verteidigen, den Namen Christi tapfer zu bekennen und uns nie des Kreuzes zu schämen" (KKK 1303).
- Papst Paul VI. fasste diese drei Momente zusammen und sagte:
  - o Die Firmung setze „in einer gewissen Weise die Pfingstgnade in der Kirche" immer von neuem gegenwärtig.

4. Warum merkt man so wenig vom Heiligen Geist?

- Wer von den Firmlingen ist gläubig?
- Wer erwartet etwas vom Heiligen Geist?
- Wer kennt die Wirkungen der Firmung?
- Wer kennt die Gaben und die Früchte des Heiligen Geistes?
- Man wird von der Firmung solange nichts merken, solange die Gnade der Firmung nicht freigesetzt wird!
  - o Erst wenn sich ein Christ persönlich und bewusst für Christus entschieden hat, bewirkt auch der Heilige Geist eine Veränderung in seinem Leben.
  - o Jeder getaufte und gefirmte Christ sollte daher mindestens einmal im Leben bewusst seine Taufe und seine Firmung annehmen.
  - o Ein Teil der Osterliturgie ist die Tauferneuerung. Sie erinnert uns, dass wir immer wieder neu die Gnaden, die dem Sakrament der Taufe entspringen, annehmen müssen.
  - o Für eine „Firmerneuerung" ist kein eigener Ritus vorgese-

hen. Es ist daher für all jene, die Christus bekennen und bezeugen wollen, empfehlenswert, in einer kleinen Feier im Kreis Gleichgesinnter, dieses bewusste JA zu seiner Firmung zu sprechen. Die Anwesenden sollten nach dieser „Firmerneuerung" für den Betreffenden beten.

5. Das Zeugnis einer Heiligen

- Die heilige Therese von Lisieux schreibt in ihren selbstbiographischen Schriften: „Ich hatte mich mit viel Sorgfalt darauf vorbereitet, den Besuch des Heiligen Geistes zu empfangen, ich begriff nicht, dass man dem Empfang dieses Sakramentes der Liebe keine große Aufmerksamkeit schenkte… Wie die Apostel harrte ich freudig auf die Einkehr des Heiligen Geistes… Ich freute mich beim Gedanken, nun bald eine volle Christin zu sein und vor allem darüber, auf der Stirn für ewig das geheimnisvolle Kreuz zu tragen, das der Bischof bei der Spendung des Sakramentes zeichnet… Endlich kam der beglückende Augenblick, ich spürte kein gewaltiges Brausen bei der Herabkunft des Heiligen Geistes, eher den leichten Windhauch, dessen Säuseln der Prophet Elias auf dem Berge Horeb vernahm…" (Therese v.Lisieux, Selbstbiographische Schriften).

❖ **Anregungen zum Nachdenken / Gespräch:**

> ➢ Welche Beziehung haben Sie zum Heiligen Geist?
> ➢ Haben Sie in Ihrem Leben schon einmal bewusst „JA" zur Taufe und zur Firmung gesagt?
> ➢ Was können Sie tun, um eine persönliche Beziehung zum Heiligen Geist aufzubauen?
> ➢ Welche Gnadengaben wünschen Sie sich in besonderer Weise vom Heiligen Geist?
> ➢ Könnten Sie in einer kleinen Feier um die „Ausgießung" des Heiligen Geistes beten?

Die Firmung setzt
„in einer gewissen Weise die Pfingstgnade der Kirche
immer von neuem gegenwärtig."
(Papst Paul VI.)

Sakrament der Eucharistie — GT 13

- ❖ **Begleitende Literatur:** KKK 1322 - 1419
- ❖ **Schriftbetrachtung:** Joh 6, 48-68
- ❖ **Ein Text zur Einstimmung:**

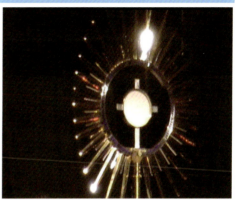

„Dem heiligen Pfarrer von Ars war ein Bauer aufgefallen, der immer wieder lange Zeit in der Kirche weilte. Eines Tages wandte sich der Pfarrer mit der Frage an ihn, was er eigentlich so lange in der Kirche mache. Da antwortete dieser mit dem berühmt gewordenen Satz: ‚Er schaut mich an, und ich schaue ihn an.' Wenn du vor dem Allerheiligsten Sakrament verweilst, so richtet sich der liebende Blick Jesu ganz auf dich! Der Blick Jesu ist unendlich liebevoll! Sein Blick ist heilend! Heilend für alles, was dich bedrückt, worunter du leidest. Er verurteilt dich nie! Jesus schaut nie von oben herab. Er möchte dich heil machen in den tiefsten Wurzeln deiner Seele.
Aus dieser Überzeugung heraus sagt die heilige Therese von Lisieux: ‚Ich will mich Jesu Liebesblick aussetzen und ihn in meiner Seele wirken lassen.' Er schaut dich an! In Liebe bei ihm verweilen, das ist alles was du tun musst. Lasse dich von ihm lieben! Lass Seinen Blick der Liebe auf dir ruhen! So wird Er dich heilen und nach Seinem Bilde formen". (Ingeborg Obereder, Unter den Strahlen der Liebe)

- ❖ **Zum Thema: „Sakrament der Eucharistie"**

1. Höhepunkt des kirchlichen Lebens

- Die Eucharistie ist „Quelle und Höhepunkt des ganzen christlichen Lebens" (LG11).
- Alle übrigen Sakramente sind auf die Eucharistie hingeordnet oder stehen in Zusammenhang mit ihr.
- In der Eucharistie begegnen wir Christus selbst. Wenn wir aber

Sakrament der Eucharistie GT 13

Christus begegnen, dann feiern wir ein Fest!
- Bei der Eucharistie feiern wir unsere Erlösung, unsere Befreiung aus der Macht des Todes und der Sünde.
- Die Engel und Heiligen im Himmel loben und preisen das „Lamm Gottes", Christus (vgl. Offb 19,1-9). Wenn wir Eucharistie feiern, nehmen wir an dieser himmlischen Liturgie teil, sie ist daher „unser Himmel auf Erden" (Scott Hahn, Das Mahl des Lammes).

2. Namen für die Eucharistie
- Da die Eucharistie Inbegriff und Summe unseres Glaubens ist, hat sie auch verschiedene Namen. Hier nur einige davon:
  - *Eucharistie (Danksagung):* Wir danken Gott und loben ihn für seine Heilstaten.
  - *Heiliges Opfer:* Weil das Kreuzesopfer gegenwärtig gesetzt wird.
  - *Heilige Messe*: Weil die Eucharistiefeier mit einem Sendungsauftrag an die Gläubigen endet („missio").

3. Biblische Grundlage
- Die Juden im Alten Testament brachten Gott ihre „Erstlingsgaben" dar – das Erste, das sie geerntet hatten. Das war ein Zeichen der Dankbarkeit gegenüber dem Schöpfer. Brot und Wein waren immer unter diesen Gaben.
- Die Juden aßen bei der Paschafeier ungesäuerte Brote und tranken am Schluss der Feier den „Kelch des Segens".
- Im Neuen Testament weist uns das Wunder der Brotvermehrung (vgl. Mt 14,13-21) auf das einzigartige Wunder der Eucharistie hin.
- An der Eucharistie scheiden sich die Geister. Schon die ersten Ankündigungen über die Eucharistie hat die Jünger entzweit und viele zogen sich zurück (vgl. Joh 6,60-66).
- Die Einsetzung der heiligen Eucharistie erfolgte beim letzten Abendmahl im Laufe des Paschamahles. Paulus schreibt: „Jesus, der Herr, nahm in der Nacht, in der er ausgeliefert wurde, Brot, sprach das Dankgebet, brach das Brot und sagte: Das ist mein Leib für euch. Tut dies zu meinem Gedächtnis! Ebenso nahm er nach dem Mahl den Kelch und sprach: Dieser Kelch ist der Neue Bund in meinem Blut. Tut dies, sooft ihr daraus trinkt, zu meinem Gedächtnis!" (1 Kor 11,23-25).
Ähnliche Texte stehen bei Mt 26,16-27; Mk 14,12-24 und Lk 22,17-20.
- Paulus weiß, dass er den Auftrag zur Feier der Eucharistie

von Christus erhalten hat. Er schreibt im Korintherbrief: „Denn ich habe vom Herrn empfangen, was ich euch dann überliefert habe" (1 Kor 11,23).

4. Kirchlicher Ritus
- Die Eucharistiefeier verläuft nach einer Grundstruktur, die durch alle Jahrhunderte gleich geblieben ist.
- Der Ablauf der Heiligen Messe – Wortgottesdienst und Eucharistiefeier – wird gesondert in GT25 behandelt.
- Kernstück der Heiligen Messe ist das Hochgebet. Höhepunkt des kirchlichen Ritus ist die Wandlung oder Konsekration, bei der der Priester „in der Person Christi" handelt.
- Durch die Wandlungsworte des Priesters („Das ist mein Leib…, das ist mein Blut…") werden Brot und Wein in den Leib und das Blut Jesu verwandelt. Dadurch wird das einmalige Kreuzesopfer Jesu Christi unblutig „gegenwärtig gesetzt".
- „Sooft das Kreuzesopfer, in dem Christus, unser Opferlamm ‚geopfert wurde', auf dem Altar gefeiert wird, vollzieht sich das Werk unserer Erlösung" (LG3).
  - Wir sind also „live" bei unserer eigenen Erlösung dabei, wann immer wir in die heilige Messe gehen.
- Christus ist im heiligsten Sakrament der Eucharistie wahrhaft, wirklich und substanzhaft gegenwärtig.
- In der Hostie sind Leib und Blut, Seele und Gottheit Jesu, also der ganze Christus gegenwärtig, er wird daher in der Eucharistie angebetet.
- Ganz wesentlich gehört zur Mitfeier der heiligen Eucharistie die Kommunion, das Mahl. Sagt doch Jesus: „Wenn ihr das Fleisch des Menschensohnes nicht esst und sein Blut nicht trinkt, habt ihr das Leben nicht in euch" (Joh 6,52).

5. Reflexionen
- Die heilige Eucharistie vollendet die christliche Initiation – die Eingliederung, das Einswerden mit Christus.
- Der Empfang der Eucharistie in der heiligen Kommunion vereinigt uns inniger mit Jesus Christus, denn „Wer mein Fleisch isst und mein Blut trinkt, der bleibt in mir, und ich bleibe in ihm" (Joh 6,56).
- Wer sich einer schweren Sünde bewusst ist, darf allerdings nicht kommunizieren, er muss zuerst das Sakrament der Buße empfangen, denn sonst, so sagt Paulus „zieht er sich das Gericht zu"

(1 Kor 11,29).
- Die würdig empfangene Kommunion reinigt uns von begangenen (leichten) und bewahrt uns vor neuen Sünden. Sie stärkt uns daher für das alltägliche Leben und gibt uns Kraft, die Liebe zu leben.
- Aus Dankbarkeit und Liebe sollte ein gläubiger Christ die Sonntagsmesse mitfeiern. Leider aber muss die Kirche an diese „Pflicht der Liebe" erinnern und hat daher das „Sonntagsgebot" (KKK 2180) eingeführt.
- Eines der berühmtesten eucharistischen Wunder ereignete sich in Lanciano in Italien im Jahre 750.
  - Nach den Wandlungsworten des Priesters verwandelten sich Wein und Brot auch sichtbar in Blut und Fleisch.
  - Diese Substanzen wurden seither sorgfältig aufbewahrt und letztmals im Jahre 1970 medizinisch untersucht.
  - Die Untersuchung zeigte, dass die fast 1250 Jahre alten Reliquien auch heute noch frisches Fleisch und Blut wie von einer „lebendigen Person" sind.
  - Das untersuchte Gewebe stammt – so die Ärzte – vom Herzmuskel eines lebendigen Menschen!
  - Gott zeigt hier beeindruckend, dass er in der heiligen Eucharistie jedem Menschen sein Herz schenken möchte.

❖ **Anregungen zum Nachdenken / Gespräch:**

➢ Gibt es wirklich triftige Gründe, die uns am Sonntag von der Eucharistiefeier fernhalten?
➢ Wir sollen die Eucharistie würdig empfangen. Was heißt das? (KKK 1385)
➢ Was sagt uns die eucharistische Anbetung? Wie können wir sie mehr nutzen?

„Gottheit tief verborgen,
betend nah ich dir.
Unter diesen Zeichen
bis du wahrhaft hier.
Sieh, mit ganzem Herzen
schenk ich dir mich hin,
weil vor solchem Wunder
ich nur Armut bin."
(Thomas vom Aquin)

Sakramente der Heilung GT 14

- **Begleitende Literatur:** KKK 1420 - 1532

- **Schriftbetrachtung:** Joh 20, 19-23

- **Ein Text zur Einstimmung:**

- *Ein junger Mann kommt in den Beichtstuhl, grüßt und schweigt. „Wollen Sie beichten?" fragt der Priester nach einiger Zeit. „Ja", erwidert der junge Mann zögernd „aber ich weiß nicht, was man da tut". „Wie kommt denn das?", erkundigt sich der Priester, „sie wollen beichten und wissen nicht wie das geht?". Da erzählt der junge Mann dem staunenden Priester: „Ich bin nicht katholisch und bin nur zufällig in die Kirche hereingekommen. Einige Zeit stand ich vor diesem Beichtstuhl und mir fiel auf, dass alle, die da hineingingen, ganz verwandelt herauskamen. Sie waren richtig froh! So froh wie diese Menschen möchte auch ich sein, deshalb bin ich da!"* (Zeugnis eines Beichtvaters)

- *„Mein Vater war nach einem Schlaganfall vollkommen unbeweglich und unansprechbar. Ich holte den Priester für die Krankensalbung. Nachdem das Sakrament gespendet worden war, hob mein Vater plötzlich seinen linken Arm und machte ein großes Kreuzzeichen über sich."* (Zeugnis)

- **Zum Thema: „Sakramente der Heilung"**

- Das neue Leben, das der Mensch durch die christliche Initiation erhält, trägt er in „zerbrechlichen Gefäßen" (2 Kor 4,7), es kann daher geschwächt und durch die Sünde sogar verloren werden.
- Jesus Christus aber ist der Arzt unserer Seele und unseres Leibes.
- Wie er dem Gelähmten die Sünden vergeben und ihm wieder die Gesundheit geschenkt hat (Mk 2,1-12), so will er auch uns heilen.
- Jesus hat uns zwei Sakramente

zu unserer Heilung geschenkt: das Bußsakrament und die Krankensalbung.

Sakrament der BUßE (Versöhnung)

1. Biblische Grundlage

- Jesus ruft uns zur Umkehr auf und sagt: „Die Zeit ist erfüllt, das Reich Gottes ist nahe. Kehrt um, und glaubt an das Evangelium!" (Mk 1,15). Wir sollen also das Böse meiden und das Gute tun. Dazu brauchen wir aber ein „reines Herz"!
- Das „reine Herz", das uns in der Taufe geschenkt wurde, wird aber immer wieder durch unsere Sünden beschmutzt. Jesus schenkte uns daher die Beichte, damit wir dadurch wieder die Taufgnade zurückerhalten.
- Nach seiner Auferstehung hat Jesus den Jüngern die Vollmacht zur Sündenvergebung erteilt und gesagt: „Wem ihr die Sünden vergebt, dem sind sie vergeben; wem ihr die Vergebung verweigert, dem ist sie verweigert" (Joh 20,23).
- Der konkrete „Dienst der Versöhnung" (2 Kor 5,18) ist den Bischöfen und ihren Helfern, den Priestern, anvertraut. Bei der Beichte handeln sie „an Christi statt", das heißt, wenn sie die Vergebung aussprechen, vergibt Christus selbst.

2. Kirchlicher Ritus

- Zum gültigen Empfang des Bußsakramentes sind notwendig:
  - *Reue* – ich muss meine Fehler aufrichtig bereuen.
  - *Bekenntnis* – es kann nur jene Schuld vergeben werden, die ich bekenne.
  - *Vorsatz* – das ist der feste Wille, sich zu bessern.
- Wer Schwierigkeiten mit der „Ohrenbeichte" hat, der sollte sich überlegen, ob es einfacher wäre, seine Sünden öffentlich zu bekennen, wie es vor Einführung der Ohrenbeichte üblich war.
- Nach dem Bekenntnis der Schuld, spricht der Priester im Namen Jesu die Vergebung der Sünden zu. Er sagt:
  - „Gott, der barmherzige Vater hat durch den Tod und die Auferstehung seines Sohnes die Welt mit sich versöhnt und den Heiligen Geist gesandt – zur Vergebung der Sünden.
  - Durch den Dienst der Kirche schenke er dir Verzeihung und Frieden.
  - So spreche ich dich los von deinen Sünden! Im Namen das Vaters, des Sohnes und des Heiligen Geistes. Amen."

3. Reflexionen

- Das Sakrament der Buße ist eine große Gnade, es ist das Ostergeschenk des auferstandenen Herrn an seine Kirche!
- Natürlich ist es nicht angenehm, seine Sünden zu bekennen, aber nach der Beichte sind wir entlastet und befreit.
  - Ein ehemals Gefangener berichtete: „Als ich vor Gericht meine Schuld eingestand, wurde ich zu drei Jahren Haft verurteilt. Nach dem Bekenntnis meiner Schuld in der Beichte hat mich der Priester von aller Last freigesprochen – was für ein Unterschied!"
- **„Schwere Sünden"** trennen uns von Gott, sie müssen daher in der Beichte bekannt werden. Eine schwere Sünde liegt vor…
  - wenn es um eine *wichtige Sache* geht.
  - wenn man auch *weiß*, dass man sich gegen den Willen Gottes stellt.
  - wenn man mit *freiem Willen* die Sünde begeht.
- **„Lässliche Sünden"**, unsere alltäglichen, kleinen Sünden, trennen uns nicht von Gott. Dennoch ist es gut, sie zu beichten, denn Gott schenkt uns dann wieder neue Kraft, um nicht mehr zu sündigen. Es ist daher gut, einige Male im Jahr, eventuell monatlich, zur Beichte zu gehen.
- Manche Menschen meinen, sie brauchten nicht zu beichten, weil sie keine Sünden hätten. Eine Frage zum Nachdenken:
  - Wenn es im Haus dunkel ist, sehe ich auch keinen Staub. Die Sonne aber bringt ihn zum Vorschein!
  - Auch meine Sünden erkenne ich erst im Lichte Gottes, im Licht seiner Gebote und der kirchlichen Lehre.
- Man sollte sich einen guten Beichtvater suchen und sich durch einen schlechten nicht entmutigen lassen.
- Hinsichtlich der lässlichen Sünden haben alle Bußwerke, Werke der Nächstenliebe, Gebete und die Mitfeier der Eucharistie sündenvergebende Wirkung.

KRANKENSALBUNG

1. Biblische Grundlage

- Der heilige Jakobus schreibt: „Ist einer von euch krank? Dann rufe er die Ältesten der Gemeinde zu sich; sie sollen Gebete über ihn sprechen und ihn im Namen des Herrn mit Öl salben: Das gläubige Gebet wird den Kranken retten, und der Herr wird ihn aufrichten; wenn er Sünden begangen hat, werden sie ihm vergeben" (Jak 5,14-15).

2. Kirchlicher Ritus

- Bei der Spendung des Sakramentes legt der Priester zuerst dem Kranken die Hände auf. Dann salbt der Priester die Stirne mit geweihtem Olivenöl und spricht.
  - „Durch diese heilige Salbung helfe dir der Herr in seinem reichen Erbarmen, er stehe dir bei mit der Kraft des Heiligen Geistes."
  - Der Kranke antwortet daraufhin:„Amen".
  - Dann salbt der Priester die Hände und spricht: „Der Herr, der dich von Sünden befreit, rette dich, in seiner Gnade richte er dich auf."
  - Der Gläubige antwortet wiederum mit „Amen".

3. Reflexionen

- Das Sakrament der Krankensalbung ist kein „Sterbesakrament" – wenn es auch an den Tod erinnert –, sondern es will den Kranken „aufrichten" und ihm neue Kraft schenken.
- Wer an einer schweren Krankheit leidet, vor einer Operation steht oder aus Altersschwäche in Lebensgefahr gerät, soll die Krankensalbung mit Dankbarkeit und Hoffnung empfangen.
- Gott will dem Kranken durch dieses Sakrament seine besondere Nähe schenken, seine Seele (es hat ja sündenvergebende Kraft) und, wenn es in seinem Willen liegt, auch den Leib des Kranken heilen.

❖ **Anregungen zum Nachdenken / Gespräch:**

- ➢ Wie gestalte ich meine Gewissenserforschung vor der Beichte?
- ➢ Ersetzt eine Bußfeier die Beichte? (KKK 1484)
- ➢ Wie kann man helfen, dass das Sakrament der Krankensalbung richtig verstanden wird (als Sakrament der Heilung und Stärkung) und nicht als Sterbesakrament?

*„Als der Mensch
im Ungehorsam
deine Freundschaft verlor
und der Macht des Todes verfiel,
hast du ihn dennoch nicht verlassen…
immer wieder hast du dem Menschen
deinen Bund angeboten."*

(Viertes Hochgebet)

Sakrament der Weihe   GT 15

❖ **Begleitende Literatur:** KKK 1536 - 1600

❖ **Schriftbetrachtung:** 2 Tim 1, 6-14

❖ **Ein Text zur Einstimmung:**

❖ *„Für die Sünder zu beten, das begeisterte mich, aber für die Priester beten, von denen ich meinte, sie seien reiner Kristall, das fand ich erstaunlich!... Ach! In Italien habe ich meine Berufung verstanden; eine so nützliche Einsicht war die weite Reise wert...*
Während eines Monats lebte ich mit vielen heiligmäßigen Priestern zusammen und sah, wenn ihre hohe Würde sie auch über die Engel erhebt, dass sie dennoch schwache und gebrechliche Menschen bleiben...Wenn nun heiligmäßige Priester, die Jesus im Evangelium ‚das Salz der Erde' nennt, in ihrem Verhalten zeigen, dass sie der Fürbitte dringend bedürfen, was soll man da erst von den Lauen sagen?"
(Therese von Lisieux, Selbstbiographische Schriften)

❖ **Zum Thema: „Sakrament der Weihe"**

1. Biblische Grundlage

- Das auserwählte Volk wurde von Gott zu einem „Reich von Priestern" und zu einem „heiligen Volk" berufen (vgl. Ex 19,6).
- Die ersten Priester des Alten Bundes wurden in einem eigenen Ritus geweiht. Sie waren für die Menschen da und um „Gaben und Opfer für die Sünder darzubringen" (Hebr 5,1).
- Im Priestertum des Alten Testamentes war alles vorgebildet, was in Jesus Christus, dem einzigen „Hohenpriester" seine Vollendung findet.
- Das Priestertum Christi wird gegenwärtig, indem der Priester „in der Person Christi" handelt.
- Viele Bibelstellen weisen auf das

Amt und die Bedeutung des Priesters hin:
- ○ Jesus selber ruft die zwölf Apostel, sendet sie und rüstet sie mit Vollmacht aus (vgl. Mk 3,13ff, Mt 10,1, Lk 6,12).
- ○ Jesus sagt: „Wer euch hört, der hört mich; und wer euch verachtet, der verachtet mich; wer aber mich verachtet, der verachtet den, der mich gesandt hat" (Lk 10,16, Mt 10,40, oder Joh 13,20).
- ○ Paulus bezeichnet sich als „Diener Christi und Verwalter der Geheimnisse Gottes" (1 Kor 4,1).
- Die Priester sind dazu bestellt, die „Geheimnisse Gottes zu verwalten", das heißt ihre erste Aufgabe ist es, die Sakramente zu spenden.
  - ○ Am Abend vor seinem Leiden hat er den Aposteln die Feier der heiligen Eucharistie übertragen; „Tut dies zu meinem Gedächtnis!" (Lk 22,19).
  - ○ Nach seiner Auferstehung hat er den Aposteln die Vollmacht erteilt, die Sünden zu vergeben. Deshalb schreibt der Apostel Paulus über das Sakrament der Buße: „Wir sind Gesandte an Christi statt: Lasst euch mit Gott versöhnen" (2 Kor 5,20).
- Die Priester sind auch zu Hirten berufen: Paulus schreibt: „Gebt auf euch acht und die ganze Herde, in der euch der Heilige Geist zu Bischöfen gemacht hat, damit ihr als Hirten für die Kirche Gottes sorgt, die er sich durch das Blut seines eigenen Sohnes erworben hat" (Apg 20,28).
- Der Priester soll auch sein: „Vorbild für die Gläubigen" (1 Tim 4,11), „guter Soldat Jesu Christi" (2 Tim 2,3), ein „Arbeiter, der sich nicht zu schämen braucht" (2 Tim 2,15).
- Die Priester sollen sich um Heiligkeit bemühen, deshalb schreibt Paulus an Timotheus: „Darum rufe ich dir ins Gedächtnis: Entfache die Gnade Gottes wieder, die dir durch die Auflegung meiner Hände zuteil geworden ist" (2 Tim 1,6).

2. Kirchlicher Ritus

- Das Weihesakrament wird in drei Stufen gespendet: Diakon – Priester – Bischof.
- Die Übertragung des Amtes erfolgt durch den Bischof. Er legt dem Weihekandidaten die Hände auf und überträgt unter Gebet die priesterliche Vollmacht.
- Die eigentliche Weihe wird durch ein längeres Ritual vorbereitet. Dem Priester wird vor Augen gehalten, was das Priester-

tum bedeutet, und dieser bekundet vor der Weihe seine Bereitschaft hierzu vor dem Gottesvolk. Der Bischof fragt ihn:
- „Bist du bereit, das Priesteramt als getreuer Mitarbeiter des Bischofs auszuüben und so unter der Führung des Heiligen Geistes die Herde Christi gewissenhaft zu leiten?"
- „Bist du bereit, gemäß der kirchlichen Überlieferung die Mysterien Christi in gläubiger Ehrfurcht zu feiern zum Lobe Gottes und zum Heil seines Volkes?"
- „Bist du bereit, dem Wort Gottes im Bewusstsein deiner Verantwortung zu dienen, wenn du die frohe Botschaft verkündest und den katholischen Glauben auslegst?"
- „Bist du bereit, den Armen und Kranken beizustehen, Heimatlosen und Notleidenden zu helfen?"
- „Bist du bereit, dich mit Christus, unserem Hohenpriester, täglich enger zu verbinden und mit ihm Opfergabe zur Ehre Gottes und zum Heil der Menschen zu werden?"
- „Versprichst du mir und meinen Nachfolgern Ehrfurcht und Gehorsam?"
- „Gott selber vollende das gute Werk, das er in dir begonnen hat."
- Der Priester antwortet jeweils: „Ich bin bereit."

- Als Zeichen der priesterliche Würde legt der Bischof dem Neugeweihten die Stola gekreuzt über die Brust und bekleidet ihn mit dem Messgewand.
- Dann salbt er ihm die Hände mit heiligem Öl und überreicht ihm die Patene mit der Hostie und den Kelch mit Wein und Wasser als Zeichen dafür, dass er ab jetzt das heilige Messopfer darbringen kann. Der Bischof spricht dabei:
  - „Nimm hin die Gaben des Volkes für die Feier des Opfers. Bedenke, was du tust, ahme nach, was du vollziehst, und stelle dein Leben unter das Geheimnis des Kreuzes."
- Anschließend feiert der Neugeweihte mit dem Bischof Eucharistie.
- Durch das Weihesakrament wird der Seele ein unauslöschliches Merkmal eingeprägt. Wer einmal zum Priester geweiht wurde, bleibt es immer. Selbst dann, wenn er seiner Berufung untreu geworden ist.

3. Reflexionen
- Der Priester wird geweiht, um das Evangelium zu verkünden, die Sakramente zu spenden und

die Gläubigen als guter Hirte zu führen.
- „Ihr heiliges Amt üben sie am intensivsten in der eucharistischen Feier" aus.
- Wenn der Priester die Sakramente spendet, handelt er „in persona Christi", das heißt, Christus selbst, unser einziger Hohenpriester, wirkt durch den Priester.
- Danken und loben wir den Herrn für die Einsetzung des Priesteramtes:
  - ohne Priester …
    - keine Eucharistie.
    - keine Beichte.
    - keine Krankensalbung!
  - ohne Bischof …
    - keine Firmung.
    - keine Pricsterweihe!
  - ohne die durch die Weihe verliehenen Ämter, kann man nicht von Kirche sprechen.
- Der heilige Pfarrer von Ars sagte:
  „Der Priester setzt auf Erden das Erlösungswerk fort... Verstünde man so richtig, was der Priester auf Erden ist, so stürbe man – nicht vor Schrecken, sondern aus Liebe... Das Priestertum ist die Liebe des Herzens Jesu."
- Aus diesem Verständnis heraus sagte die stigmatisierte heiligmäßige Marthe Robin:
  „Ihr habt ja keine Ahnung, was ein Priestersegen ist!"

❖ **Anregungen zum Nachdenken / Gespräch:**

➢ Es gibt drei Stufen des Weihesakramentes: Bischof, Priester und Diakon. Worin besteht der Unterschied in den Weihestufen? (KKK 1554-1571)
➢ Wenn ein Priester bei der Weihe die geforderten Versprechen ablegt, dann hat er damit sein Leben voll in den Dienst Jesu gestellt; wie weit ließe sich das mit einer Familie vereinbaren?
➢ Was können wir tun, um gute Priester zu fördern und gefährdeten Priestern zu helfen?
➢ Beten wir für die Priester? Lernen wir von der hl. Therese von Lisieux!

*„Ich bin gekommen,
um Seelen zu retten
und besonders
um für die Priester zu beten."*
(Hl. Therese von Lisieux)

Sakrament der Ehe — GT 16

❖ **Begleitende Literatur:** KKK 1601 - 1666

❖ **Schriftbetrachtung:** Genesis 2, 18-25

❖ **Ein Text zur Einstimmung:**

❖ *„Das Vorbild meiner Eltern – wie sie einander liebten – hat mich mehr über die Würde der Ehe gelehrt als mein Theologiestudium." Dieses Zeugnis eines Priesters gibt wieder, worauf es in einer geglückten Ehe wesentlich ankommt. Es heißt nicht mehr: „Ich will geliebt werden", sondern „Ich will lieben!"*
(Zeugnis)

❖ *Ein wunderbares Beispiel ehelicher Liebe schildert das Buch Tobit: „…diese meine Schwester (nehme ich) nicht aus reiner Lust zur Frau, sondern aus wahrer Liebe. Hab Erbarmen mit mir, und lass mich mit ihr ein hohes Alter erreichen. Und Sara sagte zusammen mit ihm Amen. Und beide schliefen die Nacht über miteinander"* (Tob 8,7-9).

❖ **Zum Thema: „Sakrament der Ehe"**

Die Sakramente der Weihe und der Ehe „sind auf das Heil der anderen hingeordnet… Sie erteilen eine besondere Sendung in der Kirche und dienen dem Aufbau des Volkes Gottes." (KKK 1534)

1. Biblische Grundlage

- Die Heilige Schrift sagt, dass Mann und Frau füreinander geschaffen sind.
- Schon in der Genesis lesen wir: „Es ist nicht gut, dass der Mensch allein bleibt" (Gen 2,18) und „Darum verlässt der Mann Vater und Mutter und bindet sich an seine Frau, und sie werden ein Fleisch" (Gen 2,24).

- Die Institution der Ehe ist also von Gott selbst geschaffen, das bezeugt auch Jesus, wenn er sagt:
  - „Habt ihr nicht gelesen, dass der Schöpfer sie von Anfang an als Mann und Frau geschaffen hat...
  - Was nun Gott verbunden hat, soll der Mensch nicht trennen" (Mt 19,4-6).
- Jesus ruft den Jüngern eindringlich ins Gedächtnis, dass eine gültig geschlossene Ehe unauflöslich ist, denn „was Gott verbunden hat, das darf der Mensch nicht trennen" (vgl. Mt 5,32; Mk 10,2ff; Lk 16,18).
- In der Erlösungsordnung wird die Ehe zum Sakrament erhoben: zum Zeichen und Mittel der Gnade.
- Paulus schreibt im Epheserbrief über die „christliche Familienordnung":
  - „Einer ordne sich dem anderen unter in der gemeinsamen Ehrfurcht vor Christus.
  - Ihr Frauen, ordnet euch euren Männern unter wie dem Herrn...
  - Ihr Ehemänner, liebt eure Frauen, wie Christus die Kirche geliebt und sich für sie hingegeben hat, um sie im Wasser und durch das Wort rein und heilig zu machen...
  - Darum sind die Männer verpflichtet, ihre Frauen so zu lieben, wie ihren eigenen Leib" (Eph 5,21-28).

2. Kirchlicher Ritus

- Die Brautleute erklären vor dem Priester und zwei Zeugen, dass sie einander zur Ehe nehmen.
- Der Bräutigam und die Braut versprechen nacheinander ihre Treue und spenden einander das Sakrament der Ehe indem sie sprechen:
  - „Vor Gottes Angesicht nehme ich dich als meine(n) Frau (Mann). Ich verspreche dir die Treue in guten und bösen Tagen, in Gesundheit und Krankheit, bis der Tod uns scheidet. Ich will dich lieben, achten und ehren alle Tage meines Lebens."
- Dann fragt der Priester Braut und Bräutigam:
  - „Seid ihr bereit, die Kinder anzunehmen, die Gott euch schenken will, und sie im Geist Christi und seiner Kirche zu erziehen?"
- Der Priester stellt eine meist unbeachtete, aber sehr bedeutende Frage:
  - „Seid ihr bereit, als christliche Eheleute Mitverantwortung in der Kirche und in der Welt zu übernehmen?"

- Nun segnet der Priester die Ringe und die Brautleute stecken einander die Ringe an mit den Worten:
  - „Trag diesen Ring als Zeichen unserer Treue. Im Namen des Vaters, des Sohnes und des Heiligen Geistes."

3. Reflexionen

- Gott selbst ist der Urheber der Ehe, und Christus hat sie zum Sakrament erhoben.
- Die Brautleute selbst sind die Übermittler der göttlichen Gnade, und sie spenden einander aus freiem Willen das Ehesakrament.
  - Würde die Eheschließung unter Zwang erfolgen oder durch ein Natur- oder Kirchengesetz ein Hindernis vorliegen, dann kommt die Ehe nicht zustande.
  - Eine nicht vollzogene Ehe ist nicht rechtskräftig.
- Die Brautleute empfangen den Heiligen Geist als Siegel ihres Bundes.
  - Der Heilige Geist wird somit zum strömenden Quell ihrer Liebe und zur Kraft, in der sich ihre Treue stets erneuert.
  - Durch die sakramentale Ehe entsteht „ein Band, das seiner Natur nach lebenslang und ausschließlich ist".
  - Es liegt nicht in der Macht der Kirche, eine gültig geschlossene Verbindung aufzuheben.
- Die eheliche Liebe hat etwas **Totales** an sich und sie umfasst die ganze Person. Die Liebe fordert, dass die Ehepaare ein Herz und eine Seele werden, sie fordert daher die **Unauflöslichkeit der Ehe** und die bedingungslose, gegenseitige Treue.
  - Gerade in einer Zeit, die von einem hohen Prozentsatz geschiedener Ehen gekennzeichnet ist, muss die Unauflöslichkeit der Ehe besonders proklamiert werden.
  - Die wahre Liebe kann nicht *„bis auf weiteres"* gelten, sondern sie ist lebenslang.
  Der tiefste Grund dafür liegt in der Treue Gottes zu seinem Bund, dessen Abbild die Ehe ist. Gott bricht den Bund nie, seine Treue und seine Liebe sind unwiderruflich.
  - Gott selbst soll daher in einer christlichen Ehe die Mitte sein.
- Die eheliche Liebe fordert auch die grundsätzliche **Offenheit für das Leben**, die Bereitschaft, Kindern das Leben zu schenken und sie zu erziehen.
- Gläubige Ehepaare werden schließlich Oasen des christlichen Lebens in einer ungläubi-

gen Welt bilden, die Familien werden zu „Hauskirchen" in der Diaspora.

4. Die unverheirateten Menschen
- Gott hat den Menschen auf Gemeinschaft hingeordnet. Es soll daher gerade an dieser Stelle auch ein Wort für Unverheiratete gesagt werden:
  o Manche sind „um des Himmelreiches willen" (Mt 19,12) ehelos geblieben (Priester, Ordensleute…) Sie dienen den Menschen im Geist der Seligpreisungen und weisen schon jetzt auf das ehelose Leben nach der Auferstehung hin.
  o Allen Unverheirateten, ob sie freiwillig oder unfreiwillig in diesem Stande sind, sollen die Türen der Familien, der „Hauskirchen" und die Pforten der Kirche, der großen Familie, geöffnet werden.
  o **Alle sollen erfahren:** *„Niemand ist ohne Familie auf dieser Welt; die Kirche ist Haus und Familie für alle…"* (KKK 1658).

❖ **Anregungen zum Nachdenken / Gespräch:**

➢ Wie können wir im Epheserbrief (Eph 5, 21-33) den Aufruf zur Unterordnung der Frauen und der Hingabebereitschaft der Männer christlich richtig verstehen?
➢ Was können wir tun, um die ursprüngliche Liebe frisch zu erhalten und zu verstärken?
➢ Wie können wir den Auftrag, als Ehepaar ein Zeichen der Liebe Christi zu sein, erfüllen?
➢ Was schätzen und lieben Sie an Ihrem Ehepartner besonders?
➢ In welcher Weise können Sie Mitverantwortung für Kirche und Welt – wie es im Trauungsritus heißt – übernehmen?

„Wie vermag ich das Glück
jener Ehe zu schildern,
die von der Kirche geeint
vom Opfer gestärkt
und vom Segen besiegelt ist,
von den Engeln verkündet
und vom Vater anerkannt?"
(Tertullian)

Gottesliebe (1. – 3. Gebot) — GT 17

❖ **Begleitende Literatur:** KKK 2084 - 2195

❖ **Schriftbetrachtung:** Ex 20, 1-11

❖ **Ein Text zur Einstimmung:**

„*Ein Herz, das sich Gott schenkt, verliert seine natürliche Zärtlichkeit nicht, im Gegenteil, diese Zärtlichkeit wächst, je reiner und göttlicher sie wird... Ich wünsche im Himmel dasselbe wie auf dieser Erde: Jesus zu lieben und dafür besorgt sein, dass andere ihn lieben... Du weißt es, o mein Gott, nie habe ich mir etwas anderes gewünscht, als dich zu lieben, ich begehre nach keiner anderen Ehre. Deine Liebe umsorgte mich seit meiner Kindheit, sie wuchs mit mir heran, und nun ist sie ein Abgrund, dessen Tiefe ich nicht auszuloten vermag. Liebe zieht Liebe an ...*" (Therese von Liseux, Selbstbiographische Schriften).

❖ **Zum Thema: „Gottesliebe (1.-3.Gebot)"**

1. ERSTES GEBOT: „Du sollst an einen Gott glauben"

Die gläubigen Juden bewahren in einem kleinen Gehäuse, der Mesusa, eine Schriftrolle auf, auf der unter anderem die Kernaussage des ersten Gebotes geschrieben steht: „**Höre, Israel! Jahwe, unser Gott, Jahwe ist einzig.** *Darum sollst du den Herrn, deinen Gott, lieben mit ganzem Herzen, mit ganzer Seele und ganzer Kraft... Diese Worte... sollst du als Zeichen um das Handgelenk binden. Sie sollen zum Schmuck auf deiner Stirn werden. Du sollst sie auf die Türpfosten deines Hauses und deiner Stadttore schreiben*" (Deut 6,4-9).

1.1 „Du sollst den Herrn, deinen Gott, anbeten und ihm dienen"

- Gott will, dass wir an ihn glau-

ben, ihm vertrauen und seine Liebe aufrichtig erwidern.
- Unseren Glauben müssen wir nähren und behüten und alles zurückweisen, was ihm widerspricht (KKK 2088-2092).

1.2 „Ihm allein sollst du dienen"
- Gott gebührt der erste Platz in unserem Herzen, weil wir ohne Gott keine Sekunde leben könnten.
- Deshalb beten wir ihn an. Gott anbeten heißt, ihn als höchstes Gut, als Schöpfer und Erlöser anzuerkennen.
- Wen man liebt, mit dem spricht man, für den ist man bereit, Opfer zu bringen, an den will man sich auch binden.
- Das Gebet ist nicht nur ein Zeichen der Liebe (Lob- oder Dankgebet) und des Vertrauens (Fürbittgebet), sondern eine unerlässliche Voraussetzung, um die Gebote Gottes halten zu können.

1.3 „Du sollst neben mir keine anderen Götter haben"
- Heute „opfern" viele Menschen anderen „Göttern", dem Haus, dem Auto, dem Sport, dem Vergnügen, dem Bauch…
- Nein, das Auto ist nicht schlecht, auch nicht der Sport, aber all das gehört nicht auf den *ersten* Platz,

denn dann sind sie Götzen, die man anbetet und diese Götzen können niemanden glücklich machen.
- Wohin geht Ihr Geld und Ihre Zeit, womit beschäftigen Sie sich in Ihren Gedanken?
- Stellen Sie eine Hierarchie Ihrer Werte auf. An welcher Stelle steht Gott?
- Sind Sie vielleicht abergläubisch? Schreckt Sie eine schwarze Katze mehr als das Gleichnis von der engen Tür?
- Heute sind sämtliche Formen der Wahrsagerei (Astrologie, Handlesen, Horoskope…), der Magie, des Okkultismus und verschiedene Praktiken von New-Age „in".
  o „Sämtliche Praktiken der Magie und Zauberei, mit denen man sich geheime Mächte untertan machen will, um sie in seinen Dienst zu stellen und über andere eine übernatürliche Macht zu gewinnen – sei es auch, um ihnen Gesundheit zu verschaffen –, verstoßen schwer gegen die Tugend der Gottesverehrung" (KKK 2117).

2. ZWEITES GEBOT: „Du sollst den Namen Gottes nicht verunehren"
- Im Buch Exodus lautet das zwei-

te Gebot: „Du sollst den Namen des Herrn, deines Gottes, nicht missbrauchen; denn der Herr lässt den nicht ungestraft, der seinen Namen missbraucht" (Ex 20,7).

2.1 „Der Name des Herrn ist heilig"

- Gott hat Mose seinen Namen im brennenden Dornbusch geoffenbart: „JAHWE", das heißt „Ich-bin-da".
- 6800-mal kommt dieser Name im Alten Testament vor und doch soll ihn aus Ehrfurcht kein Jude aussprechen.
- Wir Christen hingegen dürfen den Namen Gottes aussprechen und Gott, wie Jesus uns gelehrt hat, sogar „Abba" – das heißt „lieber Vater" oder „Papa" – nennen. Wir dürfen aber den heiligen Namen Gottes nicht missbrauchen.
- Wenn ich im Namen Gottes etwas verspreche und nicht halte, dann missbrauche ich den Namen Gottes, denn ich erkläre dadurch Gott zum Lügner.
- Jede Art von Hass, Vorwurf, Herausforderung, Herabsetzung oder Ehrfurchtslosigkeit gegenüber Gott ist eine Gotteslästerung.
- Jeder Fluch und magischer Gebrauch des Namens Gottes ist Gotteslästerung.

2.2 „Missbrauch des Namens Gottes"

- Das zweite Verbot verbietet auch den Meineid. Schwören oder einen Eid ablegen heißt ja, Gott zum Zeugen anrufen für das, was man aussagt. Der Meineid nimmt Gott zum Zeugen für eine Lüge!
- Um einem Meineid vorzubeugen ist es daher besser, überhaupt nicht zu schwören. Deshalb sagt Jesus: „Euer Ja sei ein Ja, euer Nein ein Nein; alles andere stammt vom Bösen" (Mt 5,37). Ein Eid soll deshalb nicht wegen belangloser Dinge abgelegt werden.
- Jeden Tag sollen wir in Ehrfurcht vor Gott „Im Namen des Vaters und des Sohnes und des Heiligen Geistes" beginnen.

3. DRITTES GEBOT: „Du sollst den Tag des Herrn heiligen"

3.1 „Der Tag des Sabbat"

- „Gedenke des Sabbats: Halte ihn heilig! Sechs Tage darfst du schaffen und jede Arbeit tun. Der siebte Tag ist ein Ruhetag, dem Herrn, deinem Gott, geweiht. An ihm darfst du keine Arbeit tun" (Ex 20,8-10).
- Die Genesis berichtet, dass Gott bei der Schöpfung „am siebten Tag ruhte" (Gen 2,2). So sollen auch

wir am siebten Tage ruhen und uns dadurch bewusst machen, dass Arbeit und Geld keine Götzen sind.
- Die Juden danken Gott am Sabbat auch für die Befreiung aus der Knechtschaft Ägyptens.
- Wir danken am Sonntag Christus, dass er uns durch seinen Tod aus der Knechtschaft der Sünde befreit hat.

3.2 „Der Tag des Herrn"

- Jesus ist am ersten Tag der Woche von den Toten auferstanden. Der „achte Tag" bedeutet, dass mit der Auferstehung Jesu eine „neue Schöpfung" angebrochen ist.
- Der Sonntag vollendet den Sabbat, denn dieser Tag kündigt die ewige Ruhe der Menschen in Gott an. Natürlich wollen wir diesen Tag ganz besonders feiern.
- Können auch wir vom Sonntag sagen: „Dies ist der Tag, den der Herr gemacht hat; wir wollen jubeln und uns an ihm freuen." (Ps 118,24)?
- Die sonntägliche Eucharistiefeier steht im Mittelpunkt des Lebens der Kirche. Schon der Apostel Paulus ermahnt zur Zusammenkunft und schreibt an die Hebräer: „Lasst uns nicht unseren Zusammenkünften fernbleiben, wie es einigen zur Gewohnheit geworden ist, sondern ermuntert einander..." (Hebr 10,25).
- Das Sonntagsgebot verpflichtet uns auf eine Selbstverständlichkeit: Gott unsere Liebe zu bezeigen, indem wir wenigstens an Sonn- und Feiertagen an der Eucharistiefeier teilnehmen.

❖ **Anregungen zum Nachdenken / Gespräch:**

➢ „Wovon das Herz voll ist, davon geht der Mund über!" Stimmt dieses Sprichwort auch hinsichtlich meiner Beziehung zu Gott?
➢ Was kann ich tun, um Gott mehr Zeit zu schenken?
➢ Welche Strategien kann man anwenden, wenn jemand Gott lästert?
➢ Der Sonntag – „Tag des Fußballs", „Tag der Arbeit" oder „Tag des Herrn"?

Die Kirche ist der Ort
„wo der Geist blüht."
(Hippolyt)

Familie (4. Gebot)   GT 18

- ❖ **Begleitende Literatur:** KKK 2196 - 2257
- ❖ **Schriftbetrachtung:** Eph 6,1-4
- ❖ **Ein Text zur Einstimmung:**

„Zur ‚Liturgie' unserer Hauskirche gehörte auch der Elternsegen über uns Kinder. Wenn wir uns zu etwas Wichtigem anschickten, zu einem neuen Schuljahr, einer längeren Wanderung, zu einer entscheidenden Prüfung oder wenn gar eines von uns für immer das Elternhaus verließ, gab es den ‚großen Segen', der darin bestand, dass die Eltern zu den drei Kreuzzeichen sprachen: ‚Es segne dich der Vater, der dich erschaffen – der Sohn, der dich erlöst – und der Heilige Geist, der dich geheiligt hat!' Hierauf sprach die Mutter gewöhnlich: ‚Ich will jeden Tag meines Lebens eure Schutzengel und Namenspatrone bitten, dass sie euch nie verlassen und immer den rechten Weg führen, der uns alle einmal wieder zusammenführt'" (Hermann Kronsteiner, Eine Mutter und 11 Kinder).

- ❖ **Zum Thema: „Familie (4. Gebot)"**

VIERTES GEBOT: „Du sollst Vater und Mutter ehren"

1. Wen betrifft das Gebot?

- Im Buch Exodus heißt es: „Ehre deinen Vater und deine Mutter, damit du lange lebst in dem Land, das der Herr, dein Gott, dir gibt" (Ex 10,12).
- Das vierte Gebot ist aber noch wesentlich weitreichender, denn es gilt auch für…
  - die Arbeitnehmer gegenüber den Arbeitgebern,
  - die Untergebenen gegenüber ihren Vorgesetzten,
  - die Schüler gegenüber den Lehrern,
  - die Bürger gegenüber ihrem Vaterland und gegenüber denen, die es verwalten und regieren.
- Schließlich betrifft dieses Gebot auch die Pflichten von Eltern und

allen, die über andere Menschen oder über eine Gemeinschaft Autorität ausüben (vgl. Eph 6,1-9).
- Dem, der das 4. Gebot befolgt, ist ein langes Leben in seiner Heimat verheißen.

2. Gelebte Hauskirche

- Papst Johannes Paul II. sagte 1980 in Rio de Janeiro:
 „*Die Kultur der Liebe muss auf dem unersetzlichen Grundstein der Familie erbaut werden.*"
 Im gleichen Jahr sagte er in Köln:
 „*Als… ‚Hauskirche' müssen Ehe und Familie eine Schule des Glaubens und ein Ort gemeinsamen Gebetes sein.*"
- Die christliche Familie ist eine spezifische Verwirklichung der kirchlichen Gemeinschaft. Deshalb muss sie auch „Hauskirche" (FC 21) genannt werden. Es kommt ihr in der Kirche eine einzigartige Bedeutung zu, denn sie ist…
  - o Ort der Liebe,
  - o Ort des Lebens,
  - o Ort des Glaubens,
- Als Urzelle der Gesellschaft bildet die Familie die Grundlage der Freiheit, Sicherheit und Brüderlichkeit innerhalb der Gesellschaft.
- In der Familie kann man von Kind auf lernen, die sittlichen Werte zu achten, Gott zu ehren und die Freiheit richtig zu gebrauchen.
- Die Familie ist dazu berufen, sich dem sozialen Bereich zu öffnen, indem ihre Mitglieder lernen, sich um Junge und Alte, Behinderte und Arme zu kümmern. Dadurch wird die Familie auch zu einem Instrument der Humanisierung und Persönlichkeitsentfaltung.

3. Pflichten der Eltern

- Es ist ein Grundrecht und eine Grundpflicht der Eltern, ihre Kinder zu erziehen.
 Die **Erziehung** ist so entscheidend, dass sie dort, wo sie fehlt, kaum zu ersetzen ist.
 Die Eltern sind die Erstverantwortlichen für die Erziehung ihrer Kinder. Sie können aber dieser Verantwortung nur nachkommen, wenn sie ein Zuhause schaffen, wo Zärtlichkeit und Vergebung, gegenseitige Achtung und selbstlose Dienstbereitschaft herrschen.
- Die **Erziehung zu den Tugenden** beginnt ebenfalls zu Hause. Die Kinder müssen Opferbereitschaft, ein gesundes Urteil und Selbstbeherrschung lernen.
- Die **Erziehung zum Glauben** muss schon in frühester Kindheit

einsetzen. Es ist die Pflicht und das Vorrecht der Eltern, ihre Kinder zu evangelisieren. Die Eltern sind die ersten Glaubensboten ihrer Kinder.
- Jesus, der seine Jünger das Beten lehrte, bittet die Eltern, dasselbe zu tun: Ihre Kinder das Beten zu lehren!
  - Papst Johannes Paul II. hat oft von der Bedeutung des Gebetes in der Familie gesprochen. Im Jahr 1984 sagte er:
  „Wir müssen jeden Tag in der Familie beten; wir haben die vorrangige Pflicht, unsere Kinder beten zu lehren, in der festen Überzeugung, dass ein unersetzliches Grundelement der Gebetserziehung das praktische Beispiel und lebendige Zeugnis der Eltern ist… Eine Familie, die miteinander betet, bleibt miteinander verbunden: eine Familie, die betet, ist eine Familie, die rettet!"
- Zu den Pflichten der Eltern gehört es natürlich auch, für die **leiblichen und geistigen Bedürfnisse** der Kinder zu sorgen, die richtige Berufsausbildung zu gewährleisten und sie in den von ihnen gewählten Lebensstand zu begleiten.
- Die Eltern sollen aus Achtung und Liebe gegenüber ihren Kindern dafür sorgen, dass diese ein gesundes Selbstwertgefühl erlangen können. Dies wird ihnen helfen, in den zahlreichen Verführungen unserer Tage ihre Würde zu wahren und Verantwortung zu übernehmen.
- Ein entspanntes, fröhliches Familienklima, klar geregelte Verantwortlichkeiten, gegenseitige Verlässlichkeit, ein offenes Gesprächsklima und das Vorbild der Eltern bilden den fruchtbaren Boden gesunder Familien.

4. Pflichten der Kinder
- Die Achtung der Kinder vor den Eltern erwächst aus der natürlichen Zuneigung und der Dankbarkeit denen gegenüber, die ihnen das Leben geschenkt haben.
- Das unmündige Kind ist verpflichtet, den Eltern zu gehorchen, wenn es ihm oder seiner Familie zum Wohl dient (vgl. Kol 3,20).
- Aber auch erwachsene Kinder sollen die Eltern weiterhin achten, ihren Rat suchen und gerechtfertigte Ermahnungen annehmen.
- Erwachsene Kinder haben die Pflicht, ihren Eltern im Alter, in Krankheit, Einsamkeit oder Not, so gut sie können, materiell und moralisch beizustehen.

Familie (4. Gebot)   GT 18

"Denn der Herr hat den Kindern befohlen, ihren Vater zu ehren, und die Söhne verpflichtet, das Recht ihrer Mutter zu achten. Wer den Vater ehrt, erlangt Verzeihung der Sünden, und wer seine Mutter achtet, gleicht einem Menschen, der Schätze sammelt. Wer den Vater ehrt, wird Freude haben an den eigenen Kindern, und wenn er betet, wird er Erhörung finden. Wer den Vater achtet, wird lange leben, und wer seiner Mutter Ehre erweist, der erweist sie dem Herrn" (Sir 3,2-6).

5. Öffentlichkeit und Gesellschaft

- Das vierte Gebot befiehlt uns auch, jene zu ehren, die von Gott zu unserem Wohl ein öffentliches Amt in der Gesellschaft erhalten haben. Ein öffentliches Amt ist jedoch ein Dienst.
- Niemand darf etwas befehlen oder einführen, was der Menschenwürde und dem natürlichen Sittengesetz widerspricht, denn die Grundrechte der menschlichen Person müssen geachtet werden (vgl. Mt 20,26).
- Zu den Pflichten der Bürger gehört es, Steuern zu zahlen, die Gesetze zu beachten, das Wahlrecht wahrzunehmen…
- Manchmal ist es angebracht Kritik zu üben, und zwar dann, wenn die Autoritäten die Grundrechte der Person missachten.
- Man muss sogar den Gehorsam verweigern, wenn die Forderungen dem Gewissen widersprechen. *"Man muss Gott mehr gehorchen als den Menschen"* (Apg 5,29).

❖ **Anregungen zum Nachdenken / Gespräch:**

➢ Wie können wir die Kinder in einer säkularisierten und antichristlichen Gesellschaft erziehen?
➢ Nehmen wir unsere Verpflichtungen gegenüber unseren Eltern und nahen Verwandten wahr?
➢ Was bedeutet für uns das vierte Gebot im gesellschaftlichen Bereich?

*"Die Familie
ist das Zentrum
und das Herz
der Zivilisation der Liebe."*
(Papst Johannes Paul II.)

Leben (5. Gebot) — GT 19

❖ **Begleitende Literatur:** KKK 2258 - 2330

❖ **Schriftbetrachtung:** Mt 5,21-26

❖ **Ein Text zur Einstimmung:**

Gianna Beretta Molla war im zweiten Monat schwanger. Sie erwartete ihr viertes Kind. Da entdeckten die Ärzte einen Tumor an der Gebärmutter, der rasch wuchs und das Wachstum des Kindes gefährdete. Die Ärzte teilten Gianna mit, dass ihr eigenes Leben gefährdet sei, wenn man nur den Tumor entfernen würde. Aber den Gedanken, dass ihr Kind getötet werden sollte, um ihr eigenes Leben zu retten, konnte sie nicht ertragen. Im festen Vertrauen auf die göttliche Vorsehung entschied sie deshalb, nur den Tumor entfernen zu lassen. Gianna liebte ihre drei Kinder zärtlich, sie liebte ihren Mann aus ganzem Herzen, und sie liebte ihr Leben. Dennoch entschied sie sich für ihr ungeborenes Kind und setzte ihr eigenes Leben aufs Spiel. Am Karsamstag 1962 brachte Gianna eine gesunde Tochter zur Welt; am Ostersonntag verstarb sie im blühenden Alter von 40 Jahren. Ihre letzten Worte waren: „Jesus, ich liebe dich!" (Lebensbild der heiligen G.B. Molla)

❖ **Zum Thema: „Leben (5. Gebot)"**

FÜNFTES GEBOT: „Du sollst nicht töten"

1. Das menschliche Leben ist heilig

- Das menschliche Leben ist heilig, weil es seinen Ursprung und sein Ziel in Gott hat.

- Nur Gott ist Herr über Leben und Tod.

„Niemand darf sich, unter keinen Umständen, das Recht anmaßen, ein unschuldiges menschliches Leben direkt zu zerstören"

(Donum vitae 5).

- Als Folge der Erbsünde ist der Mensch zum Feind des Mitmenschen geworden. Neid und Eifersucht können sogar zum Brudermord führen (vgl. Gen 4,10-11).
- Jesus erweitert das Gebot: „Du sollst nicht töten" (vgl. Mt 5,21) und verbietet Zorn, Hass und Rache. Er verlangt vielmehr, seine Feinde zu lieben (vgl. Mt 5,44).
- Obwohl das menschliche Leben heilig ist, kann das Töten anderer erlaubt sein, wenn man in Notwehr sein eigenes Leben, das seiner Familie oder das anderer verteidigt und keine anderen Mittel zur Gegenwehr möglich sind. (z.B. Todesstrafe KKK 2266)

„Es ist zum Heil nicht notwendig, auf den Akt des maßvollen Schutzes zu verzichten, um die Tötung des anderen zu vermeiden; denn der Mensch ist mehr gehalten, für das eigene Leben als für das fremde Leben zu sorgen" (Thomas von Aquin).

2. Direkte Zerstörung von unschuldigem, menschlichem Leben

- **Mord**
  - Der direkte und willentliche Mord ist für den Mörder eine himmelschreiende Sünde. Besonders schwer wiegt der Mord in der eigenen Familie.
  - Das fünfte Gebot verbietet aber auch, etwas mit der Absicht zu tun, den Tod eines Menschen indirekt herbeizuführen oder einem Menschen in Lebensgefahr die Hilfe zu verweigern.
- **Selbstmord**
  - Selbstmord ist eine schwere Verfehlung gegen sich selbst, den Nächsten und gegen Gott. Wir sind nur Verwalter unseres Lebens und dürfen darüber nicht verfügen.
  - Beihilfe zum Selbstmord ist ebenfalls sittlich zu verwerfen.
    - Physische und psychische Krankheiten können die Verantwortlichkeit des Selbstmörders mindern, deshalb betet die Kirche auch für die Selbstmörder.
- **Abtreibung**
  - Schon vom Augenblick der Empfängnis an ist das menschliche Leben zu achten und zu schützen. Es sind ihm deshalb auch die Rechte einer Person zuzuerkennen.
  - Jeremia schreibt: „Noch ehe ich dich im Mutterleib formte, habe ich dich ausersehen, noch eh du aus dem Mutterschoß hervorkamst, habe ich dich geheiligt…" (Jer 1,5).
  - Die Kirche hat Abtreibung immer als verwerfliches und

schweres Vergehen angesehen.
- ○ Verantwortung an einer Abtreibung tragen aber auch alle, die formell oder indirekt daran mitwirken (z.B. zur Abtreibung raten oder drängen, an entsprechenden Gesetzen mitwirken…)
- ○ Alle Eingriffe am Embryo, die nicht das Leben und die Unversehrtheit des Embryos achten, sind moralisch verboten.
- **Euthanasie**
- ○ Eine Handlung oder eine Unterlassung, die von sich aus oder der Absicht nach den Tod von Behinderten, Kranken oder Sterbenden herbeiführt, ist Mord.
- ○ Die Achtung vor dem Leben verlangt jedoch keine Therapie um jeden Preis. Es kann berechtigt sein, außerordentliche medizinische Verfahren einzustellen. Dadurch wird der Tod nicht herbeigeführt, man nimmt nur hin, ihn nicht verhindern zu können.

3. Achtung der Menschenwürde
- **Achtung der Gesundheit**
- ○ Wir sind verpflichtet, auf vernünftige Weise für unsere Gesundheit Sorge zu tragen.
- ○ Körperkult als Götze, Unmäßigkeit im Arbeiten, Essen und Trinken…, Sucht in jeder Form (Alkohol, Tabak, Drogen…) sind mitunter schwerwiegende sittliche Verfehlungen.
- ○ Leichtfertige Gefährdung der Gesundheit durch Sport, Spiel, Autofahren in betrunkenem Zustand… ist sündhaft, weil dadurch das eigene Leben oder das Leben anderer gefährdet wird.
- **Achtung der Seele**
- ○ Wer seinen Nächsten zum Bösen verleitet, ist verantwortlich für den Schaden an dessen Seele (vgl. Mt 18,6).
- **Achtung des Menschen in der Forschung**
- ○ Forschungen und Experimente am Menschen, die der Menschenwürde oder dem Sittengesetz widersprechen, sind auch bei Einverständnis des Betroffenen abzulehnen.
- **Achtung der körperlichen Unversehrtheit**
- ○ Geiselnahme, Entführung, Terrorismus und Folter verstoßen schwer gegen die Liebe.
- ○ Amputationen, Verstümmelungen und Sterilisationen unschuldiger Menschen ohne therapeutische Gründe verstoßen ebenfalls gegen das Sittengesetz.

- **Achtung der Toten**
  - Die Totenbestattung ist ein Werk der leiblichen Barmherzigkeit.

4. Aufrechterhaltung des Friedens

- **Friede**
  - Das fünfte Gebot verbietet auch jede Art von Zorn und Hass, denn Zorn ist ein Verlangen nach Rache und willentlicher Hass verstößt gegen die Liebe.
  - Es ist eine schwere Sünde, wenn man dem Nächsten wohlüberlegt schweren Schaden wünscht. Wir sollen vielmehr für unsere Feinde beten (vgl. Mt 5,44-45).
  - Ein wichtiger Beitrag zum Frieden ist es, die Sünde zu meiden, die Gerechtigkeit zu üben, für den Frieden zu opfern und zu beten.
- **Vermeidung des Krieges**
  - Jeder Bürger und jeder Regierende ist verpflichtet, sich für die Vermeidung von Kriegen entsprechend seinen Möglichkeiten einzusetzen.
  - Es gibt jedoch Umstände, unter denen es einem Volk gestattet ist, sich in Notwehr auch militärisch zu verteidigen (Bedingungen siehe KKK 2309).
  - Jede Kriegshandlung, die ganze Städte oder Gebiete mit ihrer Bevölkerung vernichten will, ist ein Verbrechen gegen Gott und die Menschen.
  - Der Rüstungswettlauf sichert den Frieden nicht, er verstärkt die Kriegsgefahr.

❖ **Anregungen zum Nachdenken / Gespräch:**

➢ Die Achtung der Gesundheit ist vom 5. Gebot gefordert. Sind Sie gefährdet, dagegen zu verstoßen?
➢ Wie weit können wir mithelfen, gegen die „Kultur des Todes" aufzutreten?
➢ Wie können wir einen Beitrag zum Frieden leisten – in Familie, Beruf, Staat und Welt?

„Nur Gott ist der Herr des Lebens
von seinem Anfang bis zu seinem Ende:
Niemand darf sich, unter keinen Umständen, das Recht anmaßen,
ein unschuldiges menschliches Wesen direkt zu zerstören".
(Johannes Paul II.)

Liebe und Treue (6. und 9. Gebot) — GT 20

- ❖ **Begleitende Literatur:** KKK 2331 – 2400, 2514 - 2533
- ❖ **Schriftbetrachtung:** Mt 5,27-32
- ❖ **Ein Text zur Einstimmung:**

Beim Thema „Liebe vor der Ehe" stellten die Schüler nur noch aggressive Fragen, so dass der Religionslehrer in seiner Not zum Gegenangriff überging und fragte: „Was würdet ihr als Papst zu dem Thema sagen?" Die Schüler diskutierten eifrig, aber sie kamen während der Unterrichtsstunde zu keinem Ergebnis. Sie vereinbarten mit dem Lehrer ein Treffen am Nachmittag. Während der Mittagszeit wurde weiter verhandelt. Schließlich waren sich die Schüler einig und erklärten am Nachmittag dem staunenden Religionslehrer: „Wir würden dasselbe sagen wie der Papst, nur öfter und eindringlicher!" (nach Andreas Laun, Liebe und Partnerschaft)

- ❖ **Zum Thema: „Liebe und Treue (6. und 9. Gebot)"**

SECHSTES GEBOT: „Du sollst nicht Unkeuschheit treiben!"

- Im Buch Exodus heißt es: „Du sollst nicht die Ehe brechen" (Ex 20,14).

1. Aufruf zur Keuschheit

- Das sechste Gebot verpflichtet uns dazu, mit unserer Sexualität in der gottgewollten Ordnung umzugehen.
- Positiv formuliert heißt dies: Ihr seid geschaffen als Abbild Gottes, als Mann und Frau (vgl. Gen 1,27), lebt daher in Keuschheit diese Berufung.
- Die gelebte Geschlechtlichkeit in der Ordnung Gottes nennen wir „Keuschheit". Nur die Keuschheit entspricht der Würde des Menschen als Ebenbild Gottes und gewährleistet wahre Liebe zwischen Mann und Frau.
- Jeder Getaufte ist zur Keuschheit berufen: „die eine ist die der Verheirateten, die andere die der

Verwitweten, die dritte die der Jungfräulichen" (Hl. Ambrosius).
- Zur Keuschheit gehört Selbstbeherrschung. Sie ist „Selbstkontrolle aus Liebe" (Mutter Teresa) – vor, in und außerhalb der Ehe.

2. Verstöße gegen die Keuschheit

- Die „sexuelle Revolution" der letzten Jahrzehnte hat eine fast uneingeschränkte sexuelle Freiheit propagiert. Man argumentiert: „Solange die Rechte anderer nicht eingeschränkt werden oder unerwünschte Folgen auftreten, seien alle sexuellen Verhaltensweisen erlaubt."
- Diese „Freiheit" löst aber den Geschlechtsakt von seiner naturgegebenen Hinordnung auf die Weitergabe des Lebens und der „ganzheitlichen Liebe". Deshalb ist ein solches Handeln „unkeusch".
- Viele sündhafte Verhaltensweisen werden heute gesellschaftlich akzeptiert – oft sogar propagiert – sie bleiben aber dennoch sündhaft:
  - *Masturbation:* Masturbation ist die um ihrer selbst willen gesuchte und absichtlich herbeigeführte geschlechtliche Lust. Sie widerspricht der Zielsetzung der Geschlechtskraft.
  - *Unzucht:* Unzucht ist die körperliche Vereinigung zwischen einem Mann und einer Frau, die nicht miteinander verheiratet sind.
  - *„Ehe auf Probe":* Die „Ehe auf Probe" ist eine schwere Verfehlung, da ein bloßer „Versuch" keine Liebe ist.
  - *„Ehe ohne Trauschein":* Eine „Ehe ohne Trauschein" ist ein Zeichen der Ablehnung der Ehe und der Unfähigkeit, sich durch langfristige Verpflichtungen zu binden. Sie verletzt die Würde der Ehe und zerstört den Grundgedanken der Familie.
  - *Pornographie:* Ein tatsächlicher oder vorgetäuschter Geschlechtsakt wird vorsätzlich aus der Intimität der Partner herausgenommen, um sie Dritten zu zeigen. Sie entstellt die eheliche Hingabe und verletzt die Würde aller Beteiligten (Schauspieler, Händler, Publikum) und ist daher eine schwere Verfehlung.
  - *Prostitution:* Prostitution verletzt die Würde der Person, da sie sich zum Lustobjekt herabwürdigt. Sie ist eine Geißel der Gesellschaft.
  - *Vergewaltigung:* Sie ist ein schwerer Verstoß gegen die Gerechtigkeit und Liebe und

fügt dem Opfer schweren Schaden zu.
- ○ ***Homosexualität***: Homosexuelle Handlungen sind in sich nicht in Ordnung, denn sie verstoßen gegen das natürliche Sittengesetz. Die Heilige Schrift bezeichnet Homosexualität als eine schlimme Abirrung (vgl. Gen 19,1-29; Röm 1,24-27; 1 Kor 6,10; 1 Tim 1,10). Menschen mit homosexueller Neigung sind daher auch zur Keuschheit aufgerufen.
- ○ ***Inzest:*** Als Inzest bezeichnet man intime Beziehungen zwischen Verwandten oder Verschwägerten. Er ist ein besonders schweres Vergehen.
- ○ ***Sexueller Missbrauch Minderjähriger:*** Sexueller Missbrauch von Kindern und Jugendlichen ist ein skandalöser Verstoß gegen die Liebe!

3. Verstöße gegen die Würde
- **Ehescheidung**
  - ○ Die gültig geschlossene und vollzogene Ehe zwischen Getauften ist unauflöslich. (Über die Gültig- oder Ungültigkeit dieser Ehen entscheiden kirchliche Gerichte.)
  - ○ Die Ehescheidung ist auch deshalb unsittlich, weil sie die Familie und Gesellschaft in Unordnung bringt.
  - ○ Die Trennung der Gatten unter Beibehaltung des Ehebandes ist in gewissen Fällen möglich (z.B. zivile Trennung).
  - ○ Das Sakrament der Ehe ist ein Zeichen für den Bund Gottes mit der Kirche. Die Ehescheidung missachtet diesen Bund des Heils, zu dem Gott unverbrüchlich treu steht. Deshalb sind wiederverheiratete Geschiedene vom Empfang der Sakramente ausgeschlossen.
- **Polygamie** (Verbindung von einem Mann mit mehreren Frauen oder einer Frau mit mehreren Männern)
  Polygamie lässt sich mit dem sittlichen Gesetz nicht vereinbaren. (KKK 2387)

4. Eheliche Liebe
- **Eheliche Treue**
  - ○ Das Eheband zwischen Getauften wird durch das Sakrament geheiligt.
  - ○ Der eheliche Akt trifft den innersten Kern der menschlichen Person und ist, wenn er human vollzogen wird, von sittlicher Würde.
  - ○ Die innige Vereinigung wird durch den Ehebund geschützt, denn „was Gott verbunden hat, darf der Mensch nicht trennen" (Mk 10,9).

- **Eheliche Fruchtbarkeit**
  - Wird in AT 6 ausführlich behandelt.

NEUNTES GEBOT: „Du sollst nicht begehren deines Nächsten Frau"

- Das neunte Gebot ist als Aufruf zur Treue zu verstehen und gegen die fleischliche Begierde gerichtet.
- Die Begierde selbst ist noch keine Verfehlung, aber sie macht den Menschen zur Sünde geneigt.
- Der Mensch ist aufgerufen, sein Herz zu läutern, denn aus ihm kommen die bösen Gedanken – Mord, Ehebruch, Unzucht, Diebstahl, Verleumdungen (vgl. Mt 15,19).
- Es geht also um die Herzensreinheit. Jesu Aussage ist unmissverständlich: „Selig, die ein reines Herz haben; denn sie werden Gott schauen" (Mt 5,8).
- Im neunten Gebot geht es um…
  - die Beherrschung der Gefühle und der Phantasie.
  - die Befreiung von unreinen Gedanken, die zur Sünde verleiten.
  - die Schamhaftigkeit, denn sie wahrt den Intimbereich des Menschen.
  - die Reinigung des gesellschaftlichen Umfeldes …

❖ **Anregungen zum Nachdenken / Gespräch:**

➢ Was verstehen wir unter Keuschheit im ehelichen Bereich? (KKK 2337-2350)
➢ Sehr viele katholische Paare leben einfach zusammen, wie können wir helfen?
➢ Wie können wir in einer sittenlosen Gesellschaft die Reinheit des Herzens bewahren?

*„Ich habe dich in meine Arme genommen
und liebe dich sogar mehr als mein Leben.
Das gegenwärtige Leben bedeutet ja nichts,
und mein glühendster Traum ist der,
es zusammen mit dir so zu durchschreiten,
dass wir sicher sind,*

*in dem Leben, das unser harrt,
nicht voneinander getrennt zu werden."*

(Hl. Johannes Chrysostomus)

Eigentum und Neid (7. und 10. Gebot) — GT 21

- ❖ **Begleitende Literatur:** KKK 2401 – 2463, 2534 - 2557

- ❖ **Schriftbetrachtung:** Mt 6,19-33

- ❖ **Ein Text zur Einstimmung:**

Im Sarg, da lag ein reicher Mann.
Antonius fing die Predigt an:
Es sei, so sagte er, kein Scherz
Da wo dein Schatz, da ist dein Herz.
Der Mann hier war des Geizes voll,
auch trieb er Wucherei ganz toll.
Dem Schatz hat er sein Herz verschrieben,
drum ist es in der Truh' geblieben.
Sie glaubten die Geschichte nie.
In Gold und Silber fanden sie,
ein menschlich' Herz aus Fleisch und Blut,
das zuckte noch vor Geiz und Wut!

(Horst Obereder - nach einer Erzählung über den heiligen Antonius)

- ❖ **Zum Thema: „Eigentum und Neid (7. und 10. Gebot)"**

SIEBTES GEBOT: „Du sollst nicht stehlen"

- Das siebte Gebot (Ex 20,15) verbietet, fremdes Eigentum unrechtmäßig an sich zu nehmen oder zurückzubehalten und dem Nächsten auf irgendwelche Weise an Hab und Gut Schaden zuzufügen.

  Daraus ergeben sich eine Fülle von Rechten und Pflichten für den Einzelnen und für die Gesellschaft.

Privateigentum

- Am Anfang hat Gott die Erde und ihre Güter der Menschheit zur gemeinsamen Verwaltung anvertraut.

  o Die persönliche Aneignung von Gütern ist berechtigt, um die Freiheit und Würde des Menschen zu sichern.

- o Es hat also jeder Mensch das Recht auf Privateigentum, er muss es aber so verwalten, dass es auch anderen von Nutzen sein kann.
- **Achtung fremden Gutes**
  - o **Diebstahl**
    - Wer sich fremdes Gut auf welche Weise auch immer ungerecht aneignet, begeht Diebstahl.
    - Auch das Zurückbehalten entliehener Sachen oder Fundgegenstände ist Diebstahl.

    Direkter oder indirekt Diebstahl ist:
    Betrug, Zahlung ungerechter Löhne, Wucher, Spekulation, Korruption, schlechte Ausführung von Arbeiten, Steuerhinterziehung, Fälschung von Schecks und Rechnungen, Beschädigung von privatem oder öffentlichem Eigentum ohne dafür einzustehen (z.B. Fahrerflucht)…
  - o **Versprechen und Verträge**
    Sie müssen gewissenhaft eingehalten werden, d.h. Eigentumsrechte müssen gewahrt, Schulden zurückgezahlt und Verpflichtungen erfüllt werden.
  - o **Glücksspiele und Wetten**
    Sie sind dann verwerflich, wenn sie den Spieler oder andere versklaven oder schwerwiegend schädigen.
- o **Ausbeutung und Knechtung**
  Das siebte Gebot verbietet, dass Menschen geknechtet, ausgebeutet oder wie Waren gehandelt werden.
- **Bewahrung der Schöpfung**
  - o Das siebte Gebot verlangt auch, die Schöpfung zu achten und zu bewahren.
  - o Bodenschätze, Fauna und Flora dürfen nicht rücksichtslos genutzt werden.
  - o Es widerspricht der Würde des Menschen, Tiere nutzlos leiden zu lassen und zu töten.
- **Gerechtigkeit und Solidarität**
  Die Arbeit ist für jeden Menschen ein Recht und eine Pflicht (vgl. 2 Thess 3,10).
  - o Die christliche Soziallehre legt die Grundrechte der menschlichen Person dar. Das erste Prinzip ist: Der Mensch darf niemals zum bloß ausnutzbaren Objekt gemacht werden.
  - o Er hat Anspruch auf familiengerechten Lohn, auf Privateigentum und auf ein selbstverantwortetes Leben.
  - o Deshalb hat die Kirche die totalitären und atheistischen Ideologien, wie den Kommunismus abgelehnt. Ebenso verurteilt sie den Kapitalis-

mus, bei dem allein die Gesetze des freien Marktes herrschen. Die soziale Gerechtigkeit bleibt bei einem kapitalistischen Wirtschaftssystem auf der Strecke.
- o Reiche Nationen haben eine große sittliche Verantwortung gegenüber notleidenden Staaten. Direkthilfe und Entwicklungshilfe sind ein Gebot der Stunde.
- **Liebe zu den Armen**
  - o Die Liebe zu den Armen ist mit der ungezügelten Liebe zum Reichtum unvereinbar.
  - o Der hl. Chrysostomus sagt: „Die Armen nicht an seinen Gütern teilhaben lassen, heißt sie bestehlen und ihnen das Leben nehmen."
  - o Die Werke der Barmherzigkeit sind Liebestaten, durch die wir unserem Nächsten in seinen leiblichen und geistigen Bedürfnissen zu Hilfe kommen.
  - o Es ist eine vorrangige Aufgabe, das menschliche Elend zu lindern.
  - o Die hl. Rosa von Lima sagt: „Wenn wir den Armen und Kranken dienen, dienen wir Jesus. Wir dürfen nicht müde werden, unseren Nächsten zu helfen, denn in ihnen dienen wir Jesus."
- o Die selige Mutter Teresa von Kalkutta hat uns ein mitreißendes Beispiel an Liebe und Sorge für die Ärmsten der Armen gegeben.

ZEHNTES GEBOT: „Du sollst nicht begehren deines Nächsten Gut"
- Das zehnte Gebot verbietet die Gier nach irdischen Gütern und die ungezügelte Habsucht.
- Dieses Gebot verpflichtet uns auch dazu, mit dem zufrieden zu sein, was wir haben oder erlangen können. Es verpflichtet uns außerdem zur Geduld in einer Notlage.
- **Ungeordnete Begierden**
  - o Das zehnte Gebot verlangt, den Neid aus dem Herzen der Menschen zu verbannen, denn der Neid kann zu den schlimmsten Untaten führen, wie das Buch der Weisheit zeigt: „Durch den Neid des Teufels kam der Tod in die Welt" (Weish 2,24).
  - o Der Neid ist eine Hauptsünde. Er besteht darin, dass man traurig ist, weil es einem anderen gut geht, und maßlos danach verlangt, sich dessen Gut selbst auf ungerechte Weise anzueignen.
  - o Es ist auch eine schwere Verfehlung, dem Nächsten aus

Neid ein schlimmes Übel zu wünschen.
- **Armut des Herzens**
  - Die Christen sollen ihr Herz nicht an die Reichtümer dieser Welt hängen.
  - Der Herr sieht, wie offen unser Herz für die Armen ist. Das Gleichnis vom Opfer der Witwe zeigt dies sehr deutlich (vgl. Lk 21,1-4).
  - Wer im Reichtum seinen Trost findet, den beklagt Jesus, weil dieser keinen Trost mehr zu erwarten hat (vgl. Lk 6,24).
  - Das Verlangen nach dem wahren Glück befreit den Menschen von maßloser Anhänglichkeit an die Güter dieser Welt.
  - Gregor von Nyssa schreibt: „Wer Gott schaut, hat alle Güter erlangt, die man sich nur denken kann."
  - Wir sind durch das zehnte Gebot aufgerufen, den Neid zu bekämpfen. Die besten Mittel dazu sind: Wohlwollen, Demut und Hingabe an Gottes Vorsehung. Durch diese Tugenden wird man von unruhiger Sorge um seine Zukunft befreit.
- **Vom wahren Schatz**
  „Verkauft eure Habe, und gebt den Erlös den Armen! Macht euch Geldbeutel, die nicht zerreißen. Verschafft euch einen Schatz, der nicht abnimmt, droben im Himmel, wo kein Dieb ihn findet und keine Motte ihn frisst: Denn wo euer Schatz ist, da ist auch euer Herz" (Lk 12,33-34).

❖ **Anregungen zum Nachdenken / Gespräch:**

➢ Es gibt heute viele versteckte Verlockungen zum Diebstahl. Wie gehen wir damit um?
➢ Einerseits ist das Privateigentum gut, um die Würde des Menschen zu sichern, andererseits sollen wir uns von den Reichtümern lösen. Wie kann man das vereinbaren?
➢ Was ist unser Beitrag für die Armen der Welt?

„Üb' immer Treu und Redlichkeit
bis an dein kühles Grab,
und weiche keinen Finger breit
von Gottes Wegen ab"
(Ludwig Christian Hölty).

Wahrheit (8. Gebot)   GT 22

- ❖ **Begleitende Literatur:** KKK 2464 - 2513

- ❖ **Schriftbetrachtung:** Mt 5,33-37

- ❖ **Ein Text zur Einstimmung:**

Ein alter Mann lag im Sterben – in einer entsetzlichen Agonie. Unbändige Angst hielt ihn umklammert, nichts konnte ihm ein wenig Erleichterung bringen. Er hatte nämlich große Schuld auf sich geladen, Schuld, die er ein Leben lang verschwieg und die einem Unschuldigen das Leben sehr schwer gemacht hatte. In seinen jungen Jahren hatte eines seiner Kinder durch Unachtsamkeit seinen Hof angezündet, er aber behauptete und beschwor: Dies hat der Nachbarsjunge Paul getan! Von da an wurde dieser Junge von den Dorfbewohnern als schwarzes Schaf betrachtet und ausgegrenzt. Erst in seiner Todesstunde gestand der Sterbende die Verleumdung ein und konnte Frieden finden. (Zeugnis des Verleumdeten, der Bischof geworden ist)

- ❖ **Zum Thema: „Wahrheit (8. Gebot)"**

ACHTES GEBOT: „Du sollst kein falsches Zeugnis geben"

1. In der Wahrheit leben

- Das achte Gebot bedeutet: „Du sollst als Christ in der Wahrheit leben" (vgl. Röm 3,4).

- Positiv formuliert heißt es: Liebe die Wahrheit und lebe in der Wahrheit!

- Der dreifaltige Gott ist ein Gott der Wahrheit:

  - Gott Vater ist die Quelle aller Wahrheit (vgl. Spr 8,7; 2 Sam 7,28).

  - Gott Sohn bezeichnet sich selbst als die Wahrheit (vgl. Joh 14,6).

  - Gott Heiliger Geist ist ein Geist der Wahrheit (vgl. Joh 14,17).

Wahrheit (8. Gebot) GT 22

2. Neues Testament

- Jesus sagt klipp und klar: „Euer Ja sei ein Ja, euer Nein ein Nein" (Mt 5,37).
- Es liegt eine Verheißung auf jenen, die die Wahrheit lieben, Jesus sagt: „Wer aber die Wahrheit tut, kommt zum Licht" (Joh 3,21).
- Bei seinem Verhör durch Pilatus sagt Jesus: „Jeder, der aus der Wahrheit ist, hört auf meine Stimme" (Joh 18,37).
- Den Jüngern erklärt der Herr: „Wenn ihr in meinem Wort bleibt, seid ihr wirklich meine Jünger. Dann werdet ihr die Wahrheit erkennen und die Wahrheit wird euch befreien" (Joh 8,31-32).
- Jesus bittet auch den Vater für seine Jünger, damit sie wahrhaftig bleiben und er betet: „Heilige sie in der Wahrheit" (Joh 17,17).
- Der heilige Paulus schreibt: „Zieht den neuen Menschen an, der nach dem Bild Gottes geschaffen ist in wahrer Gerechtigkeit und Heiligkeit" (Eph 4,24).

3. Verstöße gegen die Wahrheit

- **Die Lüge**
Die Lüge ist ein unmittelbarer Verstoß gegen die Wahrheit.
   - Augustinus sagt: „Die Lüge besteht darin, dass man Unwahres sagt in der Absicht zu täuschen".
   - Jesus nennt die Lüge ein Werk des Teufels, denn „er ist ein Lügner und ist der Vater der Lüge" (Joh 8,44).
   - Die Lüge ist an sich nur eine lässliche Sünde, wird jedoch zu einer Todsünde, wenn sie gegen die Gerechtigkeit und Liebe schwer verstößt.
   - Die Lüge ist für jede Gesellschaft unheilvoll; sie untergräbt das Vertrauen zwischen den Menschen und zerreißt das Netz der gesellschaftlichen Beziehungen.
- **Falsches Zeugnis**
Wenn eine wahrheitswidrige Aussage öffentlich oder vor Gericht gemacht wird, ist sie besonders schwerwiegend.
- **Meineid**
„Als Schöpfer und Herr ist Gott das Maß aller Wahrheit... Der Meineid dagegen nimmt Gott zum Zeugen für eine Lüge" (KKK 2142).
- **Guter Ruf**
Wir müssen den guten Ruf des Nächsten achten und dürfen ihn nicht ungerechterweise schädigen.
   - Dem heiligen Philpp Neri bekannte eine Frau, dass sie den Ruf eines anderen geschädigt hatte. Wie sollte sie das wiedergutmachen? Um ihr zu

zeigen, was sie angerichtet hatte, empfahl ihr der Heilige, Federn vom Wind verwehen zu lassen und sie anschließend wieder einzusammeln. Nun erst erkannte die Frau das Ausmaß ihres Vergehens.

Wir müssen uns daher sehr hüten vor:
- *Übler Nachrede:* Wenn man Fehler und Vergehen eines Menschen unnötigerweise gegenüber Personen aufdeckt, die nichts davon wissen.
- *Verleumdung:* Wenn man wahrheitswidrige Aussagen verbreitet. Das ist ein schwerer Verstoß gegen die Liebe und die Wahrheit.

- **Weitere Verstöße gegen die Wahrheit sind:**
  - *Vermessenes Urteil:* Wir sind moralisch dazu verpflichtet, zunächst Gutes von unseren Mitmenschen anzunehmen. Wer ohne ausreichende Beweise von seinem Nächsten annimmt, er habe einen Fehltritt begangen, fällt ein vermessenes Urteil.
  - *Doppelzüngigkeit:* Wenn einer durch Schmeicheleien jemanden in seinen schlechten Handlungen bestärkt.
  - *Prahlerei:* Ein selbstgefälliges Verhalten auf Kosten eines anderen.
  - *Ironie:* Zieht ein Verhalten des Nächsten böswillig ins Lächerliche.

- **Wiedergutmachung**
Jeder, der seinem Nächsten Schaden zugefügt hat, ist im Gewissen verpflichtet, diesen Schaden so gut als möglich wieder gutzumachen – sei es materiell (KKK 2412) oder moralisch (KKK 2487).

4. Achtung der Wahrheit

- **Recht auf Mitteilung**
Nicht jedermann hat ein Recht auf Mitteilung. In bestimmten Situationen verlangt die Liebe zu schweigen. Niemand ist verpflichtet, die Wahrheit Personen zu enthüllen, die kein Recht auf deren Kenntnis haben.

- **Beichtgeheimnis**
Das Beichtgeheimnis ist heilig und darf aus keinem Grund verletzt werden.

- **Berufsgeheimnisse**
Berufsgeheimnisse dürfen nicht verraten werden (Sonderfälle: KKK 2491).

- **Privatleben anderer**
Die Intimsphäre anderer darf nicht verletzt werden. Daher ist oft in der Weitergabe von Informationen Zurückhaltung geboten.

5. Gebrauch der Massenmedien

- Die Gesellschaft hat ein Recht auf Information. Diese muss auf Wahrheit, Freiheit, Gerechtigkeit und Solidarität gegründet sein.

6. Für die Wahrheit Zeugnis ablegen

- Zu Pilatus sagt Jesus: „Ich bin dazu geboren und dazu in die Welt gekommen, dass ich für die Wahrheit Zeugnis ablege" (Joh 18,37).
- Vor seiner Himmelfahrt sagt der Herr zu seinen Jüngern: „…ihr werdet meine Zeugen sein" (Apg 1,8). Dies bedeutet, dass die Jünger Jesu in Wort und Tat – durch das Beispiel ihres ganzen Lebens – der Wahrheit des Evangeliums verpflichtet sind.
- Die Märtyrer haben für die Wahrheit des Glaubens mit ihrem Blut Zeugnis abgelegt.
- Die Kirche war von ihren Anfängen an bis heute eine „Märtyrerkirche". Denken Sie nur an die blutigen Verfolgungen der Christen in totalitären Regimen und fundamentalistischen Staaten.
- Ein entschiedenes und mutiges „Ja" zum Herrn und seiner Wahrheit ist in einer liberalen und oft antichristlichen Gesellschaft notwendig.
- Der Gruppendruck ist groß und erfordert mit dem „Ja" zur Wahrheit oft auch ein „Ja" zum Kreuztragen.

❖ **Anregungen zum Nachdenken / Gespräch:**

➢ Immer wieder wird – meist zu Unrecht – praktizierenden Christen Tratsch nachgesagt. Welche Verfehlung ist damit angesprochen und wie weit ist jeder diesbezüglich gefährdet?
➢ Welchen Stellenwert hat die Wahrheit für mich?
➢ Wie steht es um unser „Zeugnis ablegen" in der Familie, im Beruf, im öffentlichen Leben?

„Die Wahrheit oder Wahrhaftigkeit ist die Tugend,
die darin besteht,
dass sich der Mensch in seinen Handlungen wahr verhält
und in seinen Worten das Wahre sagt,
indem er sich vor Doppelzüngigkeit,
Verstellung und Heuchelei hütet."
(KKK 2505)

Die Letzten Dinge   GT 23

❖ **Begleitende Literatur:** KKK 1005 - 1060

❖ **Schriftbetrachtung:** Mt 25,31-46

❖ **Ein Text zur Einstimmung:**

„Unsere Freunde... dachten zu wenig an den Tod, und unterdessen hat der Tod eine ganze Reihe der Personen heimgesucht, die ich damals kannte, jung, reich und glücklich! Gerne kehre ich in Gedanken zu den zaubervollen Stätten zurück, wo sie lebten, und frage mich, wo sie nun sind, was ihnen die Schlösser und Gärten nützen, wo ich sie die Bequemlichkeiten des Lebens genießen sah?... Und ich begreife, dass alles unter der Sonne Eitelkeit ist und Geistesplage... dass das einzige Gut darin besteht, Gott von ganzem Herzen zu lieben und hienieden arm im Geiste zu sein".
(Therese von Liseux, Selbstbiographische Schriften)

❖ **Zum Thema: „Die Letzten Dinge"**

1. Die Letzten Dinge

- Viele Menschen leben heute, als gäbe es keinen Tod und kein Leben danach.

- Unsere „Konsum"- und „Spaßgesellschaft" verdrängt die „Letzten Dinge", den Tod und das „Danach", denn es gibt nur ein „Jetzt" und „jetzt" möchte man möglichst alles haben.

- Niemand aber kann den „Letzten Dingen" – Tod, Gericht, Himmel und Hölle – entkommen, ob er daran glaubt oder nicht.

2. Tod

- Die Konzilsväter haben im Dekret über die Kirche von Heute „Gaudium et spes" folgenden Satz geschrieben: „Angesichts des Todes wird das Rätsel des menschlichen Daseins am größten" (GS 18).

- Der leibliche Tod ist Folge der Erbsünde und widerspricht den

Ratschlüssen Gottes. Paulus schreibt, der „Lohn der Sünde ist der Tod" (Röm 6,23).

- Das Wissen um die Sterblichkeit sollte uns daran erinnern, dass wir nur eine bestimmte Zeit zur Verfügung haben, um unser Heil zu wirken. Da wir weder Tag noch Stunde kennen, wann wir vor Gottes Richterstuhl erscheinen müssen, sollte uns der Gedanke an den Tod von Kindheit an begleiten, aber nicht beunruhigen (vgl. Koh 12,1-7).
- Der Tod aber ist durch Christus umgewandelt worden, denn er hat den Fluch, der auf dem Tod lag, in Segen verwandelt (vgl. Röm 5,19-21).
- Wer mit Christus auferstehen will, muss in Christus sterben. Dann ist „Sterben Gewinn" (Phil 1,21), denn „wenn wir mit Christus gestorben sind, werden wir auch mit ihm leben" (2 Tim 2,11).
- Die Heiligen wussten, was der christliche Tod bedeutet. Theresa von Avila formuliert: „Ich will Gott sehen, und um ihn zu sehen, muss man sterben." Und Therese von Lisieux sagt: „Ich sterbe nicht; ich gehe ins Leben ein".
- Unsere Sterbestunde ist die wichtigste Stunde, denn sie entscheidet über die Ewigkeit. Bei jedem Ave Maria rufen wir Maria an: „…bitte für uns Sünder, jetzt und in der Stunde unseres Todes".

3. Gericht

- **Das besondere Gericht**
Unmittelbar nach dem Tod des Menschen erfolgt das „besondere Gericht", bei dem jeder Mensch in seiner unsterblichen Seele entsprechend seinem Glauben und seinen Werken die ewige Vergeltung erfährt. Der Mensch wird entweder durch die Läuterung hindurch oder direkt in den Himmel eintreten oder er schließt sich selbst von der Gemeinschaft mit Gott aus.
- **Das Letzte Gericht**
Nach der Wiederkunft Christi werden alle aus den Gräbern hervorkommen. Die Seelen der Verstorbenen werden sich mit dem „Auferstehungsleib" bekleiden. Darauf wird das Letzte Gericht erfolgen. „Die das Gute getan haben, werden zum Leben auferstehen, die das Böse getan haben, zum Gericht" (Joh 5,28-29).
Das Letzte Gericht wird zeigen, dass über alle Ungerechtigkeiten, die von seinen Geschöpfen verübt wurden, die Gerechtigkeit Gottes siegt und dass seine Liebe stärker ist als der Tod.

4. Himmel

- Der Himmel ist das vollkommene Leben mit der Allerheiligsten

Dreifaltigkeit, mit der Jungfrau Maria, den Engeln und allen Seligen.
- Der Himmel ist das letzte Ziel und die Erfüllung der tiefsten Sehnsüchte des Menschen, der Zustand höchsten, endgültigen Glücks.
- Im Himmel leben heißt „mit Christus sein". Dies ist ein Geheimnis, das über jedes Verständnis und jede Vorstellung hinausreicht, denn „Was kein Auge gesehen und kein Ohr gehört hat, was keinem Menschen in den Sinn gekommen ist; das Große, das Gott denen bereitet hat, die ihn lieben" (1 Kor 2,9).
- In der Herrlichkeit des Himmels erfüllen die Seligen weiterhin mit Freude den Willen Gottes und sie werden mit Christus „herrschen in alle Ewigkeit" (Offb 22,5).
- Am Ende der Zeiten wird die Welt in einen „neuen Himmel und eine neue Erde" umgestaltet werden, „in denen die Gerechtigkeit wohnt" (vgl 2 Petr 3,13).

Johannes schreibt darüber:

„Er wird alle Tränen von ihren Augen abwischen:
Der Tod wird nicht mehr sein,
keine Trauer, keine Klage,
keine Mühsal.
Denn was früher war,
ist vergangen"
(Offb 21,4).

5. Fegefeuer

- Wer in der Gnade stirbt, aber noch nicht vollkommen geläutert ist, ist zwar seines ewigen Heiles sicher, macht aber nach seinem Tod noch eine Läuterung durch, um in den Himmel eingehen zu können.
- Die kirchliche Lehre vom Fegefeuer stützt sich auch auf die Praxis, für Verstorbene zu beten. Schon im Buch der Makkabäer wird von Opfern für die Verstorbenen gesprochen, „damit sie von der Sünde befreit werden" (2 Makk 12,45).
- Die Zeit der Läuterung im Fegefeuer oder „Purgatorium" kann durch Gebete, das eucharistische Opfer, Almosen, Ablässe und Bußwerke, die für die Verstorbenen dargebracht werden, abgekürzt werden.

6. Hölle

- In der Todsünde sterben, ohne diese bereut zu haben und ohne die barmherzige Liebe Gottes anzunehmen, bedeutet, durch eigenen freien Entschluss für immer von ihm getrennt zu bleiben. Diesen Zustand der endgültigen Selbstausschließung aus der Gemeinschaft mit Gott und den Seligen nennt man „Hölle".
- Die Lehre der Kirche sagt, dass es eine Hölle gibt und dass sie

ewig dauert.
- Niemand wird von Gott dazu vorherbestimmt, in die Hölle zu kommen; nur eine freiwillige Abkehr von Gott (eine Todsünde), in der man bis zum Ende verharrt, führt dazu.
- Die schlimmste Pein der Hölle besteht in der ewigen Trennung von Gott. Zu den Verdammten wird Jesus sagen: „Weg von mir, ihr Verfluchten, in das ewige Feuer!" (Mt 25,41).
  o Die heilige Schwester Faustyna schreibt: „Ich, Schwester Faustyna, war auf Gottes Geheiß in den Abgründen der Hölle, um den Seelen zu berichten und zu bezeugen, dass die Hölle existiert… Was ich niedergeschrieben habe, ist ein karger Schatten der Dinge, die ich sah. Eines konnte ich bemerken, dort sind meistens Seelen, die nicht an die Hölle geglaubt hatten."
  o Wer die barmherzige Liebe Gottes nicht in Anspruch nimmt, der wird „vergeblich rufen, weil es dann zu spät sein wird", sagt Jesus zur hl. Schwester Faustyna.
  o Aber Jesus sagt auch:

„Ich kann nicht strafen,
auch wenn es
den größten Sünder
beträfe;
wenn er sich
auf mein Erbarmen
beruft…".
(Schwester Faustyna Kowalska, Tagebuch)

❖ **Anregungen zum Nachdenken / Gespräch:**

➢ In welcher Weise wirkt sich das Wissen um die „Letzten Dinge" auf mein Leben aus?
➢ Wie können wir als „streitende Kirche" den Menschen im Fegefeuer (der „leidenden Kirche") zu Hilfe kommen? Nützen wir unsere Möglichkeiten optimal aus?
➢ Auf welche Weise können wir die Menschen vor der Gefahr der Selbst-Verdammnis warnen?

"Quidquid agis, prudenter agas et respice finem!"

„Was immer du tust,
das tue klug
und schau auf das Ende!"
(Spruch aus dem MA nach Sir 7,36)

Gebet GT 24

❖ **Begleitende Literatur:** KKK 2697 - 2758

❖ **Schriftbetrachtung:** Mt 7, 7-11

❖ **Ein Text zur Einstimmung:**

„Wie groß ist doch die Macht des Gebetes! Man könnte es mit einer Königin vergleichen, die allzeit freien Zutritt hat beim König und alles erlangen kann, worum sie bittet. Es ist durchaus nicht nötig, ein schönes, für den entsprechenden Fall formuliertes Gebet aus einem Buch zu lesen, um Erhörung zu finden; träfe das zu... ach! Wie wär´ ich zu bedauern! Neben dem göttlichen Offizium, das zu beten ich sehr unwürdig bin, habe ich nicht den Mut, mich zum Suchen schöner Gebete in Büchern zu zwingen, das macht mir Kopfweh, es gibt ihrer so viele!... Für mich ist das Gebet ein Aufschwung des Herzens, ein einfacher Blick zum Himmel empor, ein Schrei der Dankbarkeit und der Liebe, aus der Mitte der Prüfung wie aus der Mitte der Freude; kurz, es ist etwas Großes, Übernatürliches, das mir die Seele ausweitet und mich mit Jesus vereint."
(Therese von Lisieux, Selbstbiographische Schriften)

❖ **Zum Thema: „Gebet"**

1. Was ist Gebet?
- Das Gebet ist ein „Aufschwung des Herzens", „ein Blick zum Himmel", formuliert die heilige Therese von Lisieux.
- Teresa von Avila, besondere „Lehrmeisterin des Gebets", sagt: „Das Gebet ist ein Gespräch mit einem Freund, mit dem man oft und gern zusammenkommt, weil man sicher ist, dass er uns liebt."
- Das Gebet setzt als Grundlage ein demütiges Herz voraus, denn

wenn wir beten, sind wir in der Gegenwart des dreifaltigen Gottes.
- Jeder Mensch ist zum Gebet aufgerufen. Gott ruft den Menschen, noch bevor der Mensch Gott rufen kann. Das Gebet ist die Antwort der Liebe auf den Ruf der Liebe Gottes.

2. Gebetsformen

- Die Überlieferung kennt verschiedene Gebetsformen oder Gebetsweisen:

Mündliches Gebet
- o Gott spricht zu den Menschen durch sein Wort, daher antwortet der Mensch auch durch innerliche oder ausgesprochene Worte.
- o Es entspricht der menschlichen Natur, auch die Sinne beim Gebet zu beteiligen.
- o Auch Jesus hat mündlich gebetet: In der Synagoge, beim Lobpreis und in der Todesangst.
- o Das mündliche Gebet ist besonders für das gemeinschaftliche Gebet geeignet.

Betrachtendes Gebet
- o Teresa von Avila bezeichnet das betrachtende Gebet „ein längeres Nachsinnen des Verstandes".
- o Betrachtung ist wichtig! Wenn wir „nie auf ihn schauen, nie betrachten, was wir ihm schuldig sind und welch einen Tod er für uns gelitten, dann weiß ich nicht, wie wir ihn kennen lernen und in seinem Dienst wirken können" (Teresa von Avila).
- o Zur Betrachtung eignen sich besonders die Texte der Heiligen Schrift oder die Schriften geistlicher Väter.
- o Es ist nicht wichtig, nach einer bestimmten Methode zu betrachten, sondern es kommt darauf an, Jesus besser kennen und lieben zu lernen, wieder neu umzukehren und dadurch mehr in die Nachfolge Christi zu treten.

Beschauliches Gebet
- o Das beschauliche Gebet ist ein Hören und Schauen auf Gott im Schweigen; ein Sich-Versenken in seine Liebe.
- o Die Beschauung ist die höchste Gebetsform, es ist ein gläubiges Hinschauen auf Jesus, liebende Hingabe an ihn.
- o Ein Beispiel aus unserer Zeit: Weil sie soviel Arbeit hatte, stand seine Mutter eine Stunde früher auf, um zu beten: *„Aber Mutter, der Rosenkranz dauert doch nicht so lange!" Darauf die Mutter: „Da bet' ich nicht den Rosenkranz, der muss schon untertags Platz*

finden". „Was denn sonst?" fragte ich – darauf gab mir die Mutter keine Antwort... ich ahnte ein wenig von der Tiefe ihres Betens... In diesen frühen Morgenstunden betete sie wortlos mit ihrem Gott... Das war wohl ihr tiefstes Geheimnis, von dem sie niemals zu uns sprach... Liegt in dieser morgendlichen Stunde auch das große Erfolgsgeheimnis unserer Mutter, aller Segen über unsere Familie..." (Hermann Kronsteiner, Eine Mutter und 11 Kinder, Veritas).

3. Entscheidung zum Gebet

- Wir müssen gewöhnlich eine Entscheidung für das Gebet treffen und dürfen nicht auf „Lust und Laune" zum Gebet warten.
- Trockenheit, Lustlosigkeit, Traurigkeit, Zerstreuung, Mangel an Glauben und Überdruss dürfen uns nicht vom Gebet abhalten, denn „das Fleisch ist schwach" (Mt 26,41).
- Wir sollen mit einem kindlichen Vertrauen und großer Demut beten.
- „Werde nicht betrübt, wenn du von Gott nicht sogleich das, was du von ihm erbittest, erhältst. Denn er will dir viel mehr an Gutem erweisen mit Hilfe deiner Ausdauer" (Evagrius).

- Jesus sagt: „Ich bin der Weinstock, ihr seid die Reben. Wer in mir bleibt und in wem ich bleibe, der bringt reiche Frucht; denn getrennt von mir könnt ihr nichts vollbringen" (Joh 15,5). Um mit Jesus verbunden zu bleiben, muss man beten. Man kann das Beten von einem christlichen Leben nicht trennen.

4. „Beten ohne Unterlass!"

„Betet ohne Unterlass!" (1 Thess 5,17), ermahnt uns der heilige Paulus. „Beten ohne Unterlass" heißt, das ganze Leben auf Gott ausrichten – wie eine Sonnenblume, die sich immer zur Sonne hinwendet. Dieses so genannte „immerwährende Gebet" ist nur möglich, wenn man – wie die selige Mutter Teresa von Kalkutta sagt – die „Arbeit betet". Man „betet" die Arbeit, indem man sie „für Jesus und mit Jesus" verrichtet. Um das „immerwährende Gebet" üben zu können, müssen wir uns „Intensivzeiten" ausschließlich für das Gebet reservieren.

„Es wurde uns nicht vorgeschrieben, beständig zu arbeiten, zu wachen und zu fasten. Doch ist es für uns ein Gesetz, unablässig zu beten" (Evagrius).

- Eine Hilfe zum „immerwährenden Gebet" sind die so genannten

„Stoßgebete" wie: „Mein Herr und mein Gott"; alle Formen des „Jesus-Gebets" – wie: „Jesus, erbarme dich" oder einfach „Jesus"; aber auch alle aus der Situation geborenen spontanen Gebete wie: „Jesus, aus Liebe zu dir"; „Behüte meine Lieben"; „Segne meine Arbeit"…

5. Das Gebet des Herrn

- Jesus hat den Jüngern ein Gebet gelehrt: das Vaterunser! Es ist die Zusammenfassung des ganzen Evangeliums. „Das Gebet des Herrn ist das vollkommenste… In ihm wird nicht nur um alles gebetet, wonach wir in richtiger Weise verlangen können, sondern auch in derjenigen Reihenfolge, in der wir danach verlangen sollen" (Thomas von Aquin).
- Im ersten Teil des Vaterunsers begeben wir uns in die Gegenwart Gottes, unseres Vaters, um ihn anzubeten und zu preisen.
- Es folgen sieben Bitten. Die ersten drei sind auf Gott bezogen und die letzten vier auf unsere irdischen Bedürfnisse.

6. Der Rosenkranz

- Er ist ein mündliches und betrachtendes Gebet zugleich. Er entstand im Mittelalter als „Stundengebet für das Volk" und wird auch als „Kurzfassung des Evangeliums" bezeichnet.
- Maria hat dem Rosenkranz eine ungeheure Macht verliehen. Dem Rosenkranzgebet werden unter anderem der Sieg über die Türken 1571 (Sieg von Lepanto), die Befreiung Wiens 1683 und die Erringung des österreichischen Staatsvertrages 1955 zugeschrieben.
- Papst Johannes Paul II. hat im Jahr 2002 ein Apostolisches Schreiben zum Rosenkranz verfasst, die „lichtreichen Geheimnisse" hinzugefügt und das Rosenkranzgebet allen, besonders den Familien, ans Herz gelegt.

❖ **Anregungen zum Nachdenken / Gespräch:**

- ➢ Sprechen Sie über Ihre Erfahrungen mit den einzelnen Gebetsformen.
- ➢ Welche Möglichkeiten bieten sich für das Familiengebet?
- ➢ Wäre es möglich, täglich ein Gesätzchen des Rosenkranzes zu beten?
- ➢ Wie könnten Sie Ihr persönliches Gebetsleben erneuern?

„Betet ohne Unterlass!"
(1 Thess 5,17)

Heilige Messe - Ablauf   GT 25

❖ **Begleitende Literatur:** KKK 1345 - 1419

❖ **Schriftbetrachtung:** Joh 6,22-71

❖ **Ein Text zur Einstimmung:**

„*An dem nach der Sonne benannten Tage findet die Zusammenkunft von allen… an einem gemeinsamen Ort statt. Es werden die Aufzeichnungen der Apostel und die Schriften der Propheten vorgelesen… dann hält der Vorsteher eine Ansprache… Sodann stehen wir alle auf und schicken Gebete zum Himmel für uns selbst… Dann wird dem Vorsteher der Brüder Brot gebracht und ein Becher mit einer Mischung von Wasser und Wein. Dieser nimmt es, sendet durch den Namen des Sohnes und des Heiligen Geistes Lob und Preis zum Vater aller Dinge empor und verrichtet eine lange Danksagung dafür, dass wir dieser Gaben von ihm gewürdigt werden. Ist er mit dem Gebet und der Danksagung zu Ende, stimmt das ganze anwesende Volk ein, indem es spricht: Amen*" (Justin der Martyrer, 150 n. Chr., KKK 1345).

❖ **Zum Thema: „Heilige Messe - Ablauf"**

- Vielleicht hat jemand den Eindruck, die Heilige Messe sei eine Abfolge von Gebeten und Riten, die nur deshalb gerade so ablaufen, weil dies immer schon so war. Dies ist aber keineswegs der Fall. Ein Teil der Messe baut auf dem anderen auf; das Eine bereitet das Nächste vor.
- Bei der Eucharistiefeier geht es nicht um eine „fromme Andacht", sondern um ein Geschehen, um ein Ereignis, in das wir als Glieder des Leibes Christi aktiv hineingenommen werden.
- In der Heiligen Messe feiern wir

eine *dreifache Gegenwartsweise* Jesu:
Der Herr ist gegenwärtig…
- o in der Gemeinschaft der **Gläubigen**,
- o in seinem **Wort** und
- o im Geheimnis der **Eucharistie**.

Jede dieser drei Gegenwartsweisen wird vom Priester mit denselben Worten eingeleitet: „Der Herr sei mit euch!".

1. Eröffnung

- *Zusammenkunft:* Die Christen versammeln sich an einem Ort um Christus, ihren Herrn. Der Priester handelt in **„persona Christi"** (nicht stellvertretend oder neben Christus, er repräsentiert Christus).
- *Gesang zur Eröffnung:* Meist wird ein Eingangslied gesungen, denn zu einem Fest gehört der Gesang.
- *Kreuzzeichen:* Die Messe beginnt mit dem Kreuzzeichen. Es ist eine Kurzformel der Tauferneuerung, wir sind ja im Dreifaltigen Gott getauft.
- *Gruß:* Der Priester grüßt mit ausgebreiteten Händen, um alle einzuladen.
- *Bußakt:* Im Bußakt bekennen wir unsere Schuld: Wir beten das Schuldbekenntnis oder einen Kyrie-Ruf.
- *Gloria:* Das Gloria ist ein Lobpreis auf den auferstandenen Herrn und wird an Sonntagen und Festen außerhalb der Advents- und Fastenzeit gebetet oder gesungen.
- *Tagesgebet (Oration):* Der Priester lädt die Gemeinde ein, zusammen mit Christus zum Vater zu beten.

Das Tagesgebet ist ein Modell christlichen Betens. Der erste Satz ist immer ein Lobpreis, dann folgt eine Bitte und zum Abschluss: „Wir bitten dich durch Christus, unsern Herrn", d.h. Christus bittet selbst in uns.

2. Wortgottesdienst

Der Wortgottesdienst besteht aus:
- *Lesungen:*
  - o Alttestamentliche Lesung
  - o Neutestamentliche Lesung
- *Halleluja-Ruf:* Damit begrüßen wir Christus, der jetzt in seinem Wort zu uns spricht.
- *Evangelium:* Christus spricht nun im Evangelium selbst zu uns.
- *Homilie (Predigt):* Die Predigt fordert uns auf, das Wort Gottes zu befolgen.
- *Glaubensbekenntnis:* Es wird an Sonntagen, Hochfesten und anderen feierlichen Gottesdiensten gebetet.

- **Fürbitten:** Das Volk Gottes betet mit der Vollmacht, die ihm aus der Taufe gegeben wurde, für die Welt und die Kirche.

3. Eucharistiefeier
3.1 Gabenbereitung

- „Melchisedek, der König von Salem, brachte Brot und Wein" (Gen 14,18) als Opfer dar.
- Im Auftrag Jesu Christi, des „Priesters auf ewig nach der Ordnung Melchisedeks" (Hebr 7,17) bringen wir die Gaben von Brot und Wein zum Altar.
- In den Gaben von Brot und Wein bringen wir uns selbst Gott dar:
  - unser Leben, Arbeiten, Leiden, unsere Freuden, unsere Werke; „alles, was wir haben, alles, was wir sind".
  - All dies soll durch das Opfer Jesu, das bei der Heiligen Messe gegenwärtig gesetzt wird, geheiligt und vollendet werden.
- Die Darbringung der Gaben wird mit der Händewaschung und dem Gabengebet abgeschlossen.

3.2 Eucharistisches Hochgebet (Kanon)

Es gibt derzeit 13 offizielle Hochgebete.
- **Präfation:** Dies ist ein feierlicher Lobpreis an den Vater, der mit dem **„Sanctus"** (dreimal heilig) abgeschlossen wird.
- **Epiklese:** Der Heilige Geist und seine wandelnde Kraft werden über die Gaben herabgerufen.
- **Einsetzungsbericht – „Wandlung":**
Brot und Wein werden in den Leib und das Blut Christi verwandelt. Dies ist ein Mysterium göttlichen Waltens, deshalb schließt der Priester mit den Worten: „Geheimnis des Glaubens". Das Opfer Jesu, das er vor 2000 Jahren auf Golgatha dargebracht hat – es wird jetzt „gegenwärtig gesetzt", so dass wir bei unserer eigenen Erlösung „live" dabei sein können!
- **Gebete für die triumphierende, leidende und streitende Kirche:** Wir sind alle mit Christus, dem Haupt, verbunden: die Heiligen im Himmel, die Armen Seelen im Fegefeuer und wir auf Erden. Alle haben Teil am Strom der Gnade.
- **Abschließender Lobpreis:** Die eucharistischen Gestalten werden nun emporgehoben.

3.3 Kommunion

- **Gebet des Herrn:** Wir beten das Vaterunser.
- **Friedensgebet:** Der Priester betet: „Der Friede des Herrn sei al-

lezeit mit euch", und die Gemeinde antwortet: „Und mit deinem Geiste". Dieser Austausch des Friedens soll den Frieden in der Gemeinde verbessern.
- **Brechen des Brotes:** Der Priester bricht die Hostie zum Zeichen, dass alle an dem einem Leib Christi teilhaben.
- *Agnus Dei:* Lamm Gottes – dreimal.
- *Stilles Gebet vor der Kommunion*
  Meist vom Priester leise gebetet.
- *Einladung zur Kommunion:* „Seht das Lamm Gottes, das hinwegnimmt die Sünde der Welt".
- *Kommunionspendung*
- *Kommunionvers*

4. Abschluss
- *Gebet nach der Kommunion:* Der Priester dankt als Sprecher der Gemeinde für die empfangene Gabe und bittet um deren bleibende Wirkung.
- *Mitteilungen:* Bevor wir in den Alltag entlassen werden, hören wir diverse Verlautbarungen.
- *Priestergruß:* Der Priester grüßt nochmals die Gemeinde mit den Worten: „Der Herr sei mit euch!"
- *Segen:* Der Priester ruft nun den Segen Gottes auf die Gemeinde herab.
- *Entlassung:* Mit den Worten „Gehet hin in Frieden" wird der Christ aufgefordert, den Frieden Christi in die friedlose Welt hineinzutragen.

❖ **Anregungen zum Nachdenken / Gespräch:**

➢ Besprechen Sie miteinander die Schriftstelle über das „Himmelsbrot" (Joh 6, 22-71).
➢ Was bedeutet für Sie: „Wer mein Fleisch isst und mein Blut trinkt, der bleibt in mir, und ich bleibe in ihm" (Joh 6,56)? Hat das konkrete Auswirkungen in Ihrem Leben?

„Begrabt diesen Leib,
wo immer er sei;
um ihn sollt ihr euch keine Sorgen machen.
Nur um das eine bitte ich euch:
Wo ihr auch sein werdet,
gedenkt meiner am Altar des Herrn."

(Hl. Monika zu ihrem Sohn Augustinus)

Moderne Heilslehren — GT 26

- ❖ **Begleitende Literatur:** KKK 2110 - 2141
- ❖ **Schriftbetrachtung:** 2 Tim 4,1-8
- ❖ **Ein Text zur Einstimmung:**

„Hitler war Okkultist. Schon als Kind hatte er außernatürliche Erlebnisse. Im Laufe der Jahre fühlte er sich immer mehr auserwählt. Er vergrub sich in die Bücher heidnischer deutscher Sagen, suchte Umgang mit Hellsehern, Astrologen usw. und konnte sich nicht satt hören an den Werken Richard Wagners, die die deutsche Geister- und Götterwelt besingen. Hitler kam mit Juden in Berührung. Er begann sie zu fürchten. Aus dieser Furcht entstand Hass, und dieser Hass wurde zur Triebkraft in seiner Seele. Hitler hatte seine geistige Ebene gefunden – und die christliche verlassen..." *(Constance Cumbey, „Die sanfte Verführung", Schulte+Gerth).*

- ❖ **Zum Thema: „Moderne Heilslehren"**

1. Die modernen Heilslehren

- Die christlichen Kirchen haben es offensichtlich in den letzten Jahrzehnten versäumt, die religiösen Gefühle der Menschen anzusprechen.
- Die Kirchen wurden „entrümpelt" und „modernisiert": Sie verloren dadurch viel von jenem Geheimnis, das Herz und Gemüt anspricht.
- Parallel zu dieser „Verkopfung" des Christentums nahmen moderne Heilslehren immer mehr zu.
- Einstiegstore sind häufig: Streben nach Gesundheit, Wissen über die Zukunft, Erfahrung von Übernatur... Vor allem führt die Unkenntnis des christlichen Glaubens zu den modernen Heilslehren, zum „Neuheidentum".
- Die wichtigsten esoterischen Gruppierungen bzw. Ideologien sind: *Theosophie, Anthroposo-*

phie, Freimaurer, Rosenkreuzergemeinschaften, Transzendentale Meditation, Okkultismus und Spiritismus, Satanismus, Gurubewegungen und New-Age..

2. Was ist New-Age (NA)?

- „New Age" bedeutet dem Wort nach „**Neues Zeitalter**", das auch „**Wassermannzeitalter**" genannt wird und das angeblich im Jahr 1962 begonnen haben soll.

- NA ist eine Ideologie, die ein Religionsgemisch, die Einheit aller Religionen und Ideologien, anstrebt.

- **Der NA-Gott ist nicht der persönliche Schöpfergott der Christen**, sondern eine unpersönliche Kraft (eine „Energie" oder die „Selbstorganisationsdynamik des ganzen Kosmos"). Die Gottesvorstellung ist stark von hinduistischem und buddhistischem Gedankengut geprägt.

- **NA ist keine zentral gesteuerte Bewegung.** Zu NA gehören mehr als 10.000 Organisationen unterschiedlichster Weltanschauungen (Sekten, Gemeinschaften, Zirkeln...) Zur NA-Ideologie muss man auch zählen: *Zen, Yoga, Astrologie, Alchemie, Bagwan, Suffismus, Antroposophie, Theosphie, Hexenkulte,*

Mutter-Erde-Kulte, Mythologien, Hardrock, Science Fiktion...

- **NA sagt, es muss ein grundlegender Wandel herbeigeführt werden.** Es wird neues Heil, eine kommende Erlösung versprochen. Deshalb spricht man von Wendezeit, Paradigmenwechsel etc. Die Wende kommt durch eine Bewusstseinserweiterung. Der „erleuchtete Mensch" wird alle Probleme lösen können.

- Die **Bewusstseinserweiterung** geschieht durch „Transformation". Wer sich ihr öffnet, gerät in einen Veränderungsprozess, von dem er sich nicht zugleich wieder distanzieren kann. Deshalb sind alle Methoden der „Transformation" gefährlich, denn sie führen in eine Abhängigkeit!

- Im NA kann sich der Mensch durch verschiedene Techniken **selbst erlösen**, indem er über ein erweitertes Bewusstsein zu sich selber findet. So gelangt er zu einer Vereinigung mit dem „Geist des Universums".

- Nicht der Tod erwartet uns, sondern eine neue Geburt durch **Reinkarnation**.

- Schließlich ist NA das Zeitalter der menschlichen Ganzheit, der Einheit von Seele und Körper, von Mensch und Natur, Mann und Frau, Gut und Böse.

3. New-Age und christlicher Glaube

- NA und Christentum sind absolut unvereinbar, denn es gibt wesentliche Unterschiede:

New Age	Christentum
Unpersönlicher Gott	Persönlicher Gott
Das Leben ist zyklisch.	Es gibt eine historische Entwicklung.
Reinkarnation (Wiedergeburt) Der Mensch erhält immer wieder die Chance auf ein neues Leben. Es gibt kein Gericht.	Tod und Gericht „Es ist dem Menschen bestimmt, ein einziges Mal zu sterben, darauf folgt das Gericht" (Hebr 9,27).
Der Mensch kann durch verschiedene Techniken erkennen, dass er selbst Gott ist.	Wir sind Ebenbilder Gottes, ihm ähnlich, vor allem aber niemals selbst „Gott".
Zur Selbstverwirklichung werden okkulte Praktiken angewendet.	Gott hat okkulte Praktiken verboten (vgl. Dt 18,10ff). Wir bedürfen eines Erlösers, Jesus Christus, denn wir können uns selbst nicht erlösen.

4. Ziel des New Age

- Es gibt zahlreiche Ziele politischer, sozialer und wirtschaftlicher Natur:
Universelles Kreditkartensystem; einheitlich kontrolliertes Transportwesen, Weltzentrale für Nahrungsmittelverteilung, die die gesamte Nahrungsmittelversorgung der Menschheit kontrolliert; ...

- Ziel der NA-Führer ist eine für die gesamte Menschheit verbindliche **Welteinheitsreligion** ... zur Vorbereitung der Menschheit auf das Kommen des so genannten „Weltenlehrers".

- Im Verlaufe der Verbreitung dieser Religion sollen die bestehenden Weltreligionen immer mehr mit der NA-Spiritualität unterwandert werden.

5. Methoden der Verbreitung der NA-Spiritualität

- Die Verschwörung im Zeichen des Wassermanns ist eigentlich ein **Netzwerk** aus vielen Netzwerken, das auf eine gesellschaftliche Transformation abzielt. Ihr Zentrum befindet sich überall. Die einzelnen Zentren koordinieren ihre Aktivitäten.

- Jede NA-Organisation trainiert ihre Anhänger, um durch meditative Mittel mit den „Meistern der geistigen Hierarchie" (das sind Dämonen) Kontakt zu bekommen. Von ihnen erhalten sie Weisungen, um das Neue Zeitalter vorzubereiten.

- Für das mittlere und leitende

Management werden immer häufiger Kurse angeboten, die auf dem „NA-Denken" aufbauen. Es herrscht für Mitarbeiter zum Großteil auch Zwang, diese Kurse zu besuchen.

6. New-Age - Symbole

- NA-Symbole sind der Regenbogen („Internationales Zeichen des Friedens" – eine Brücke zwischen sich selbst und der Überseele bzw. dem „Großen Universalgeist").
- Lichtstrahlen, Kreuz mit vorgesetzten Diagonalen, Mittelpunkt-Symbol.
- Hakenkreuz, die Zahl 666…

7. NA- eine allgegenwärtige Gefahr

- Das NA-Konzept hat in allen Bereichen der Gesellschaft Eingang gefunden.
- Wir brauchen dringend den Heiligen Geist und Glaubensvertiefung, um unterscheiden zu können.
- Auch unsere Kinder sind gefährdet und werden mit NA-Ideen unterwandert.
- Eine Flut von Fantasy-Games, Filmen, Comics, Spielzeug, Videos... überschwemmt unsere Kinder.

❖ **Anregungen zum Nachdenken / Gespräch:**

➢ In welcher Form sind Sie schon NA-Gedanken begegnet?
➢ Welche Gefahren stecken im Glauben an die Wiedergeburt?
➢ Erkennen Sie Bestrebungen zur Schaffung einer Welteinheitsreligion?
➢ Wie können Sie Personen, die im NA verstrickt sind, auf die Gefahren aufmerksam machen?

„Wir sind auch
mit satanistischen Werken
wie New Age konfrontiert,
das Menschen
zum falschen Denken
und Leben anzuleiten versucht"…
außerdem werde suggeriert,
„dass wir selbst Gott sind".
(Kardinal Norberto Rivera Carrera)

Bedrohung des Glaubens   GT 27

- **Begleitende Literatur:** KKK 164, 396 - 401

- **Schriftbetrachtung:** Joh 15,18-27

- **Ein Text zur Einstimmung:**

➲ „Die Religion... ist der Seufzer der bedrängten Kreatur, das Gemüt einer herzlosen Welt, wie sie der Geist geistloser Zustände ist. Sie ist das Opium des Volkes" *(Karl Marx).* ➲ „Für die Zukunft der Menschheit ist es wichtig, dass der Glaube an die Naturgeister und ihren Gott Pan wiederhergestellt wird" *(Robert O. Crombie).* ➲ „Der Abfall vom Glauben... bedeutet einen kulturellen Rückschritt... das haben die Deutschen (und auch andere Europäer) vergessen oder verdrängt... Meine Schlussfolgerung: Deutschland wird ein islamisches Land" *(Muhammed Selim).*

- **Zum Thema: „Bedrohung des Glaubens"**

1. Kommunismus und Materialismus

- Mit seinem Buch „Origin of Species" löste Darwin im Jahre 1859 innerhalb der Naturwissenschaften eine Revolution aus, die in der Geschichte ihresgleichen sucht.
- Ursache für die Entstehung des Lebens war nicht mehr ein liebender Gott. Gott hatte ausgedient und wurde durch **„Zufall und Auslese"** (Vernichtung des Schwächeren durch das Stärkere) ersetzt.
- Die Verkünder der neuen Ideologien und Theorien waren durchwegs Kämpfer gegen das „ausgediente Christentum".
- Nach Marx wurde die Religion zum „Opium des Volkes".
- Immanuel Kant prägte den Satz: „Glauben heißt nichts wissen".
- Mit den neuen Philosophien (Marx, Nietzsche, Kant...) wurden die Religion bekämpft und

die Grundlagen für die atheistischen Ideologien des Kommunismus und Materialismus geschaffen.
- Während der Kommunismus den Glauben direkt verfolgte, ist der Materialismus noch gefährlicher, weil er den Glauben unterhöhlt und langfristig tötet.

2. New-Age
- Die Gefahr von New-Age und Esoterik ist für das Christentum mindestens so gefährlich wie der Kommunismus und der Materialismus. Diesem Problemkreis wurde daher unter „Moderne Heilslehren" in GT 26 ein eigenes Kapitel gewidmet.

3. Islam
- **Islam als Bedrohung des Glaubens?**

  Ist der Islam nicht eine abrahamitische Religion, wie das Christentum und das Judentum? Verehren nicht die Muslime auch Jesus und Maria? Was ist denn da gefährlich?
  - Bei Kirchenführungen wird oft gesagt: „Die Pracht des österreichischen Barocks ist ein Ausdruck der Freude über die Befreiung von den Türken." Worüber war man so glücklich?
  - Offenbar hat man sich in Wien daran erinnert, dass die Muslime ganz Nordafrika innerhalb weniger Jahrzehnte islamisiert haben.
  - Vor der Haustüre Wiens lag schon ein zerstörtes Ungarn.
  - Rund um Wien war alles niedergemetzelt.
  - Die Gefahr, dass Europa das Schicksal Nordafrikas erleidet, war gegeben.
  - Wien wurde 1683 durch maßgebliches Mitwirken des seligen Marco d'Aviano von den Türken befreit.
  - Als Erinnerung daran wurde das Fest Maria Namen (12. September) eingeführt.
  - Nicht zuletzt wegen der Gleichgültigkeit und Lauheit der Christen ist heute erneut die Gefahr einer Islamisierung Europas gegeben.
  - Wir sehen die ersten Auswirkungen: Die Kreuze verschwinden aus manchen öffentlichen Gebäuden und Schulen.
- **Was macht den Islam für das Christentum so problematisch?**
  - *Eine vollkommen andere Religion*
    - Der Islam leugnet die Dreifaltigkeit, die Gottessohnschaft, den Tod und die Auferstehung Jesu.
    - Der Islam hat ein voll-

kommen anderes Gottes- und Menschenbild.
- *Glaubensbekenntnis*
Um Muslim zu werden, genügt es, dreimal das islamische Glaubensbekenntnis auf Arabisch zu sprechen. Dieses heißt: *„Es gibt keinen Gott außer Allah, und Mohammed ist sein Prophet"*. Eine Ausbildung oder Glaubenswissen sind nicht erforderlich.
- *Ablehnung des sittlichen Naturgesetzes und der Menschenrechte*
  - Das sittliche Naturgesetz und die Menschenrechte werden von den Muslimen nur anerkannt, soweit sie mit dem „islamischen Recht", der Sharia, übereinstimmen.
  - Eine muslimische Frau steht nach dem Koran unter der Vorherrschaft des Mannes, sie hat weniger Rechte, darf keinen Christen heiraten… und vieles andere mehr.
  - Weiters lehrt der Islam, dass der Mensch mittels seiner Vernunft das natürliche Sittengesetz nicht erkennen kann. Das Christentum hingegen lehrt, dass es Gott dem Menschen in das Herz geschrieben hat.
- *Der Islam ist Religion und Staat*
Der Islam ist staatsbildendes Prinzip. Die Regierung in einem muslimischen Staat hat daher die Pflicht, den Islam zu schützen und auszubreiten.
- *Besitzansprüche*
Die Erde gehört Gott, seinem Propheten und den Muslimen. Andersgläubige sind Feinde des Islams.
- *Einteilung der Welt*
Die Welt ist nach der Auffassung der Muslime zweigeteilt in „Dar ul-Islam", das Haus des Islams und in „Dar ul-Harb", das Haus des Krieges.
- *Koran und Bibel*
  - Die Muslime lehnen die Bibel ab. Sie sei eine Fälschung der Juden und Christen. Jesus ist nur ein Prophet und nicht am Kreuz gestorben.
  - Er ist nicht Gottes Sohn und nicht von den Toten auferstanden.
  - Er wird am Ende der Zeit wiederkommen und alle Kreuze zerstören!
- *Religionsfreiheit*
Durch Kemal Atatürk ist in der Türkei eine gewisse Trennung von Religion und Staat begründet worden. Daher ist die Religionsfreiheit grund-

sätzlich gegeben. Das darf allerdings nicht darüber hinwegtäuschen, dass der Koran diese Freiheit nicht kennt und für den Glaubensabfall sogar die Todesstrafe vorsieht (Sure 4,89 und andere).

- *Dialog*
Beim „Dialog" mit den Muslimen muss berücksichtigt werden, dass im Islam ein „listiges Taktieren" (Sure 3,33-64) offiziell angewendet werden darf.

- *Verpflichtung zum Dschihad*
Problematisch für das Zusammenleben ist die grundsätzliche Verpflichtung der Muslime zum Dschihad (dem Heiligen Krieg – Sure 47,4 u.a.).
In radikalen Gruppierungen wie der „Tugendpartei" Milli Görüs wird diese Verpflichtung ernst genommen und zu einer Gefahr. Jeder, der im Glaubenskrieg fällt, gilt dann als Martyrer, dem das Paradies sicher ist. Auf diese Weise können Selbstmordattentäter motiviert werden.
Fundamentalisten wollen ja den Glaubenskrieg führen, bis die ganze Welt den Islam angenommen hat.

- *Was wir lernen können*
Muslime bekennen sich öffentlich zum Islam und sie sind missionarisch.
Wenn wir Christen aus Überzeugung glauben, unser Christsein wieder konsequent leben und bereit sind, es auch öffentlich zu bekennen, dann ist der Islam auch heute keine Gefahr für uns.

❖ **Anregungen zum Nachdenken / Gespräch:**

> Was bedeutet die Ablehnung der Menschenrechte in islamischen Staaten für die Minderheiten?
> Was denken Sie über die Verpflichtung der Muslime zum Dschihad? Sehen Sie darin eine Bedrohung des Christentums und der westlichen Demokratie?
> Was können wir Christen von den Muslimen lernen?

*„Kämpft wider jene von denen,
welchen die Schrift gegeben ward (Juden und Christen),
die nicht glauben an Allah…"*
(Koran, Sure 9,29)

Unterscheidung der Geister GT 28

❖ **Begleitende Literatur:** KKK 162

❖ **Schriftbetrachtung:** 2 Tim 3, 1-9

❖ **Ein Text zur Einstimmung:**

Der Glaube wird heute vielfach und massiv angegriffen. Diese Angriffe sind vergleichbar mit einer Krankheit, die um sich frisst „wie ein Krebsgeschwür" (2 Tim 2,17).
Ohne die Gabe der Unterscheidung der Geister ist heute jeder gefährdet, selbst an geistigem Krebs zu erkranken. Wir müssen daher wie die klugen Jungfrauen handeln und danach trachten, „unsere Lampen" immer mit „gesunder Lehre" gefüllt zu haben. (Zeitanalyse)

❖ **Zum Thema: „Unterscheidung der Geister"**

1. Eine Zeit der Verwirrung

- Jesus sagt in seinen Reden über die Endzeit den erschütternden Satz: „Und wenn der Herr diese Zeit nicht verkürzen würde, dann würde kein Mensch gerettet; aber um seiner Auserwählten willen hat er diese Zeit verkürzt" (Mk 13,20).
- Welch Schauder erregende Zeit muss das sein, wenn niemand mehr das Heil erlangen könnte, nicht einmal der Papst? Man kann sich das nur so vorstellen, dass einmal die Unterwanderung oder Aushöhlung des Glaubens so raffiniert und perfekt vor sich geht, dass diese Situation nur mehr von den „Auserwählten" heil überstanden werden kann. Und selbst die Auserwählten schaffen dies nur, weil diese Zeit, wie Markus weiter schreibt, „verkürzt" wird.

2. Unterscheidung der Geister

2.1 Ein „geistliches Gespür"

- Die Gabe der Unterscheidung der

Geister ist ein „geistliches Gespür" für das, was vom Geist Gottes kommt und was nicht.

- Bei der Unterscheidung der Geister geht es nicht nur darum, zu unterscheiden, ob etwas Sünde oder Tugend ist.

- Es geht hierbei auch darum, das Gute vom „besser Scheinenden", das in Wirklichkeit nur das Gute verhindern will, zu unterscheiden. Ein Beispiel:
Ein Ehemann erzählt über seine Frau: „Meine Frau ist wirklich großartig: Sie macht dreimal wöchentlich Besuche im Krankenhaus, zweimal in der Woche ist sie in einem Gebetskreis, sie arbeitet im Pfarrgemeinderat, organisiert monatlich Treffen für Frauen, Jungmütter und Senioren... Nur ich habe Hunger, denn sie kocht fast nie, und unsere Kinder rufen nach der Oma, damit sie nicht allein zu Hause sind."

- Diese engagierte Frau ist Übertreibungen zum Opfer gefallen; die Mächte der Finsternis haben sie missbraucht. Sie ist ihren Pflichten als Frau und Mutter – ihren „Standespflichten" – nur mangelhaft nachgekommen, nicht aber, um es sich bequem zu machen, sondern um das „besser Scheinende" zu tun.

- Das „geistliche Gespür", das jemand in einer bestimmten Situation hat, kann **Friede** sein oder **Widerstand**.
   o Wer im Willen Gottes lebt, wird sicher ein Gefühl von „Zufrieden-Sein" entwickeln, wenn er Positives erlebt, etwa wenn er von einem jungen Pärchen hört: sie wollen mit dem Sex bis zur Ehe warten.
   o Wer sich aber auf irgendeine Weise (z.B. durch dauerndes Sündigen) von Gottes Geist entfernt hat, wird bei derselben positiven Situation Widerstand empfinden. Er wird vielleicht sagen: „Das ist doch verrückt! Das ist übertrieben..."
   o Um ein sicheres Gespür für das zu haben, was vom Geist Gottes oder vom bösen Geist kommt, *müssen* wir einen „festen Standort" wählen.

2.2 Einen festen Standort wählen

- Der berühmte Mathematiker Blaise Pascal sagt:
„Wenn alles in Bewegung ist und ich mitten drinnen in diesem Geschehen bin, dann kann ich nicht feststellen, wohin sich etwas bewegt. Wenn ich auf einem Schiff bin, das sich vom Ufer entfernt, dann meine ich, die Menschen, die auf dem Ufer stehen, würden

sich entfernen. Wenn alle gleichzeitig gegen einen Abgrund zuschreiten, würde keiner zu sich sagen, dass er dorthin geht. Nur wer einen **festen Punkt** hat, kann beurteilen, wohin sich die anderen bewegen. Wer ein Leben in Unordnung führt, wirft denen, die in Ordnung leben, vor, dass sie sich von der Natur entfernen. Aber um darüber urteilen zu können, muss man einen festen Punkt haben."

- Dieser „feste Punkt", dieser sichere Standort, von dem aus ich etwas richtig beurteilen kann, heißt für den Katholiken dreierlei:
  o *Treue zum Papst und zum Lehramt,*
  o *Liebe zu Maria, der Mutter Jesu und*
  o *Hochschätzung der hl. Eucharistie.*

- Im berühmten Traum von Don Bosco führt der Papst das verfolgte Schiff der Kirche zwischen zwei Säulen sicher vor Anker. Auf der kleineren Säule steht Maria, die Mutter der Kirche, und auf der großen Säule erstrahlt Jesus in der Eucharistie.
  o Weist nicht Papst Johannes Paul II. durch die Ausrufung des Rosenkranzjahres im Oktober 2002 und die Veröffentlichung der Eucharistieenzyklika im Frühjahr 2003 auf diesen sicheren Standort hin?

- Nur wer diesen „festen Punkt", diesen „sicheren Standort" bezieht (Papst, Maria, Eucharistie), befindet sich mitten im Herzen der Kirche. Er kann auf sein „geistliches Gespür" vertrauen.

2.3 „Wachet und betet!"

- Markus hat uns die Worte Jesu in Getsemani überliefert: „Wachet und betet, damit ihr nicht in Versuchung geratet" (Mk 14,38).

- Jesus ermahnt, wachsam zu sein und immer wieder zu beten! Ohne Gebet, das inständige Gespräch mit Gott, können wir nicht mit Jesus, der selbst die Wahrheit ist, verbunden bleiben. Ohne Gebet können wir deshalb nicht erkennen, was wahr, was besser und was der Wille Gottes ist.

- „Wachen und Beten" sind die Ratschläge Jesu für jeden, der nicht Lehren aufsitzen will, „die den Ohren schmeicheln… der Wahrheit nicht mehr Gehör schenken (und) sich Fabeleien zuwenden" (2 Tim 4,3-4).

- Ohne Gebet werden wir nicht fähig sein, ein richtiges „geistliches Gespür" zu entwickeln.

2.4 Die geistlichen Regeln der Unterscheidung der Geister beachten

- Während der langen kirchlichen Tradition haben Kirchenlehrer, Heilige und Theologen eine Fülle von Kennzeichen erarbeitet, um zu erkennen, was vom Geist Gottes und was vom Geist der Täuschung kommt.
- Der Palottinerpater Hans Buob hat daraus zehn Ratschläge zur Unterscheidung der Geister formuliert. Er sagt: „Der Geist Gottes…
  - verstößt nie gegen die Liebe,
  - schenkt innere Ruhe, Kraft und Sicherheit,
  - führt einen geraden, einsichtigen Weg,
  - handelt nie gegen die göttlichen Gesetze oder die Naturgesetze,
  - lässt reifen und wachsen,
  - gibt uns Anstöße zum Tätig-Werden,
  - macht uns hellhörig für jede Sünde,
  - führt hin zu Jesus,
  - führt zur Vergebung und Versöhnung,
  - führt hin zum Wesentlichen."

2.5 Bitten wir Gott um die Gabe der Unterscheidung der Geister

- Erflehen wir von Gott diese für unsere Zeit so lebenswichtige Gabe der Unterscheidung der Geister. Er kann unser blindes „Herz von Stein" in ein „Herz von Fleisch" (vgl. Ez 11,19) verwandeln und damit können wir die falschen „Geister" erkennen.

❖ **Anregungen zum Nachdenken / Gespräch:**

➢ Haben mich Meldungen der Medien schon einmal in meinem Glauben verunsichert?
➢ Habe ich Glaubensunterschiede mit anderen Katholiken festgestellt? Worin lagen die Unterschiede und wie habe ich reagiert?
➢ Inwiefern könnte sich die Schriftstelle 2 Tim 3, 1-9 auch auf unsere Zeit beziehen?

*„Geliebte,
glaubet nicht jedem Geist,
sondern prüfet die Geister,
ob sie aus Gott sind."*
(1 Joh 4,1)

Auftrag zur Evangelisation GT 29

❖ **Begleitende Literatur:** KKK 849 - 870

❖ **Schriftbetrachtung:** Ex 3,1-15

❖ **Ein Text zur Einstimmung:**

„Allein die Tatsache, dass Gott euch einen bestimmten Menschen über den Weg schickt, ist ein Zeichen, dass Gott etwas für ihn tun möchte. Es ist kein Zufall, sondern eine Fügung Gottes. Wir müssen uns im Gewissen verpflichtet wissen, für diesen Menschen da zu sein. Wenn sich jemand nach Gott sehnt, hat er ein Recht darauf, den Weg kennen zu lernen, um zu ihm zu gelangen. Niemand darf ihn daran hindern. Schaut auf das Kreuz, und ihr werdet verstehen, wie viel jeder einzelne für Jesus bedeutet."
(Mutter Teresa)

❖ **Zum Thema: „Auftrag zur Evangelisation"**

1. Der Beweggrund zur Mission

- Jeder Christ ist mitverantwortlich für das Heil seiner Brüder und Schwestern. Deshalb verpflichten auch die Konzilsväter alle Glieder der Kirche, das Evangelium zu verkünden. Sie sagen:
„Die ganze Kirche ist missionarisch, und das Werk der Evangelisierung ist eine Grundpflicht des Gottesvolkes... sie kann nicht ersetzt werden. Sie erlaubt weder Gleichgültigkeit noch Vermischung mit anderen Lehren oder falsche Anpassungen."

- Wenn wir wirklich von Christus ergriffen sind, dann muss uns die Liebe Christi drängen, das Evangelium zu verkünden (vgl. 2 Kor 5,15).

2. Der Auftrag zur Mission

- Der Auftrag zur Verkündigung der Frohen Botschaft stammt direkt von Jesus. Mehrmals hat Jesus von der Bedeutung der Mission gesprochen und alle Evangelisten berichten darüber.

- Matthäus schreibt: *„Geht und verkündet: Das Himmelreich ist nahe"* (Mt 10,7). *„Seht, ich sende euch wie Schafe mitten unter die Wölfe"* (Mt 10,16). *„Darum geht zu allen Völkern, und macht alle Menschen zu meinen Jüngern; tauft sie auf den Namen des Vaters und des Sohnes und des Heiligen Geistes, und lehrt sie, alles zu befolgen, was ich euch geboten habe"* (Mt 28, 19-20).

- Bei Johannes lesen wir: *„Wie mich der Vater gesandt hat, so sende ich euch!"* (Joh 20,21). Wir haben denselben Auftrag wie Jesus, er braucht uns und er vertraut uns.

- Im Alten Testamentes werden einzelne von Gott direkt berufen, um zum Volk zu sprechen. Gott beruft Mose (Ex 3,10), Gideon (Ri 6,14) und Ezechiel (Ez 2,3) mit den Worten: „ICH sende dich".

- Im Neuen Testament sind alle gerufen, um zu verkünden. Es heißt: „Geht hinaus in die ganze Welt, verkündet das Evangelium allen Geschöpfen!" (Mk 16,15).

- Priester und Missionare haben einen besonderen göttlichen Auftrag und stehen direkt im Dienst der Evangelisation.

- Durch die Taufe ist aber jeder Christ Priester, Prophet und König und daher berufen, an der Evangelisation mitzuarbeiten.

- Der Ruf zum Apostolat liegt in der Natur der christlichen Berufung.

- Die Konzilsväter sagen, dass das Tun der Laien als *„Teilnehmer am Amt Christi"* sogar *„so notwendig (ist), dass ohne dieses auch das Apostolat der Hirten meist nicht zu seiner vollen Wirkung kommen kann. Denn wie jene Männer und Frauen, die Paulus in der Verkündigung des Evangeliums unterstützt haben, ergänzen Laien von wahrhaft apostolischer Einstellung, was ihren Brüdern fehlt; sie stärken geistig die Hirten und das übrige gläubige Volk"* (Laienapostolat 10).

3. Mission durch das Zeugnis

- Papst Paul VI. sagt: *„Das erste Zeugnis der Evangelisation ist das Zeugnis des christlichen Lebens, denn die guten, in übernatürlichem Geist vollbrachten Werke haben die Kraft, Menschen zum Glauben und zu Gott zu führen"* (AA 6).

- Es heißt weiter: *„Schließlich wird derjenige, der evangelisiert worden ist, auch seinerseits wieder evangelisieren. Dies ist der Wahrheitstest, die Probe der Echtheit der Evangelisierung: Es*

ist undenkbar, dass ein Mensch das Wort Gottes annimmt und in das Reich eintritt, ohne auch von sich aus Zeugnis zu geben und dieses Wort zu verkünden" *(EN 24)*.
- Das Wichtigste bei der Evangelisierung ist das persönliche Zeugnis, denn *„der heutige Mensch hört lieber auf Zeugen als auf Gelehrte, und wenn er auf Gelehrte hört, dann deshalb, weil sie Zeugen sind"* *(EN 41)*.

4. Mission durch Wort und Tat

- Das Apostolat besteht aber nicht nur im Zeugnis des Lebens, denn *„ein wahrer Apostel sucht nach Gelegenheiten, Christus auch mit seinem Wort zu verkünden, sei es den Nichtgläubigen, um sie zum Glauben zu führen, sei es den Gläubigen, um sie zu unterweisen, zu stärken und zu einem einsatzfreudigen Leben zu erwecken; 'denn die Liebe Christi drängt uns'* *(2 Kor 5,14)* *und im Herzen aller sollten jene Worte des Apostels ein Echo finden: 'Weh mir, wenn ich die gute Botschaft nicht verkünden wollte'* *(1 Kor 9,16)"* *(AA 6)*.
- Wie Gott Mose berufen hat *(Ex 3, 1-15)*, so beruft Gott jeden von uns, jeder ist heute zu den „Pharaos" unserer Zeit in Familie und Öffentlichkeit gesandt. Unser Weg wird daher demjenigen von Mose ähnlich sein.
  - o Zu irgendeinem Zeitpunkt unseres Lebens macht uns Gott (wie Mose) neugierig, um „zum Dornbusch" zu gehen und uns dem Wirken Gottes zu öffnen.
  - o Wir erfahren dabei wie Mose die Nähe Gottes und wissen uns beim Namen gerufen.
  - o Wenn diese Begegnung echt ist, werden wir auch sagen: „Hier bin ich, Herr, mach mit mir, was du willst".
  - o Wer aber vor dem brennenden Dornbusch steht, der hört Gottes Auftrag: „Folge mir und befreie deine Brüder aus der Sklaverei der Sünde, ich brauche dich dazu". Und Gott sendet uns und sagt: „Geh!"
  - o Aber wenn es konkret wird, wenn wir wirklich gefordert sind, Zeugnis zu geben, dann überkommen uns Zweifel und Angst.
  - o Wir wehren uns wie Mose und suchen Ausreden: „Was soll ich sagen? Andere sind doch klüger und berufener, warum soll ich mich als Christ zu erkennen geben? Ich habe vielleicht Nachteile im Beruf…"
  - o Gott aber verspricht dir seine Nähe. Er sagt: „Ich bin da! Ich weiß, dass es Schwierigkeiten

geben wird, vertraue mir!"
- o Wie Mose werden wir noch immer zaudern und zweifeln. „Gilt der Auftrag wirklich mir, muss ich wirklich reden?"
- o Gott aber wird uns wie Mose seine Macht zeigen. Wir müssen nicht perfekt sein, Mose konnte z.B. nicht gut reden. Gott will nur unser „Ja".
- o Er wird uns nicht alleine lassen und uns wie Mose helfen.

Für Mose sprach Aaron, für uns aber wird der Heilige Geist sprechen, wenn wir ihm vertrauen (vgl. Mt 10,20).
- Gott schickt uns wie Mose nach Ägypten, wie Gideon zu den Midianitern und wie Ezechiel zum eigenen Volk!
- Wir alle sind gesandt – in unsere Familien, zu Nachbarn, in die Arbeitswelt... – um Zeugnis für Jesus abzulegen und das Evangelium zu verkünden.

❖ **Anregungen zum Nachdenken / Gespräch:**

➢ Es gibt Waren, die nur bei „Haus-Partys" vorgestellt werden. Ziel ist es, von der Qualität der Waren so zu überzeugen, dass sie einige Personen bestellen und möglichst einer der Teilnehmer eine „Folgeparty" veranstaltet. – Und was ist mit der „Super-Ware" Glaube?
➢ Welche konkreten Möglichkeiten haben wir, um den Auftrag zur Evangelisation zu erfüllen?
➢ Was könnten wir tun, um auch andere zur Gründung von Hauskreisen zu ermutigen?

„Evangelisation will etwas:
Sie will Menschen
für Jesus gewinnen.
Sie ist nicht nur Information
über den christlichen Glauben.
Sie ist eine herzliche und deutliche
Einladung zum Glauben.
Sie ist nicht Beschreibung
von Fischfang.
Sie will Fische fangen."
(Bund Freier evangelischer Gemeinden in Deutschland)

Heiße Eisen — GT 30

❖ **Begleitende Literatur:** KKK 1730 - 1748

❖ **Schriftbetrachtung:** Mk 3,22-30

❖ **Ein Text zur Einstimmung:**

„Die ganze Geschichte der Menschheit durchzieht ein harter Kampf gegen die Mächte der Finsternis, ein Kampf, der schon am Anfang der Welt begann und nach dem Wort des Herrn bis zum letzten Tag andauern wird. Der einzelne Mensch muss, in diesen Streit hineingezogen, beständig kämpfen, um seine Entscheidung für das Gute, und nur mit großer Anstrengung kann er in sich mit Gottes Gnadenhilfe seine eigene innere Einheit erreichen" *(Pastorale Konstitution über die Kirche von Heute, 37).*

❖ **Zum Thema: „Heiße Eisen"**

Sowohl durch unsere Umwelt – durch Bekannte, durch Kollegen, Freunde, Verwandte – als auch durch die Massenmedien werden die Christen immer wieder mit Angriffen auf die Kirche konfrontiert. Wir sollen uns dadurch aber nicht im Glauben verunsichern lassen, sondern vielmehr unseren Möglichkeiten entsprechend den wahren Sachverhalt klarstellen – bescheiden und sachlich, niemals aggressiv, aber mit der gesunden Sicht dessen, der nicht oberflächlich dem Zeitgeist huldigt, sondern sich mit der Materie beschäftigt hat.

- *„Es ist noch niemand zurückgekommen!"*
  Das stimmt nicht! Jesus ist auferstanden und wir haben dafür sogar einen „Beleg", das Leichentuch von Turin.
  Es gab und gibt auch immer wieder glaubwürdige und anerkannte Erscheinungen (z.B. Maria in Lourdes oder Fatima und von Heiligen)!

- **"Die Kirche ist altmodisch"**
  Durch alle Jahrhunderte der Geschichte hindurch hat sich die Kirche – und nur sie – um die Kranken und in Not befindlichen Menschen angenommen, Kultur und Bildung vermittelt. So hat diese „altmodische Kirche" den Grundstein zur modernen Wissenschaft gelegt.

- **Beichten – „Ich werde meine Sünden doch nicht einem Pfarrer sagen!"**
  Jesus selbst gab seinen Aposteln den Auftrag: „Wem ihr die Sünden vergebt, dem sind sie vergeben; wem ihr die Vergebung verweigert, dem ist sie verweigert" (Joh 20,23). Nur bei einer aufrichtigen Beichte hat man die Gewissheit, dass die Sünden vergeben sind. Sie ist ein Geschenk Jesu!

- **Fundamentalisten – „Gläubige Katholiken sind Fundamentalisten!"**
  Wenn mit „fundamentalistisch" gemeint ist, dass der Glaube der Katholiken auf einem festen Fundament steht, dann stimmt es, aber nur dann! Ihr Fundament ist Jesus Christus; dafür sind Ungezählte in den Tod gegangen!

- **Hexenverbrennung – „Die Kirche war an den Hexenverbrennungen schuld!"**
  Die Hexenverfolgung war eine Verirrung der Zeit. Die Jesuiten bekämpften diese Auswüchse. In Rom z.B. wurde keine einzige Hexe verbrannt. Urteile fällten meist weltliche Gerichte.

- **Homosexualität – „Die Kirche soll Homosexualität erlauben!"**
  Praktizierte Homosexualität widerspricht dem natürlichen Sittengesetz, dem Willen Gottes und kann von der Kirche niemals gutgeheißen werden. Homosexuelle Neigungen, die nicht ausgelebt werden, sind genauso wenig Sünde, wie andere Neigungen, die zur Sünde verleiten könnten. Der Glaube und die Sakramente geben aber Kraft zur Beherrschung.

- **„Wozu am Sonntag in die Kirche gehen? – Ich bete lieber im Wald!"**
  Jeder kann im Gebet Gott begegnen, ob im Wald, bei der Arbeit oder in der Kirche. Bei der Sonntagsmesse allerdings werden Sie Gott auf jeden Fall begegnen, auch wenn Sie es nicht fühlen, denn dort wartet er auf Sie! Jesus hat beim Letzten Abendmahl gesagt: „Tut dies zu meinem Gedächtnis." Er wünscht also ausdrücklich, dass wir die Heilige Messe (das Letzte Abendmahl) mitfeiern.

- **Inquisition – „Die Kirche hat Menschen verfolgt, gefoltert und umgebracht".**
  Das größte Problem bei der Inquisition war, dass Anklage, Prozessführung und Rechtssprechung in einer Hand lagen. Die Inquisition verfolgte aber nicht nur „Ketzer", sondern alle Straftäter.
  Bei der „Schuldaufarbeitung" durch Papst Johannes Paul II. wurden jedoch kaum Verurteilungen Unschuldiger nachgewiesen.

- *„Die Kirche soll zu den Menschen gehen".*
  Richtig! Der Auftrag Jesu lautet: „Geht hinaus in die ganze Welt, und verkündet das Evangelium allen Geschöpfen!" (Mk 16,15). Der Heilige Vater tut dies mit seinen Reisen und will für Bischöfe und Priester Vorbild sein. Auch viele Laien sind aktiv (z.B. Hausbesuche der Legio Maria).

- *Kirchensteuer – „Wozu soll ich sie zahlen?"*
  Die Art der Einhebung der Kirchensteuer ist an sich problematisch und geht auf Hitler zurück (Kirchenbeitragsgesetz vom 8.4.1939 -). Andererseits müssen die Gläubigen Priester, kirchliche Einrichtungen und Denkmäler erhalten. Es ist daher eine Gewissenspflicht der Christen, die Kirche auch finanziell zu unterstützen.

- *Kreuzzüge – „Die Kirche hat hier viel Unrecht verübt!"*
  Die Kreuzzüge wurden im Grunde zur Befreiung christlicher Gebiete von der türkischen Herrschaft geführt, nachdem 1085 Antiochien von den Türken erobert wurde. Es gab in der Kreuzzugseuphorie allerdings auch machtpolitische Verirrungen – wie bei jedem Krieg.

- *„Liebe ist doch keine Sünde!"*
  Liebe ist wirklich keine Sünde, sie ist die größte Gnadengabe (1 Kor 13,13). Auch die eheliche Liebe ist keine Sünde, der Katechismus formuliert: „Geschlechtlichkeit ist eine Quelle der Freude und Lust".

Aber – die Geschlechtlichkeit ist auf die eheliche Liebe von Mann und Frau hingeordnet! Ein Geschlechtsakt außerhalb der Ehe verletzt die Würde der Ehe, zerstört den Grundgedanken der Familie und schwächt den Sinn für Treue und ist deshalb schwere Sünde.

- *„Die Kirche mischt sich in mein Leben ein."*
  Freilich sagt die Kirche, was die Gläubigen tun oder unterlassen sollen, wenn sie gute Christen sein wollen. Da „mischt" sie sich doch nicht in das Privatleben ein. Jeder Mensch ist völlig frei, das zu befolgen, was die Kirche lehrt, oder es nicht zu tun.

- *„Die Priester sollen heiraten!"*
  Sollen Nonnen auch heiraten? Und warum sollen sie heiraten? Die Priester haben doch freiwillig diesen Stand gewählt, um der Welt ein Zeugnis zu geben, dass man um des Himmelreiches Willen auf die Ehe verzichten kann. Aber ist es nicht grotesk: Viele junge Pärchen wollen unverheiratet bleiben, die Priester hingegen sollen heiraten?

- *Priesterinnen – warum nicht?*
  Die Priester sind in erster Linie Spender der Sakramente. Bei der Eucharistiefeier verwandeln sie Brot und Wein „in persona Christi" in Leib und Blut Jesu. Sie handeln „in der Person" Jesu. Bei der Beichte sprechen sie wieder „im Namen Jesu" von den Sünden frei. Und Jesus war ein Mann!

- *„Die Kirche ist so reich!"*
  Aber bitte! Was hat die Kirche von den vielen Kunstschätzen, den prächtigen Kirchen und Klöstern? Sie sind wohl ein Zeichen der Verherrlichung Gottes, aber ein Loch im Geldsack. Sprechen Sie einmal mit einem Finanzreferenten einer Pfarre oder eines Klosters!

- *„Alle Religionen sind gleich!"*
  Nein, nur im Christentum hat Gott sich in Jesus Christus selbst geoffenbart. Nur das Christentum gibt dem Menschen durch die Auferstehung Jesu Hoffnung auch über den Tod hinaus.

- *Unfehlbarkeit des Papstes*
  Ja, der Papst ist unfehlbar, aber nur dann, wenn er eine Glaubens- oder Sittenlehre „ex cathedra" verkündet, d.h. seine Aussage selbst als unfehlbar deklariert. Das hat letztmals Pius XII. im Jahr 1950 bei der Verkündigung des Dogmas von der Aufnahme Mariens in den Himmel getan.

- *„Warum ist Interkommunion nicht erlaubt?"*
  Bei dem Problemkreis Interkommunion geht es um das rechte Sakramentenverständnis. Es ist doch unmöglich, dass jemand, der nicht an die Realpräsenz Jesu in den konsekrierten Gestalten glaubt, kommuniziert. Das ist nach katholischem Verständnis ein Sakrileg!

- *Wiederverheiratete-Geschiedene – „Warum dürfen sie nicht zu den Sakramenten gehen?"*
  Die Unauflöslichkeit der Ehe ist ein Gebot Jesu (Mt 19,6) und die Wiederheirat ist nach Jesu Worten Ehebruch (Mt 19,9). Die Kirche hat nicht das Recht, die Worte Jesu aufzuheben.

- *Woher nimmt die Kirche das Recht auf Belehrung?*
  Die Kirche hat den Auftrag zur Verkündigung des Evangeliums direkt von Gott (Mk 16,15). Sie muss daher in die ganze Welt hinausgehen und das Wort Gottes verkünden „ob man es hören will, oder nicht" (2 Tim 4,2).

❖ **Anregungen zum Nachdenken / Gespräch:**

➢ Überlegen Sie, was die katholische Kirche von allen anderen Religionen unterscheidet.
➢ Überlegen Sie, welch negative Folgen die allgemein geübte „freie Liebe" hat.

*„Wenn wir uns immer auf die Diskussionen über Zölibat, Frauenpriestertum, Abtreibung…
einengen lassen,
dann erwecken wir den Anschein von Moralisten
und zeigen nicht die wahre Größe des Glaubens."*
(Papst Benedikt XVI..)

Privatoffenbarungen   GT 31

❖ **Begleitende Literatur:** KKK 67

❖ **Schriftbetrachtung:** Apg 16, 6-10

❖ **Ein Text zur Einstimmung:**

„Der französische Nobelpreisträger Alexis Carrel hatte während des Medizinstudiums den Glauben verloren und war Agnostiker. Er wurde eingeladen, einen Krankenzug nach Lourdes zu begleiten. Während der Fahrt bemerkte er eine Kranke, die dem Tod nahe war. Marie Ferrand-Bailly litt an einer tuberkulösen Bauchfellentzündung im letzten Stadium. Sie war von den Ärzten aufgegeben worden. Carrel sagte zu einem Freund: ‚Ich fürchte, sie stirbt mir unter den Händen. Wenn diese geheilt wird, so ist es wirklich ein Wunder, und ich würde an alles glauben und Mönch werden'. Direkt bei der Grotte kam die Sterbende unter den Augen Carrels plötzlich zum Leben. Alle Schmerzen und Krankheitserscheinungen waren verschwunden. Carrel stand vor einer völlig gesunden, nur noch etwas schwachen jungen Frau. Es war der Beginn von Carrels Bekehrung. Er beschrieb sein Erlebnis in mehreren medizinischen Fachzeitschriften. Carrel starb als tiefgläubiger Mensch" (Peter Egger, Die Begründung des katholischen Glaubens).

❖ **Zum Thema: „Privatoffenbarungen"**

1. Die kirchliche Lehre

- Im Laufe der Jahrhunderte gab es immer wieder so genannte „Privatoffenbarungen", von denen einige durch die kirchliche Autorität anerkannt wurden.
- Die Anerkennung einer Privatoffenbarung erfolgt durch den zuständigen Diözesanbischof.
- Privatoffenbarungen gehören nicht zum Glaubensgut der Kirche.
- Es ist daher kein Christ gezwungen, an Privatoffenbarungen zu glauben.
- Privatoffenbarungen, so weit sie

echt sind, bringen keine „neue" Offenbarung, denn die Offenbarung Christi ist endgültig, vollkommen und vollständig.
- Privatoffenbarungen betonen einen bestimmten Aspekt der Offenbarung Gottes und wollen einer aktuellen Not zu Hilfe kommen.

2. Befürwortende Meinungen
- **Bischof Rudolf Graber, Regensburg**
„Wir weisen die irrige Meinung zurück, als ob Gott die große Offenbarung mit dem Tod des letzten Apostels so abgeschlossen hätte, dass ihm in der nun folgenden geschichtlichen Periode – fast in ‚deistischer Weise' – keine Eingreifmöglichkeit mehr zur Verfügung stünde.
Wir müssen mit dem Einbruch des Geistes rechnen und dürfen nicht alles von unserer menschlichen Vernunft erwarten.
Dieser Einbruch des Geistes erfolgt in vielfältiger Form, nicht zuletzt durch Engel und Heilige, und hier vor allem durch die Erscheinungen der Gottesmutter, die nach den Worten des Konzils, dem wandernden Gottesvolk als Zeichen der sicheren Hoffnung und des Trostes bis zur Ankunft des Tages des Herrn voranleuchtet."

- **Prof. Karl Rahner, Innsbruck**
„*Privatoffenbarungen sind nicht überflüssig oder ein himmlischer Repetitionskurs der allgemeinen Offenbarung oder eine intellektuelle Hilfe zur Erkenntnis von etwas, das man grundsätzlich auch ohne diese Hilfe finden könnte. Denn was in einer bestimmten Situation als Wille Gottes zu tun ist, das lässt sich logisch in eindeutiger Weise nicht ableiten aus den allgemeinen Prinzipien des Dogmas oder der Moral, auch nicht unter Zuhilfenahme der Analysen der vorliegenden Situationen...
Privatoffenbarungen sind wesentlich keine neue Behauptungen, sondern ein neuer Befehl.*"

3. Einige kirchlich anerkannte Privatoffenbarungen

- **Frankreich – Paris, Rue du Bac, 1830**
Maria erschien der Nonne Cathérine Labouré im Kloster der Vincentinerinnen.
Cathérine erhielt den Auftrag, das Erscheinungsbild als Medaille prägen zu lassen.
Diese „wunderbare Medaille" wurde millionenfach in aller Welt verbreitet und bewirkte ungezählte Bekehrungen und wunderbaren Schutz.

- **Frankreich – La Salette, 1846**
  Maria erschien zwei Hirtenkindern, Maximin und Mélanie.
  Papst Pius IX. hat die Geheimnisse von La Salette gelesen und war tief erschüttert.
  Zu neugierigen Patres sagte der Papst: „Sie wollen die Geheimnisse von La Salette wissen? Nun, das sind sie: Wenn ihr nicht Buße tut, werdet ihr alle zugrunde gehen!"
- **Frankreich – Lourdes, 1858**
  Maria erschien der 14jährigen Bernadette in der Grotte von Massabielle in Lourdes.
  Ein Auszug der kurzen Botschaft:
  - „Bete für die armen Sünder, bete für die kranke Welt!"
  - „Tut Buße! Ich wünsche, dass man in Prozessionen hier herzieht".
  - „Ich bin die Unbefleckte Empfängnis!"
  In Lourdes gab es viele wunderbare Heilungen. Die hl. Bernadette ist unverwest.
- **Portugal – Fatima, 1917**
  Maria erschien drei Hirtenkindern, Lucia, Francesco und Jacinta.
  Vom 13. Mai bis 13. Oktober 1917 fanden sechs Marienerscheinungen statt. Sie wurden mit dem großen „Sonnenwunder", das 70.000 Menschen sahen, abgeschlossen.
  Die Kernbotschaft: „Betet täglich den Rosenkranz! Für die Bekehrung der Sünder und um den Frieden in der Welt!"
  Maria gab den Kindern drei „Geheimnisse", die die Geschichte von Kirche und Welt betreffen und mit der Aussage enden: „Am Ende aber wird mein Unbeflecktes Herz triumphieren".
  Jacinta und Francesco wurden am 13. Mai 2000 von Papst Johannes Paul II. selig gesprochen.
- **Polen – Krakau, 1931**
  Jesus erschien Schwester Faustyna Kowalska während einiger Jahre und gab ihr immer wieder „Botschaften der Barmherzigkeit". Schwester Faustyna schrieb darüber ein Tagebuch.
  - Im Auftrag Jesu ließ Faustyna ein Bild malen mit der Aufschrift: „Jesus, ich vertraue auf dich!" Jesus sagte: „Wer meiner Barmherzigkeit vertraut, geht nicht verloren".
  - Jesus lehrte Schwester Faustyna den „Barmherzigkeitsrosenkranz".
  - Jesus wünschte ein „Fest der Barmherzigkeit" am Sonntag nach Ostern.
  Papst Johannes Paul II. hat bei der Heiligsprechung von Schwester Faustyna am Weißen

Sonntag 2000 den „Barmherzigkeitssonntag" für die Weltkirche eingeführt.

- **Italien – Syrakus, 1953**
  Eine kleine Terrakotta-Marienstatue begann im Schlafzimmer eines sizilianischen Ehepaares menschliche Tränen zu weinen. Es ereigneten sich zahlreiche Wunder durch Berührung mit den Tränen. Papst Pius XII. sagte: „Werden die Menschen die Sprache dieser Tränen verstehen?"

- **Holland – Amsterdam, 1945**
  Maria erschien der jungen Angestellten Ida Peerdemann 56mal und überbrachte apokalyptische Botschaften für Kirche und Welt. Ida erhielt den Auftrag, ein Bild Mariens, der „Frau aller Völker", malen zu lassen. Maria steht auf der Erdkugel, vor dem Kreuz. Das Bild sollte mit dem „Gebet von Amsterdam" verbreitet werden.

Das Gebet lautet:
„Herr Jesus Christus, Sohn des Vaters, sende jetzt deinen Geist über die Erde. Lass den Heiligen Geist wohnen in den Herzen aller Völker, damit sie bewahrt bleiben mögen vor Verfall, Unheil und Krieg. Möge die Frau aller Völker, die selige Jungfrau Maria, unsere Fürsprecherin sein. Amen."

Am 31. Mai 2002 wurden die Erscheinungen kirchlich anerkannt. Das gewünschte Gebet hat sich schon oft als sehr wirksam erwiesen – vor allem für den Frieden.

❖ **Anregungen zum Nachdenken / Gespräch:**

➢ Haben Sie sich schon mit Privatoffenbarungen beschäftigt. Wenn ja, mit welchen?
➢ Hat eine Marienerscheinung ihr Glaubensleben beeinflusst?

*„…Die Guten werden gemartert werden,
der Heilige Vater wird viel zu leiden haben,
verschiedene Nationen
werden vernichtet werden,
am Ende aber wird
mein Unbeflecktes Herz triumphieren."*

(Aus dem zweiten Geheimnis von Fatima)

„Warum lässt Gott das zu?" — GT 32

❖ **Begleitende Literatur:** KKK 164 - 165

❖ **Schriftbetrachtung:** Weish 3,1-12

❖ **Ein Text zur Einstimmung:**

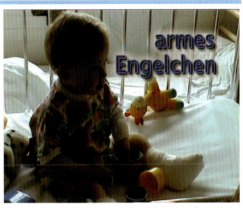

„Am Tag nach dem fürchterlichen Seilbahnunglück in Kaprun sprachen wir in einem Lokal über die aktuellen Ereignisse. Die Kellnerin, die uns bediente, entschuldigte sich wegen ihrer Vergesslichkeit und sie nannte uns auch den Grund dafür: ‚Ich kann es noch nicht glauben, sagte sie mit weinerlicher Stimme. Um ein Haar wären meine Kinder gestern auch in der Bahn gesessen, die verunglückte. Sie wollten zusammen mit den Freunden fahren, aber meine Kinder haben verschlafen und die Bahn versäumt. Die Freunde aber sind mitgefahren und umgekommen! Nein, schluchzte sie, ich kann es nicht fassen!'" *(Zeugnis)*

❖ **Zum Thema: „Warum lässt Gott das zu?"**

1. „Warum lässt Gott das zu?"

- Diese Frage werden Sie angesichts von tragischen Unfällen, Kriegen Naturkatastrophen, Terroranschlägen, Krankenbetten und Gräbern immer wieder hören, vielleicht auch selbst stellen.
- Das Leid in der Welt erschüttert uns oft bis ins Innerste und macht uns sprachlos. Die Frage nach der Ursache von Leid und Tod ist daher eine existentielle Glaubensfrage. Die Antwort auf diese Frage prägt wesentlich unser Gottesbild.

2. Leid und Tod im Verständnis der „Welt"

- Die „Welt" hat auf die Frage nach der Ursache von Leid und

Tod im besten Fall nur Antworten, die wieder neue Fragen aufwerfen.
- o Leid und Tod werden von vielen als sinnlose Erscheinungen inmitten der Sinnlosigkeit des Daseins gesehen.
- o „Gut leben und schnell sterben!", heißt die Devise vieler.
- o In der Sinnlosigkeit des Lebens wird dann der einzige Sinn das „Ich".
- o Es geht nur mehr darum, dass es meinem „Ich" gut geht.
- o Weil „hinter mir die Sintflut" kommt und alles aus ist, heißt die Parole: „Das Leben genießen!" Der wichtigste Wunsch ist: „Hauptsache gesund!"
• Vielen ist nicht bewusst, dass diese Denkweise ihre Wurzeln in den atheistischen Philosophien des 19. Jahrhunderts hat.
- o Auch Darwins Theorien üben einen großen Einfluss aus. Er hat postuliert, dass die Entstehung der Arten auf dem „Ausleseprinzip" beruht.
- o Auf Grund von Darwins Evolutionstheorie hat der Nationalsozialismus den Begriff der „Herrenrasse" geprägt.
- o Das Prinzip der „Auslese" verlangte, Rassen, die sich noch nicht zu „Vollmenschen" entwickelt hatten, und Behinderte auszurotten.
- o Auch die kommunistischen Systeme haben dieses menschenverachtende Ausleseprinzip in ihre Grundideologie eingebaut.
• Wer nur die „Welt" sieht oder sich von atheistischen Philosophien beeinflussen lässt, wird keine tragende Antwort auf die Frage nach Leid und Tod erhalten.

3. Leid und Tod im Licht des Glaubens

Die Lehre der Kirche ist einfach und klar:
• Gott hat eine vollkommene Welt – ohne Sünde, Leid und Tod – geschaffen.
Es gab jedoch ein Urereignis, das am Anfang der Menschheitsgeschichte stattgefunden hat und das sich bis auf den heutigen Tag auswirkt.
• Der Mensch ließ „in seinem Herzen das Vertrauen zu seinem Schöpfer sterben, missbrauchte seine Freiheit und gehorchte dem Gebot Gottes nicht" (KKK 397).
• Dadurch verloren Adam und Eva „sogleich die Gnade der ursprünglichen Heiligkeit" (KKK 399).
• „Auch die Harmonie mit der Schöpfung ist zerbrochen... und der Vergänglichkeit unterworfen... und der Tod hält Einzug in

die Menschheitsgeschichte" (KKK 400).

- In diesen Zustand eines „gefallenen Kosmos", eines Kosmos mit Naturkatastrophen, Krankheiten und Kriegen werden wir hineingeboren.
- Wir erben damit die Folgen der Sünde von Adam und Eva, ohne sie selbst begangen zu haben. Wir bewohnen das verwüstete und verwandelte Paradies.
- Mit dem Tod hält auch „das Leiden, Folge der Erbsünde" (KKK 1521), Einzug in die Geschichte der Menschheit, denn die Trennung von Gott ist auch eine Trennung vom Leben.
- Leid und Tod haben daher ihre Wurzeln in der „Ursünde" unserer Stammeltern. Der Apostel Paulus schreibt im Römerbrief: „Durch einen einzigen Menschen kam die Sünde in die Welt und durch die Sünde der Tod" (Röm 5,12).
- Nicht Gott ist die Ursache von Leid und Tod, sondern die Sünde.
- Alle haben die Folgen dieser Sünde zu tragen und niemand kann sich selbst erlösen.
- Der Psalmist schreibt: „Loskaufen kann doch keiner den anderen, noch an Gott für ihn ein Sühnegeld zahlen – für das Leben ist jeder Kaufpreis zu hoch!" (Ps 49,8-9).
- Von dieser Sünde „loskaufen" konnte uns nur Jesus durch sein Erlöserleiden.
- Wird die Erbsünde geleugnet, dann wäre in Gott selbst die Ursache von Leid und Tod zu suchen. Dies aber würde das Gottesbild völlig entstellen und auch die Erlösungstat Jesu absolut unverständlich machen.

4. Geheimnis der Freiheit

- Die Erbsünde erklärt den Ursprung von Leid und Tod, aber nicht das Los des Einzelnen. Viel Leid wird von Menschen verursacht, ja, sogar dein Bruder kann zum Feind werden.
- Da es ohne Freiheit keine Liebe gibt, hat Gott den Menschen mit Freiheit ausgestattet. Der Mensch ist daher auch frei, Böses zu tun, wie Kain es tat.
- Gott warnte Kain vor dem Dämon, der ihn zum Mord trieb und sprach zu ihm: „Du aber werde Herr über ihn!" (Gen 4,7).
- Im Gewissen warnt Gott jeden Menschen vor der bösen Tat, kann sie aber nicht verhindern, da er die Freiheit des Menschen achtet. Viel Leid hat in der Missachtung der Stimme Gottes seine Ursache.

5. Geheimnis der Vorsehung

- Warum aber gerade dieser oder jener an Krebs stirbt, bei einem Autounfall umkommt oder von einer Lawine verschüttet wird und ein anderer nicht, das liegt im Geheimnis Gottes.
- Wir wissen auch nicht, warum jemand nach einem Gebet geheilt wird und ein anderer nicht.
- Es ist auch ein Geheimnis, wie die Gnade Gottes, der freie Wille des Menschen, die Fürbitte der Heiligen und Gläubigen auf Erden zusammenwirken.
- Wir vertrauen aber darauf, dass Gott in seiner unendlichen Barmherzigkeit alles zum Besten lenkt. Was wir erkennen, gleicht oft einem handgeknüpften Bild, das wir von der Rückseite betrachten. Erst wenn wir das Bild von vorne sehen, können wir alles klar erkennen!

6. „Im Kreuz ist Heil"

- Wenn wir unser Leid und Kreuz annehmen, folgen wir Jesus nach, der uns aufträgt: „Wer mein Jünger sein will, der verleugne sich selbst, nehme täglich sein Kreuz auf sich und folge mir nach" (Lk 9,23).
- In einer Ballade von A. Chamisso (Die Kreuzschau) wird wunderschön ausgedrückt, dass Gott sorgfältig über uns wacht und uns immer die nötige Gnade gibt, um unser – für uns ganz persönlich zugeschnittenes – Kreuz zu tragen.

❖ **Anregungen zum Nachdenken / Gespräch:**

➢ Durch die Erbsünde ist der Mensch „zum Bösen geneigt." Welche Erfahrungen haben Sie diesbezüglich gemacht – mit sich selbst, in der Familie, in der Gesellschaft?
➢ Kennen Sie Menschen, deren Kreuz zum Heil geworden ist (z.B. eine Krankheit, die jemanden zu Gott führte…)?

"Gott wird wohl wissen, dass der unsterblichen Seele durch böses Schicksal kein Schaden geschehen kann."
(Johann Wolfgang von Goethe)

„Zu unserem Heil lag die Strafe auf ihm, durch seine Wunden sind wir geheilt."
(Jes 53,5)

Leben mit Jesus im Alltag   GT 33

❖ **Begleitende Literatur:** KKK 1699 - 1829

❖ **Schriftbetrachtung:** 1 Kor 13

❖ **Ein Text zur Einstimmung:**

„Bei Exerzitien habe ich vom Exerzitienleiter kleine Hilfen für den Alltag kennen gelernt. Der Pater sagte: ‚Wenn das Telefon wieder lästig klingelt und die Nerven am Ende sind, dann denken Sie, wenn Sie den Hörer in die Hand nehmen: Es könnte Jesus sein, der Sie sprechen will! Schaffen Sie sich einen Vorrat an guten Gewohnheiten an, die Ihnen helfen, mit Jesus durch das Leben zu gehen.'

Nach den Exerzitien hatte ich die erste Unterrichtsstunde in meiner ‚Angstklasse'. Aber als ich die Türschnalle ergriff, dachte ich: ‚Mit Jesus!' Ich öffnete die Tür, war ruhig und sicher und irgendwie war der Bann gebrochen. Die Stunde verlief gut, besser als die Stunden zuvor, und so blieb es."
(Zeugnis eines Lehrers)

❖ **Zum Thema: „Leben mit Jesus im Alltag"**

1. Der Alltag als Prüfstein

- Die Begegnung mit Gott in den Sakramenten, besonders bei der Feier der Heiligen Messe soll uns für das Leben rüsten. Ob es von einer lebendigen Beziehung zu Gott geprägt ist, wird sich im Alltag erweisen. Der Alltag wird zum Prüfstein für die Tragfähigkeit meines Glaubens.

- Wenn es mir gelingt, beim Umgang mit meinem Nächsten Ärger, schlechte Gewohnheiten oder negative Einstellungen zurückzulassen, werde ich Frieden im Herzen haben und ihn auf andere ausstrahlen.

- Wer es versteht, seinen Glauben im Alltag zu leben, der gleicht jener Frau im Gleichnis, die

"Sauerteig unter einen großen Trog Mehl mischte, bis das Ganze durchsäuert war" (Mt 13,33).
- Der Christ ist aufgerufen, wie der Sauerteig im Gleichnis zu wirken und durch sein untadeliges Leben und christliches Zeugnis Jesus in den Alltag hinein zu bringen, damit die Gesellschaft verchristlicht wird.

2. Am größten unter ihnen ist die Liebe

- Im „Hohenlied der Liebe" (1 Kor 13) führt uns Paulus eindringlich vor Augen, wie „die Liebe" handelt. Diesem Anspruch kann ich nur genügen, wenn ich mich an Jesus festhalte, mit ihm durch mein Leben gehe. Dann könnte ich sinngemäß sagen:

*Wenn ich mit Jesus
im Alltag lebe, dann bin ich…*

….„langmütig, gütig, ich ereifere mich nicht, ich prahle nicht, ich blähe mich nicht auf. Ich handle nicht ungehörig, suche nicht meinen Vorteil, lasse mich nicht zum Zorn reizen, trage das Böse nicht nach. Ich freue mich nicht über das Unrecht, sondern freue mich an der Wahrheit. Ich ertrage alles, glaube alles, hoffe alles, halte allem stand!"

3. Praktische Tipps

- Mit dem „Hohelied" ist eigentlich schon alles gesagt. Trotzdem noch einige Anregungen:
- **Der Alltag beginnt zu Hause**
  Mutter Teresa sagt: „Love begins at home" – „die Liebe beginnt zu Hause".
  Es ist wichtig, dass wir unsere Familienmitglieder so annehmen, wie sie sind und ihnen das Gefühl der Geborgenheit und des Erwünscht-Seins geben.
- **Den Alltag mit Liebe erfüllen**
  Leben mit Jesus im Alltag heißt: Den Alltag mit Liebe gestalten. Dabei kommt es nicht auf große Dinge an; nicht auf große Geschenke, es sind die kleinen Aufmerksamkeiten, die den Alltag ausmachen.
  o Die Gabe ist nicht so wichtig, wichtig ist die Liebe des Gebenden, die durch die Gabe zu Ausdruck kommt!
  o In einem Tischgebet heißt es sinngemäß: „Lieber arme und einfache Speisen in Liebe und Frieden genossen als einen gemästeten Ochsen im Streit verzehrt!" Genauso ist es!
  o Therese von Liseux wird auch als die "Heilige des Alltags" bezeichnet, sie empfiehlt folgende Mittel, die den Alltag mit Liebe erfüllen:

- o *"Beispielsweise ein Lächeln, wenn man gerade ein missmutiges Gesicht machen möchte. Oder ein liebes Wort, obwohl ich im Moment lieber schweigen möchte. Vielleicht einen unangenehmen Menschen ertragen oder in Geduld bei einer Arbeit ausharren, ohne sie abzukürzen. Vielleicht ein Gebet zu Ende führen, bei dem anscheinend nichts Rechtes herausschaut. Immer fröhlich sein, immer lächeln, gleichgültig, ob ich falle oder einen Sieg davontrage."*
- **Den Alltag auskosten**
  Wer seinen Alltag im Geist des Evangeliums gestaltet, wird jeden Tag als kostbares Geschenk des Herrn annehmen und seine Arbeit verrichten, „als wäre sie für den Herrn und nicht für Menschen" (Kol 3,23).
- **Gottes Wort im Alltag hören**
  Wir müssen uns bewusst machen, dass Gott immer bei uns ist, auch im Alltag. Er ist daran interessiert, was wir tun, und er möchte uns dabei helfen. Wer es sich zur Gewohnheit macht, immer wieder Jesus um Rat zu fragen, seine Hilfe zu erbitten, der wird merken, dass er mehr und mehr von Gott geführt wird. Gott wird Gedanken und Einsichten schenken, die die Arbeit effektiver und den Arbeitenden glücklicher machen.
- **Sich vom Alltag nicht versklaven lassen**
  Ich kann über einen Berg von Bügelwäsche stöhnen, es können mich die wahrzunehmenden Termine niederdrücken, mir kann meine Gesundheit zu schaffen machen. Dadurch dürfen wir uns aber nicht so gefangen nehmen lassen, dass wir auf Gott vergessen. Nehmen wir gerade dann Gott in unser Leben herein, schildern wir ihm unsere Situation und sagen wir ihm: Jesus, das ist jetzt wirklich hart, das schaff ich nur mit dir!
- **Den Alltagstrott durchbrechen**
  Man kann nicht immer nur ausatmen, man muss auch einatmen. Man kann nicht ununterbrochen arbeiten, man muss auch ruhen. Es gibt immer wieder Pausen, auch wenn sie vielleicht kurz sind. Das sind die Gelegenheiten, um den Alltagstrott zu durchbrechen und seine Gedanken zu Gott zu erheben.
- **Den Alltag „beten"**
  Mutter Teresa von Kalkutta hat einmal gesagt: „Wir müssen lernen, die Arbeit zu ‚beten', indem wir sie mit und für Jesus tun". Mache ich dies zu meiner Grundeinstellung, wird der Alltag von Gott durchdrungen.

Therese von Lisieux bezeichnet das Gebet einmal als einen „Blick nach oben", einen „Aufschwung des Herzens…". So ein wortloses Gebet kann ich mühelos in jeder Situation verrichten – in der Hektik, bei der Arbeit, während der Erholung oder beim freundschaftlichen Gespräch.

- **Im Alltag Jesus in die Augen schauen**
  Leben mit Jesus heißt: ihm oft in die Augen schauen. Dann wissen wir, was ihn freut, was zu tun ist. Wir wissen aber auch: Er ist für mich da, ich bin wertvoll für ihn und er braucht mich da, wo ich gerade bin – in Stall, Haus, Schule, Büro oder Küche!

Küchengebet

*Herr der Töpfe, Pfannen und Braten -
ich hab' keine Zeit um heilig zu werden
durch langes Beten und Wachen mit dir
oder durch glanzvolle Taten auf Erden.*

*Ich hab' keine Zeit zum stillen Besinnen
oder lautem Hosianna vor Gottes Thron.
Mach mich doch heilig
durch Putzen und Kochen
und Waschen der Teller um Liebeslohn.*

*Schenk' mir die Hände der eifrigen Martha,
das Herz von Maria, das gib mir dazu!
Dann sehe ich deine Sandalen, mein Meister,
beim Putzen der Stiefel
und Glänzen der Schuh'.*

*Beim Schruppen des Bodens denke ich nach
über Deine Wege auf Erden, o Herr!
Nimm an mein Gebet,
so einfach und schwach -
ich hab' keine Zeit heut' für mehr!*

*Original in Englisch von Klara Munkers
Freie deutsche Fassung: Horst Obereder*

❖ **Anregungen zum Nachdenken / Gespräch:**

➢ Tauschen Sie sich über die praktischen Möglichkeiten aus, im Alltag mit Gott zu leben.
➢ Die im „Küchengebet" genannten Arbeiten stehen stellvertretend für viele Tätigkeiten des Alltagslebens. Was sagt mir dieses Gebet?

*„Wir müssen unsere Arbeit
mit tiefem Glauben tun,
beharrlich und wirksam,
vor allem aber
mit großer Liebe und Freude,
ohne die unsere Arbeit
bloß Sklavenarbeit wäre
im Dienste eines harten Meisters."*
(Sel. Mutter Teresa von Kalkutta)

Kirchenjahr
(KJ)

vom
„Kirchenjahr"
bis zum Thema
„Allerheiligen - Allerseelen"

Das liturgische Jahr

„Ostern ist … nicht einfach ein Fest unter anderen,
sondern „das Fest der Feste", „die Feier der Feiern",
so wie die Eucharistie das Sakrament der Sakramente
(das große Sakrament) ist.
Der hl. Athanasius nennt das Osterfest „den großen Sonntag",
so wie die Heilige Woche im Osten „die große Woche" genannt wird.
Das Mysterium der Auferstehung,
worin Christus den Tod besiegt hat,
durchdringt unsere alte Zeit mit seiner mächtigen Kraft,
bis alles Christus unterworfen sein wird."

(KKK 1169)

Kirchenjahr KJ 1

Kirchenjahr KJ 1

❖ **Begleitende Literatur:** KKK 1163 - 1199

❖ **Schriftbetrachtung:** Neh 8,1-18

❖ **Ein Text zur Einstimmung:**

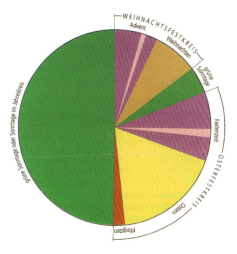

„Die Redensart ‚Ich habe keine Zeit' prägt den Alltag vieler Menschen in der heutigen Gesellschaft. Andererseits gibt es immer mehr Menschen, die empfinden, zu viel Zeit zu haben. Dazu gehören die Einsamen, von denen viele betagt und krank sind. Zeit haben heißt, in der Gegenwart Gottes leben, sagt ein Spruch religiöser Weisheit. Das Kirchenjahr, ein in Jahrhunderten gewachsenes Kunstwerk des Glaubens, ist ein Rahmen, der Zeit für Gott ausspart und damit auch Zeit für viel Kostbares, das in Hast und Lärm nicht wahrgenommen wird" (Diözesanbischof Egon Kapellari, Heilige Zeichen).

❖ **Zum Thema: „Kirchenjahr"**

1. Jahreszyklus

*In den Kreislauf der Welt
auch die Kirche sich stellt.
Welt – du hastest und eilst,
Kirche – du betest und heilst.
Welt – wo alles zerrinnt,
Kirche – wo alles beginnt.*
(Horst Obereder)

Wir haben in Europa vier Jahreszeiten, die den Rhythmus unseres Lebens bestimmen. Im Leben der Kirche gibt es ebenso einen immer wiederkehrenden Zyklus, das Kirchenjahr.

- **Kirchenjahr**
Das Kirchenjahr beginnt mit dem ersten Adventsonntag und dauert bis zum Samstag nach dem Christkönigsfest.

147

2. Weihnachtsfestkreis

Der Weihnachtsfestkreis dauert vom ersten Adventsonntag bis zum Sonntag nach dem 6. Jänner (jeweils einschließlich).

- **Advent**
Der erste Teil des Weihnachtsfestkreises ist die Adventszeit. Es ist eine Erinnerung an die Zeit des Wartens auf Christus. In der Adventszeit sind wir eingeladen, unsere Herzen auf das Fest der Geburt Jesu vorzubereiten.
Das „rosa Segment" gilt für den 3. Adventsonntag („Gaudete" = „Freut euch im Herrn"), auf den schon ein Strahl der Freude über die Geburt Jesu fällt. Um dies auszudrücken, findet sich auf manchen Adventkränzen neben 3 violetten Kerzen eine rosa Kerze.

- **Weihnachtszeit**
Die Weihnachtszeit beginnt mit dem 25. Dezember: An diesem Tag feiert die Christenheit die Geburt Jesu, des Sohnes Gottes. Er kam als Kind in die Welt, um die Menschheit zu erlösen. Denn Gott hat „uns geliebt und seinen Sohn als Sühne für unsere Sünden gesandt" (1 Joh 4,10).
Was wären wir ohne den Erlöser? Nehmen Sie daher den Heiland in Liebe und Dankbarkeit als Ihren persönlichen Retter an!

- **Erscheinung des Herrn, 6. Jänner**
An diesem Fest gedenken wir der Weisen, die aus der Ferne aufgebrochen sind. Das wahre Licht hat sie erleuchtet; Gott hat sich auch den Heiden geoffenbart. Sie erkennen im Kind von Bethlehem den Herrn und König der Welt.

3. Sonntage im Jahreskreis

Aus nachfolgender Grafik ist gut ersichtlich, wann die „Sonntage im Jahreskreis" gefeiert werden. Es sind 33 oder 34 „grüne Sonntage" (vom Sonntag nach dem 6. Jänner bis Aschermittwoch und vom Sonntag nach Pfingsten bis zum Christkönigssonntag, dem letzten Sonntag vor dem Advent.

4. Osterfestkreis

Zum Osterfestkreis zählt man die Fastenzeit, die Karwoche und die Osterzeit.

- **Die Fastenzeit**
  o Die Fastenzeit beginnt am Aschermittwoch (strenger Fasttag) und endet am Karsamstag. Es sind 40 Werktage vor dem Ostersonntag, die Sonntage zählen nicht zur Fastenzeit.
  o Die Fastenzeit ist eine Zeit der Buße: Umkehr, Beichte und

Opfer sollen uns auf Ostern vorbereiten.
- Ähnlich wie im Advent wird auch der Ernst der Fastenzeit durch einen besonderen Sonntag unterbrochen. Es ist der 4. Fastensonntag („Laetare" = „Freu dich Jerusalem"), der schon ein wenig von der kommenden Osterfreude widerspiegelt.

- **Die Karwoche**

Palmsonntag
- In der Karwoche gedenken wir in besonderer Weise des Leidens und Sterbens Jesu. Sie beginnt mit dem Palmsonntag. Wir feiern den Einzug Jesu in Jerusalem.
- Am Beginn der Leidenswoche wird in den Lesungen der Blick auf den leidenden Jesus von Nazareth gelenkt.

Gründonnerstag
- Am Abend des Gründonnerstags (wird schon zum Freitag gerechnet) beginnen die „heiligen drei Tage".
- In der Abendmesse des Gründonnerstags wird vor allem das Gedächtnis an das Letzte Abendmahl Jesu mit seinen Aposteln gefeiert. Man gedenkt dabei auch der Fußwaschung Jesu, des Verrates durch Judas und der Gefangennahme Jesu.

Karfreitag
- Wir gedenken des Todes Jesu. An diesem Tag feiert die Kirche nur einen Wortgottesdienst (keine Eucharistie) mit Kreuzverehrung und Kommunionfeier.

Karsamstag
- An diesem Tag bleibt der Altar leer. Die Kirche weilt betrachtend am Grab Christi. Sie sinnt nach über das Geheimnis seines Leidens und Sterbens.

- **Die Osterzeit**
- Ostern wird immer am ersten Sonntag nach dem ersten Vollmond im Frühling gefeiert. Die Osterzeit beginnt mit der Osternacht und dauert bis Pfingsten (einschließlich).

Ostersonntag
- Die Feier der Osternacht ist als Nachtwache gestaltet. Die Gemeinde versammelt sich schweigend im Dunkel der Nacht. Das Osterfeuer wird entfacht und die Osterkerze daran entzündet.
- Im Glanz der Lichter singt der Priester das „Exsultet", den Lobgesang auf die Osternacht, auf die Auferstehung Jesu Christi. „Dies ist die selige Nacht, in der Christus die

Ketten des Todes zerbrach und aus der Tiefe als Sieger emporstieg!"
- **Pfingsten**
  - 50 Tage nach Ostern wird das Pfingstfest gefeiert.
  - Am Pfingsttag – so berichtet die Apostelgeschichte – wurde der Heilige Geist über die Jünger ausgegossen. Sichtbar in Feuerzungen und hörbar als Sturmesbrausen kam der Heilige Geist über die Jünger, die nun in fremden Sprachen Gottes große Taten verkünden konnten. Dieser Tag ist der Geburtstag der Kirche.
  - Gestärkt durch den angekündigten Beistand, konnten die Apostel Jesus als den Herrn und Messias und seine Auferstehung verkünden.

5. Liturgischer Kalender

Den jeweils gültigen liturgischen Kalender kann man aus dem Internet abfragen, z.B. unter: *http://www.hauskirche.atwww.hauskirche*

6. Sonntagslesungen

Die Lesungen für die Sonntage erfolgen seit dem II. Vatikanum in einem Dreijahreszyklus „A", „B" oder „C".

- Die Lesejahre beginnen jeweils mit dem neuen Kirchenjahr (1. Adventsonntag).
- Einfache Merkregel: Ist die Ziffernsumme der Jahreszahl durch 3 teilbar, dann gilt das Lesejahr „C" (C = dritter Buchstabe).
- Beispiel: Von Advent 2003 bis Christkönig 2004, also **im** Jahr 2004 gilt das Lesejahr „C", denn (2+0+0+4=**6**) ist durch 3 teilbar.

7. Wochentagslesungen

Die Wochentagslesungen folgen einem zweijährigen Zyklus.
- In „ungeraden Jahren": Lesejahr „I"
- In „geraden Jahren": Lesejahr „II"

❖ **Anregungen zum Nachdenken / Gespräch:**

➢ Welche Lesejahre (A, B, C bzw. I, II) haben wir derzeit?
➢ Wie ergeben sich die 40 Tage zwischen Aschermittwoch und Ostersonntag?
➢ Besprechen Sie die Grafik zum Kirchenjahr.

„Ihr werdet Wasser schöpfen voll Freude aus den Quellen des Heils."
(Jes 12, 3)

Weihnachten KJ 2

Weihnachten KJ 2

❖ **Begleitende Literatur:** KKK 456 - 526

❖ **Schriftbetrachtung:** Lk 2,1-20

❖ **Ein Text zur Einstimmung:**

Als der hl. Clemens Maria Hofbauer in den Wirtshäusern von Warschau für seine Waisenkinder bettelte, kam er an einen Tisch mit Betrunkenen. Einer von ihnen spuckte ihm ins Gesicht und sagte: „Bitte schön!" Clemens Maria Hofbauer putzte seelenruhig sein Gesicht und sagte: „Danke, das war für mich: Aber bitte geben Sie mir jetzt auch etwas für meine Waisenkinder!"
(Aus der Lebensgeschichte des Heiligen Clemens Maria Hofbauer)

❖ **Zum Thema: „Weihnachten"**

1. Eine Weihnachtsgeschichte?

- Der „Text zur Einstimmung" ruft wahrscheinlich keine weihnachtliche Stimmung hervor. Sicher aber ist, dass es die geschilderte Begebenheit ohne Weihnachten nicht gegeben hätte.
- Der hl. Clemens Maria Hofbauer geht zu den Menschen und lässt sich verhöhnen, allein aus dem Grund, damit seine Waisenkinder leben können.
- Clemens Maria Hofbauer ahmt damit Christus nach, der Mensch wird, sich anspucken und kreuzigen lässt, damit wir das ewige Leben gewinnen können.

2. Im Land der Finsternis strahlt ein Licht auf

- Schon 700 Jahre vor der Geburt Jesu wird diese angekündigt: „Das Volk, das im Dunkel lebt, sieht ein helles Licht; über denen, die im Land der Finsternis wohnen, strahlt ein Licht auf" (Jes 9,1).
- Weihnachten ist untrennbar verbunden mit dem Sündenfall der Stammeltern, denn die Trennung des Menschen von Gott stürzte ihn ins „Dunkel", in das „Land der Finsternis" und des Todes.
- Unmittelbar nach dem Fall des Menschen wird in der Genesis

der „Nachwuchs der Frau" erwähnt. Es ist Jesus Christus, der die Schlange am Kopf treffen wird (Gen 3,15).

- Aber erst Jesaja sieht klarer und kann das unvorstellbare Wunder, das geschehen wird, beschreiben: *„Seht, die Jungfrau wird ein Kind empfangen, sie wird einen Sohn gebären, und sie wird ihm den Namen Immanuel (Gott mit uns) geben"* (Jes 7,14).

- Der Mensch hat sich freiwillig von Gott abgewendet. Doch Gott lässt uns nicht fallen, er kommt uns noch näher, als er jemals war. Jesaja kann jubeln und schreibt: *„Denn uns ist ein Kind geboren, ein Sohn ist uns geschenkt. Die Herrschaft liegt auf seiner Schulter; man nennt ihn: Wunderbarer Ratgeber, Starker Gott, Vater in Ewigkeit, Fürst des Friedens"* (Jes 9,5).

- In den ersten beiden Gottesknechtliedern (Jes 42 und 49) spricht Jesaja davon, dass Gott seinen Knecht *„zum Licht für die Völker"* machen wird, damit Gottes *„Heil bis an das Ende der Erde reicht"* (Jes 49,6).

- In der Zeit des Advents sollen wir uns auf das Kommen des Messias vorbereiten. Er wird nicht mehr im Stall von Bethlehem geboren, aber er sucht eine Herberge im Herzen jedes Einzelnen. Jesus will in meinem, in deinem Herzen geboren werden! Deshalb ist Stille, Einkehr und Umkehr so dringend notwendig.

- Wenn wir zu Weihnachten die Lichter entzünden, dann tun wir dies zu Recht. Jesus Christus hat diese Nacht hell gemacht und uns das Heil gebracht. In seiner Liebe und Barmherzigkeit hat er den Schrecken der Nacht gebrochen.

3. Das Wort ist Fleisch geworden

- Jahrhunderte hat das Volk Israel den Messias ersehnt, bis er schließlich kam und alle Verheißungen erfüllte: *„Und das Wort ist Fleisch geworden und hat unter uns gewohnt, und wir haben seine Herrlichkeit gesehen"* (Joh 1,14).

- Lesen Sie den wunderbaren Prolog des Johannesevangeliums! Darin steht auch der Vers: *„Er kam in sein Eigentum, aber die Seinen nahmen ihn nicht auf"* (Joh 1,11).

- Für den, der Jesus nicht als seinen persönlichen Retter annimmt, wurde Jesus umsonst geboren. *„Und wäre Christus tausendmal geboren und nicht in dir, du wärest tausendmal verloren"*, dichtet Angelus Silesius.

- Der Apostel Paulus hat die Menschwerdung im Philipperbrief in seiner ganzen Dramatik dargestellt. Er schreibt über Jesus: *"Er war Gott gleich, hielt aber nicht daran fest, wie Gott zu sein, sondern er entäußerte sich und wurde wie ein Sklave und den Menschen gleich. Sein Leben war das eines Menschen"* (Phil 2,6-8).

- Die Juden durften sich im Alten Bund kein Bild von Gott machen. Man hat den Namen Gottes aus Ehrfurcht nicht einmal ausgesprochen. Und nun wird Gott Mensch: *"…was wir gehört, was wir mit unseren Augen gesehen, was wir geschaut und was unsere Hände angefasst haben, das verkünden wir: das Wort des Lebens"* (1 Joh 1,1). Gott hat sich erfahrbar gemacht, er wurde sichtbar und greifbar!

- Plötzlich haben wir ein Bild von ihm: als Kind in der Krippe, als Guten Hirten, als den Gekreuzigten.

- Viele Heilige sind dem Beispiel Jesu gefolgt und haben alles verlassen, um gerade jenen Menschen nahe zu sein, die der Hilfe am meisten bedurften: den Armen, Kranken, Ungläubigen, Süchtigen oder – wie Damian de Veuster – den Aussätzigen. Diese heroischen Opfer waren nur im Blick auf Jesus möglich, der aus der „Fülle seiner Herrlichkeit" kam und um unseres Heiles willen „Knechtsgestalt" annahm.

4. Jesus Christus, unser Bruder

- Das Konzil von Chalcedon hat im Jahre 451 endgültig definiert: Jesus ist wahrer Gott und wahrer Mensch.

- Vom Beginn des Christentums an war es von Irrlehren bedroht. Vor allem aber gab es im Laufe der 2000jährigen Geschichte immer wieder breite Strömungen, die Jesus als „wahren Gott" ablehnten.

- Heute besteht die Gefahr darin, Gott überall zu suchen (GT 26), nur nicht in der Gestalt Jesu Christi. Doch Gott ist nirgends sicherer zu finden als in Jesus, denn er ist Mensch und unser Bruder geworden.

- Wir bleiben nur dann wirklich Christen und sind von den vielen falschen Ideologien unserer Zeit geschützt, wenn wir an den Gott-Menschen Jesus glauben.

- Jesus ist wahrer Mensch **und** wahrer Gott, deshalb verehrt die Kirche Maria auch als die **„Gottesgebärerin"**, wie es das Konzil von Ephesus 431 verkündete.

- Wir verehren Maria als **„Mutter**

Gottes", denn sie hat unseren Retter empfangen, getragen, geboren, genährt und an den Erlösungstaten ihres Sohnes mitgewirkt.

5. **„Kommt, lasset uns anbeten!"**
- Bei der Geburt Jesu jubelten die Engel: *„Verherrlicht ist Gott in der Höhe, und auf Erden ist Friede bei den Menschen seiner Gnade"* (Lk 2,14).
- Maria und Josef haben als Erste das göttliche Kind angebetet. Bald aber eilten die Hirten von ihrem Feld herbei, denn ihnen – den Ärmsten und Verachtetsten im Volk – wurde von den Engeln zuerst die „große Freude" verkündet.
- Mit den Sterndeutern aus dem Osten kamen die Heiden, um Jesus zu huldigen. Dieses Ereignis deutet an, dass das Heil der ganzen Welt – Juden und Heiden – von dem Kind in der Krippe abhängt.
- Mit der Geburt Jesu ist die universelle Heilstat Gottes in die Welt gekommen. Der greise Simeon nennt den Grund, warum er nun in Frieden scheiden kann:

*„Denn meine Augen
haben das Heil gesehen,
das du vor allen Völkern
bereitet hast, ein Licht,
das die Heiden erleuchtet,
und Herrlichkeit
für sein Volk Israel"*

(Lk 2,30-32).

❖ **Anregungen zum Nachdenken / Gespräch:**

➢ Was können wir tun, um die Adventszeit wieder zu der „stillsten Zeit" des Jahres zu machen?
➢ Wie können Sie sich und Ihre Kinder am besten auf Weihnachten vorbereiten?
➢ Wenn wir den „Engel des Herrn" (GL 2,7) beten, erinnern wir uns an das zentrale Geheimnis unseres Glaubens. Vielleicht können Sie in Ihrer Familie öfter dieses Gebet beten (z.B. als Mittagsgebet am Sonntag).

*"Wäre Christus tausendmal geboren,
aber nicht in Deinem Herzen,
dann wäre er für dich
umsonst geboren."*

(Angelus Silesius)

Fastenzeit — KJ 3

❖ **Begleitende Literatur:** KKK 1422 - 1498

❖ **Schriftbetrachtung:** Jes 58, 1-14

❖ **Ein Text zur Einstimmung:**

„Rabbi Baruchs Enkel, der Knabe Jechiel, spielte einst mit einem andern Knaben Verstecken. Er verbarg sich gut und wartete, dass ihn sein Gefährte suche. Als er lange gewartet hatte, kam er aus dem Versteck; aber der andere war nirgends zu sehen. Nun merkte Jechiel, dass jener ihn von Anfang an nicht gesucht hatte. Darüber musste er weinen, kam weinend in die Stube seines Großvaters gelaufen und beklagte sich über den bösen Spielgenossen. Da flossen Rabbi Baruch die Augen über, und er sagte: So spricht Gott auch: ‚Ich verberge mich, aber keiner will mich suchen.'"

(Martin Buber, Die Erzählungen der Chassidim)

❖ **Zum Thema: „Fastenzeit"**

1. Eine Zeit der Vorbereitung

- Auf ein Fest muss man sich sorgfältig vorbereiten. Was nimmt man nicht im Hinblick auf ein bevorstehendes Fest an Mühen auf sich. Und oft ist es so: Je größer der Einsatz in der Zeit der Vorbereitung, um so größer die Freude beim Fest.
- Im geistlichen Leben ist es nicht anders. Die Vorbereitung auf die Feier der österlichen Geheimnisse erfordert ebenfalls einen entsprechenden Einsatz: die Umkehr des Herzens oder die „Buße"! Deshalb sind im Laufe der ersten vier Jahrhunderte die vierzig Tage der Vorbereitung auf Ostern entstanden.
- Diese vierzig Tage sind aber keine Neuerfindung der ersten Christen. Die 40tägige Bußzeit hat ihre Vorbilder im Alten und im Neuen Testament.

- o Bevor Gott Mose die Steintafel übergab, fastete Mose vierzig Tage und vierzig Nächte auf dem Berg, er „aß kein Brot und trank kein Wasser" (Deut 9,9).
- o Auch die Einwohner von Ninive fasteten vierzig Tage lang (vgl. Jona 3,4), so dass Gott das angedrohte Unheil nicht ausführte.
- o Und Jesus fastete „vierzig Tage und vierzig Nächte" (Mt 4,2) vor seinem öffentlichen Auftreten.

2. Eine Zeit der Buße

- Die Vorbereitungszeit auf Ostern, die Fastenzeit, ist eine Zeit der Buße. Die innere Buße (Umkehr) findet hauptsächlich in drei klassischen Formen ihren Ausdruck: Fasten, Beten und Almosengeben.
  - o **Fasten:** Beim Fasten sollen wir uns vor allem um das richtige Maß bemühen (Maßhalten beim Essen, Verzicht auf ungesunde Genussmittel, Maßhalten bei diversen Konsumgütern, Einschränken der Fernsehzeiten…).
  - o **Beten:** Im Gebet sollen wir Gott suchen und ihm näher kommen.
  - o **Almosengeben:** Das Almosengeben bezieht sich auf die guten Werke unseren Nächsten gegenüber (bewusst Zeit und Aufmerksamkeit schenken, vielleicht ist Versöhnung angesagt, eventuell materielle Opfer…).
- Lesen sie einmal aufmerksam den Jesajatext (Jes 58, 1-14) durch.
- Das äußerliche Fasten des Leibes könnte den wahren Zweck des Fastens vergessen machen.
- Beim Fasten geht es um eine Umkehr des Herzens, um eine neue, der Bergpredigt entsprechende Gesinnung. Es geht darum, Gott zu dienen und dem Versucher zu widerstehen (vgl. Mt 4,10).
- Die Fastenzeit beginnt mit dem Aschermittwoch und dauert 40 Tage. Bei der Zählung werden die Sonntage ausgelassen.
- Wenn wir uns mit dem Aschenkreuz bezeichnen lassen, bekennen wir öffentlich, dass wir Sünder sind.
- Wir werden vor allem an unsere Sterblichkeit erinnert, wenn der Priester betet: „Bedenk, o Mensch, dass du Staub bist und zu Staub zurückkehrst". Vielleicht aber verwendet er die Formel: „Kehr um und glaube an das Evangelium!"

3. Eine Zeit der Umkehr

- Johannes der Täufer rief in der

Wüste „Kehrt um! Denn das Himmelreich ist nahe... Bereitet dem Herrn den Weg!" (Mt 3,2-3). Und auch Petrus antwortete auf die Frage: „Was sollen wir tun?" mit den Worten: „Kehrt um..." (Apg 2,38).

- Eine aufrichtige Umkehr ist die erste Voraussetzung für eine tiefe Begegnung mit Christus.
- Was soll man konkret tun, wenn man „umkehren" will? Das erkennt jeder Mensch im Innersten seines Herzens.
- Um zu erkennen, wie und wo ich umkehren soll, brauche ich den Heiligen Geist. Deshalb muss ich zuerst um seinen Beistand und seine Führung bitten. Ein guter Beichtspiegel kann mir dabei weiterhelfen.
- Eine Betrachtung von Jes 58, 1-14 oder die Bergpredigt Mt 5,1-7,29 lassen mich ebenfalls erkennen, was der Wille Gottes ist. Wer kann dann noch behaupten: „Wozu soll ich beichten oder umkehren? Ich habe doch niemanden umgebracht!"
- Wer nicht erkennen kann, wo er Umkehr nötig hat, ist entweder blind oder man müsste für ihn schon – um es ironisch zu sagen – zu seinen Lebzeiten einen „Heiligsprechungsprozess" einleiten.

4. Eine Zeit des Gebets

- Als Mose vierzig Tage und vierzig Nächte auf dem Berg Sinai gefastet hatte, erhielt er von Jahwe die Steintafeln, die mit dem Finger Gottes beschrieben waren. Diese wollte er seinem Volk bringen. Doch die Israeliten tanzten um das goldene Kalb und Mose zerbrach die Tafeln vor Zorn. Dann aber fastete Mose ein zweites Mal vierzig Tage und vierzig Nächte und betete zum Herrn um Erbarmen für sein Volk: „Beachte nicht den Starrsinn dieses Volkes, sein Verschulden und seine Sünde" (Deut 9,27).
- Gott erhörte Mose, gab ihm neue Tafeln und sagte: „Sie sollen in das Land hineinziehen und es in Besitz nehmen" (Deut 10,11).
- Wie die Israeliten tanzen auch wir immer wieder um das „goldene Kalb", anstatt uns nach dem Willen Gottes auszurichten.
- Wir müssen daher auch immer wieder vor Gott kommen, unseren Starrsinn, unser Verschulden und unsere Sünden bekennen.
- In der Fastenzeit sind wir vierzig Tage lang aufgerufen, mit Gott besonders ins Gespräch zu kommen. Vielleicht können wir in dieser Zeit Exerzitien oder Einkehrtage besuchen.

- Es ist auf jeden Fall angebracht, eine gewisse Zeit im Gebet alleine vor Gott zu sein. Auch Jesus suchte immer wieder die Einsamkeit auf, um zu beten (vgl. Mt 14,23).
- Jesus fordert uns eindringlich zum Gebet auf: „Bittet, dann wird euch gegeben; sucht, dann werdet ihr finden; klopft an, dann wird euch geöffnet" (Lk 11,9).
- Für alle Entscheidungen in unserem Leben brauchen wir den Heiligen Geist; von ihm sagt Jesus, dass „der Vater im Himmel den Heiligen Geist denen geben (wird), die ihn bitten" (Lk 11,13).

5. Eine Zeit der Gnade

- Wenn wir die Fastenzeit in der beschriebenen Weise bewusst leben, dann schenkt uns Gott Gnade, das heißt er schenkt uns ungeschuldet seine Hilfe, sein Wohlwollen (KKK 1996). Wir nehmen dann in besonderer Weise teil am Leben Gottes, er gießt sein Leben durch den Heiligen Geist in unsere Seele ein, um sie von der Sünde zu heilen und uns zu heiligen.
- Wir werden auf diese Weise, wie Paulus sagt, zu einer „neuen Schöpfung" (2 Kor 5,17).
- In dieser Zeit der Gnade will Gott das Herz des Menschen besonders berühren: Er legt die Sehnsucht nach dem Wahren und Guten in uns, damit sie uns antreibt, ihn zu suchen.
- Die Gnade der Umkehr wird uns in besonderem Maße in der Fastenzeit angeboten, sie wird aber nur fruchtbar werden, wenn wir darauf in Liebe antworten.

❖ **Anregungen zum Nachdenken / Gespräch:**

➢ Können wir die Fastenzeit am Aschermittwoch bewusst mit einer hl. Messe beginnen und in diesen 40 Tagen mehr beten?
➢ Wie können wir die Fastenzeit in der Familie christlich gestalten?
➢ Wie steht es mit meiner persönlichen Umkehr und Buße?

*„Nein, das ist ein Fasten, wie ich es liebe:
die Fesseln des Unrechts zu lösen,
die Stricke des Jochs zu entfernen,
die Versklavten freizulassen,
jedes Joch zu zerbrechen,..."*

(Jes 58,6Jes 58,6)

Leidensgeschichte KJ 4

❖ **Begleitende Literatur:** KKK 571 - 630

❖ **Schriftbetrachtung:** Lk 22,39-23,56

❖ **Ein Text zur Einstimmung:**

„'Sie werden auf den blicken, den sie durchbohrt haben' (Sach 12,10). Dies könnte geradezu die Beschreibung der inneren Richtung unseres christlichen Lebens sein, dass wir lernen, immer mehr wahrhaft auf ihn hinzuschauen, die Augen unseres Herzens auf ihn gerichtet zu halten, ihn zu sehen und daran demütig zu werden; unsere Sünde zu erkennen, zu erkennen, wie wir ihn geschlagen haben, wie wir unsere Brüder und darin ihn verwundet haben; hinschauen auf ihn und zugleich hoffend werden, weil der Verwundete der Liebende ist; hinschauen auf ihn und davon den Weg des Lebens empfangen. Herr, schenke uns, dass wir auf ihn hinschauen und darin wahres Leben finden!"
(Josef Kardinal Ratzinger)

❖ **Zum Thema: „Leidensgeschichte"**

1. Hinschauen auf ihn

- Um zu erfahren, was Jesus wirklich für uns getan hat, müssen wir, wie Kardinal Ratzinger formuliert, „hinschauen auf ihn".
- Wir vertiefen uns in das Leiden Christi, das er aus Liebe zu uns wegen unserer Sünden freiwillig auf sich genommen hat, wenn wir…
  - die Leidensgeschichte in den Evangelien lesen,
  - den schmerzhaften Rosenkranz beten,
  - den Kreuzweg beten.

2. Der schmerzhafte Rosenkranz

- Wenn wir den schmerzhaften Rosenkranz beten, betrachten wir mit Maria das Leiden und die Wunden des Herrn.
- Die Kirche hat ihn als sehr kraft-

volles Gebet immer besonders empfohlen.

1. Jesus, der für uns Blut geschwitzt hat

o Die Leidensgeschichte Jesu beginnt am Ölberg. Jesus „kniete nieder und betete... und sein Schweiß war wie Blut, das auf die Erde tropfte" (Lk 22,41-44).

o Jesaja sagt: „der Herr lud auf ihn die Schuld von uns allen" (Jes 53,6).

o Diese Schuld der Menschheit vor Augen, beginnt Jesus Blut zu schwitzen!

2. Jesus, der für uns gegeißelt worden ist

o Es ist wohl kein Zufall, dass gerade der gesamte Jesajatext im Jahre 1947 in den Höhlen von Qumran gefunden wurde.

o In den 700 Jahre vor Christus geschriebenen Gottesknechtliedern im Buch Jesaja wird die Leidensgeschichte Jesu bis in Einzelheiten vorhergesagt.

o „Ich hielt meinen Rücken denen hin, die mich schlugen, und denen, die mir den Bart ausrissen, meine Wangen" (Jes 50,6).

o Die Spuren dieser unvorstellbaren Marter sind am Leichentuch von Turin erhalten: 120 Geißelwunden der römischen „flagrum"-Geißel.

o Viele Gemarterte starben schon während der Geißelung.

o Gott wird von uns geschlagen durch unsere Sünden, durch unsere Gleichgültigkeit und Ablehnung.

3. Jesus, der für uns mit Dornen gekrönt worden ist

o Jesus sagte zu Pilatus: „Du sagst es, ich bin ein König. Ich bin dazu geboren und dazu in die Welt gekommen, dass ich für die Wahrheit Zeugnis ablege. Jeder der aus der Wahrheit ist, hört auf meine Stimme" (Joh 18,37).

o In Joh 18,37-38 sagte Jesus: „Jeder, der aus der Wahrheit ist, hört auf meine Stimme." Daraufhin sagte Pilatus: „Was ist Wahrheit?" und ging hinaus.

o Wollte er sich nicht auf die „Wahrheit", die ihm in der Person Jesu gegenüberstand, einlassen oder war er überzeugt, dass es gar keine Wahrheit gibt? – Heute ist es sehr modern geworden, die Existenz von Wahrheit zu leugnen und zu behaupten, dass unser Leben einem Labyrinth gleiche und niemand die Wahrheit erkennen könne. Doch es ist so: Wer die Wahrheit nicht sucht, verlässt Jesus.

o Lesen und betrachten Sie Joh 19,1-16a!

- „Die Soldaten flochten einen Kranz aus Dornen; den setzten sie ihm auf…" Sie trieben ihren Spott mit Jesus und schließlich forderten die Juden „Kreuzige ihn!"
- Wer die Wahrheit nicht ertragen kann, möchte sie verspotten und schließlich loswerden und „kreuzigen".

4. Jesus, der für uns das schwere Kreuz getragen hat

- „Wie ein Lamm, das man zum Schlachten führt" (Jes 52,7), so führte man Jesus durch die Stadt nach Golgatha.
- Jesaja schreibt prophetisch: „Denn er trug die Sünden von vielen, und trat für die Schuldigen ein" (Jes 53,12).
- Es war üblich, dass die Verurteilten den horizontalen Balken des Kreuzes tragen mussten (der vertikale Balken stand bereits am Kreuzigungsort). Dieser horizontale Balken des Kreuzes steht für die Welt; so trug Jesus die Last der ganzen Welt auf seiner Schulter.
- Einem anderen die eigene Schuld aufzuladen, war bei den Juden bereits als Ritual vorhanden: Einmal im Jahr wurde einem Ziegenbock die Schuld des Volkes auf die Schulter gelegt. Dann trieb man den Bock vor die Tore Jerusalems, damit er mit der ihm aufgeladenen Schuld in der Wüste umkomme. Weil er die Sünden zu tragen hatte, wurde dieser Bock „Sündenbock" genannt.
- Nun aber hat sich, wie Paulus schreibt, Jesus selbst „zur Sünde" (2 Kor 5,21) gemacht, indem er unsere Schuld getragen hat.
- Auf seinem Kreuzweg ist der Herr immer wieder unter der Last des Kreuzes zusammengebrochen, aber er ist immer wieder aufgestanden. Um zu verhindern, dass Jesus am Weg tot zusammenbricht, wurde Simon von Cyrene gezwungen, das Kreuz ein Stück des Weges zu tragen. Dies wurde von Ewigkeit her vorgesehen, denn Gott will uns damit etwas Wichtiges sagen: Wie Simon von Cyrene sind auch wir in das Erlösungswerk Jesu eingebunden.
- Wir sind aufgerufen, an der Erlösung mitzuwirken, indem wir im Blick auf Jesus unsere Kreuze in Liebe annehmen.

5. Jesus, der für uns gekreuzigt worden ist

- Lesen Sie Joh 19,16-42!
- Das Kreuz ist zum Zeichen des Heils geworden, denn am Kreuz hat Jesus Sünde und Tod besiegt. Ehren wir daher das Kreuz und lassen wir nicht zu, dass es durch

- antichristliche Ideologien aus der Öffentlichkeit verschwindet.
- o Viele Heilige sagten sinngemäß: Aus der Betrachtung des Kreuzes habe ich mehr über Jesus gelernt als aus allen Büchern. Wer die Liebe Gottes erkennen will, muss das Kreuz betrachten!
- o Jesus sprach am Kreuz das unergründliche Wort: „Mich dürstet!"
- o Die hl. Therese von Liseux schreibt: „Als ich eines Sonntags die Fotografie unseres Herrn am Kreuz betrachtete, ward ich betroffen vom Blute, das aus einer seiner Göttlichen Hände floss... Ich beschloss, im Geiste meinen Standort am Fuße des Kreuzes zu nehmen... Der Schrei Jesu am Kreuz widerhallte ununterbrochen in meiner Seele: ‚Mich dürstet!'" (SS).
- o Für die selige Mutter Teresa wurde dieses Wort Jesu „Mich dürstet!" bestimmend für ihr ganzes Leben. In den Ärmsten der Armen erkannte sie den nach Liebe dürstenden Jesus am Kreuz und nahm sich ihrer an, um ihnen Liebe, Beachtung und Nähe zu schenken.
- o Der Evangelist Johannes sah, wie aus dem geöffneten Herzen Jesu „Blut und Wasser" flossen. Auch dies ist ein mystisches Bild: So wie aus der Rippe Adams Eva hervorging, so fließen aus der geöffneten Seite Jesu die Sakramente der Kirche.

3. Der Kreuzweg

- Es ist ein sehr empfehlenswerter Brauch, an Freitagen, vor allem aber in der Fastenzeit den „Kreuzweg" zu beten. In 14 Stationen betrachten wir, wie Jesus unseren Ungehorsam gesühnt, was er alles unseretwegen auf sich genommen hat.

❖ **Anregungen zum Nachdenken / Gespräch:**

> ➢ Besprechen Sie die vier „Lieder vom Gottesknecht" (Jes 42,1-9, Jes 49,1-9, Jes 50,4-9, Jes 52,13-53,12) und vergleichen Sie sie mit der Leidensgeschichte nach Johannes (Joh 18,1-19,42).
>
> ➢ Könnten Sie den schmerzhaften Rosenkranz oder den Kreuzweg in der Fastenzeit beten?

*"Durch Leiden werden mehr Seelen gerettet
als durch die glänzendsten Predigten."*
(Hl. Therese von Lisieux)

Ostern KJ 5

❖ **Begleitende Literatur:** KKK 638 - 658

❖ **Schriftbetrachtung:** Joh 20,1-29

❖ **Ein Text zur Einstimmung:**

„Der Triumph des Herrn am Tag seiner Auferstehung ist endgültig. Wo sind die Wachen, die die Machthaber aufgestellt hatten? Wo die Siegel, mit denen sie den Grabstein zu sichern wähnten? Wo sind die, die den Herrn verurteilt, wo die, die ihn gekreuzigt hatten? ...
Der Herr siegt, und all diese armseligen Menschen ergreifen die Flucht. Sei voller Hoffnung: Christus siegt immer!" (Josefmaria Escrivá).

❖ **Zum Thema: „Ostern"**

1. Es gingen ihnen die Augen auf

- Dreieinhalb Jahre lehrte Jesus seine Jünger. Sie waren Zeugen vieler Wunder und Zeichen, wie es die Propheten verheißen hatten (vgl. Jes 42,7).

- Die Jünger des im Gefängnis liegenden Johannes berichteten: „Blinde sehen wieder, und Lahme gehen..." (Mt 11,5).

- Nachdem aber Jesus den schmachvollen Tod am Kreuze erlitt, war alles vergessen, zerbrachen alle Hoffnungen der Jünger.

- Sie verstanden auch nicht die hoffnungsvolle Jesajastelle: „Nachdem er so vieles ertrug, erblickt er das Licht" (Jes 53,11).

- Jesus selbst sah, wie schwer es den Jüngern fiel „alles zu glauben, was die Propheten gesagt haben" (Lk 24,25).

- Und so musste er ihnen „ausgehend von Mose und allen Propheten (erklären), was in der gesamten Schrift über ihn geschrieben steht" (Lk 24,27).

- Aber auch da erkannten sie ihn noch nicht, obwohl ihr Herz brannte. Erst als er bei Tisch den Lobpreis sprach und das Brot

163

brach „gingen ihnen die Augen auf, und sie erkannten ihn" (Lk 24,31).

2. Die Auferstehung, ein wirkliches Geschehen

- Die Berichte der Evangelien zeigen, dass der Glaube an die Auferstehung nicht selbstverständlich war, auch nicht für den engsten Kreis um Jesus, seine Apostel. Der Apostel Thomas ist als der „ungläubige Thomas" bekannt geworden, denn er glaubte das Zeugnis der anderen Apostel nicht. Erst als er seine Hand in die Seite Jesu gelegt hatte, bekannte er: „Mein Herr und mein Gott!" (Joh 20,28).

- „Aufgeklärte" Theologen wollen wissen, dass Jesus nur „in das Leben" der Apostel auferstanden sei, nicht aber real. Welch große Verirrung!

- Die Apostel sind Augen- und Ohrenzeugen geworden, sie haben Jesus gesehen, gehört, betastet, haben mit ihm gesprochen und mit ihm gegessen. Wäre es nicht so gewesen, hätten sie Jesus nicht bezeugen und ihr Zeugnis mit ihrem Blut besiegeln können.

- Allerdings gilt für die nachapostolische Zeit, was Jesus zum ungläubigen Apostel Thomas gesagt hat: „Selig, die nicht sehen und doch glauben" (Joh 20,29).

- Saulus wird eine direkte Begegnung mit dem Auferstandenen geschenkt (Apg 9,1-19), der „normale" Weg jedoch ist es, dem Zeugnis der Apostel zu glauben, wie es uns durch die Heilige Schrift und die Lehre der Kirche überliefert ist.

- Die Auferstehung ist jedenfalls der Angelpunkt des christlichen Glaubens. Der Auferstandene ist nicht nur den Frauen am leeren Grab, den Aposteln und 500 Brüdern zugleich (vgl. 1 Kor 15,6) erschienen, sondern er hat auch 40 Tage lang bis zu seiner Himmelfahrt seine Apostel gelehrt und vom Reich Gottes gesprochen.

- In der Apostelgeschichte heißt es, dass Jesus seinen Aposteln nach seiner Auferstehung viele Beweise gezeigt hat, dass er lebt (vgl. Apg 1,3).

- Jesus hat sich aber auch nach seiner Himmelfahrt nicht in den Himmel eingeschlossen; bis zum heutigen Tag gibt er Beweise, dass er lebt – nicht nur im Himmel – sondern mitten unter uns. „Jesus lebt!" Das ist die entscheidende Botschaft, die wir Christen der Welt zu bringen haben.

- Die kostbarste Reliquie, die die Christenheit besitzt, das Grab-

tuch von Turin, ist zugleich ein erschütterndes Dokument der Auferstehung des Herrn.
  - o Auf Grund der gefundenen Pollen kann man nachweisen, dass das Tuch in Jerusalem war.
  - o Das Tuch zeigt das Negativ eines Menschen, der gegeißelt und vielfach verwundet wurde… Doch es ist nicht bemalt; keinerlei Farbpigmente befinden sich auf dem Tuch.
  - o Es gibt noch viele andere Hinweise für die Echtheit des Tuches und nur eine Erklärung: Dieses Tuch ist das Grabtuch Christi, in das bei dessen Auferstehung sein Abbild eingebrannt wurde.
  - o Die Wahrscheinlichkeit einer Fälschung beträgt 1:225 Billionen! Dennoch hört man immer wieder Stimmen, die leichtfertig von einer „Fälschung" sprechen. Für den, der an die Auferstehung Christi einfach nicht glauben will, „kann nicht sein, was nicht sein darf!"
- In den letzten Jahren pilgern immer mehr Menschen (auch Papst Benedikt XVI.) zum geheimnisvollen „Muschelseidentuch von Manoppello". Das auf diesem Tuch auf unerklärliche Weise entstandene Bild des Auferstandenen deckt sich mit dem Antlitz vom Grabtuch von Turin.

3. Tod, wo ist dein Stachel?

- Paulus, der selbst den Auferstandenen verfolgt hatte, ruft nun seinen Brüdern zu: „Lasst euch nicht irreführen!" (1 Kor 15,35), glaubt es mir: Christus ist „von den Toten auferweckt worden als der Erste der Entschlafenen" (1 Kor 15,20).
- Paulus jubelt: „Verschlungen ist der Tod vom Sieg. Tod, wo ist dein Sieg? Tod, wo ist dein Stachel?" (1 Kor 15,55).
- Nicht, dass wir nicht mehr sterben müssten. Nein, der Tod ist durch Adam in die Welt gekommen und ihn müssen alle erleiden. Aber, so schreibt Paulus: „wie in Adam alle sterben, so werden in Christus alle lebendig gemacht" (1 Kor 15,22).
- „Die Auferstehung Christi… ist Ursache und Urgrund unserer künftigen Auferstehung" (KKK 655).
- Jesaja schreibt: „Mein Knecht, der gerechte, macht die vielen gerecht" (Jes 53,11), und Paulus ergänzt: „und bekleidet dieses Sterbliche mit Unsterblichkeit" (1 Kor 15,54).
- „Die Auferstehung Christi ist die Wahrheit, in der unser Glaube an

Christus gipfelt" (KKK 638), sie ist die Bestätigung der wahren Gottheit Jesu.
- „Das Ostergeheimnis hat (also) zwei Seiten: Durch seinen Tod befreit uns Christus von der Sünde, durch seine Auferstehung eröffnet er uns den Zugang zu einem neuen Leben" (KKK 654).
- Jesus siegt, denn er hat den letzten Feind, den Tod, bezwungen und er hat „die Schlüssel zum Tod und zur Unterwelt" (Offb 1,17-18).
- Jesus siegt, denn er ist „das Alpha und das Omega, der Erste und der Letzte, der Anfang und das Ende" (Offb 22,13).

4. Das Herz Jesu steht immer offen

- Im Heiligen Jahr 2000 hat der Heilige Vater den Sonntag nach Ostern zum „Barmherzigkeitssonntag" bestimmt.
- Es ist empfehlenswert, sich mit den Verheißungen Jesu, die er der hl. Faustine gegeben hat, zu beschäftigen und auch das Bild des „Barmherzigen Jesus", das die hl. Faustine dem Auftrag Jesu gemäß malen ließ, zu betrachten.
- Aus der Seite Jesu, aus seinem durchbohrten Herzen, ging die Kirche hervor. Wie Eva aus der Seite Adams entstammte, so entspringt die Kirche der Seite Christi.
- „Jesus lebt!" und sein durchbohrtes Herz steht offen. Sein Herz ist zu einer Quelle der Gnade geworden, die nicht aufhört zu fließen.
- Aus dem geöffneten Herzen Jesu strömen die Sakramente der Kirche!

❖ **Anregungen zum Nachdenken / Gespräch:**

➢ Welche Bedeutung hat der Glaube an die Auferstehung für Ihr Leben?
➢ Welche Erfahrungen haben Sie mit dem Auferstandenen Herrn gemacht, mit Jesus, der lebt?
➢ Wie könnten Sie mit jemandem sprechen, der an die Wiedergeburt (Reinkarnation) glaubt?

„Die Barmherzigkeit Gottes
zeigt sich im Leiden,
im Tod
und in der Auferstehung Christi."
(Hl. Sr. Faustyna Kowalska)

Pfingsten — KJ 6

- ❖ **Begleitende Literatur:** KKK 731 - 747
- ❖ **Schriftbetrachtung:** Apg 2,1-42
- ❖ **Ein Text zur Einstimmung:**

„Im Abendmahlsaal hat die Urkirche beim ersten Pfingsten das erlebt, was wir die ‚Ausgießung des Heiligen Geistes' nennen. Die Kirche von heute braucht dringend wieder diese Kraft des Heiligen Geistes, um mutig bezeugen zu können, dass Jesus auferstanden ist, dass er lebt und der wahre Gott ist... Es gibt Priester, die den Mut verloren haben und sagen: Meine Kirche wird immer leerer. All jenen rate ich: Öffnet eure Kirchen dem Wirken des Heiligen Geistes und eure Kirchen werden zu klein werden!"
(P. Emiliano Tardif).

- ❖ **Zum Thema: „Pfingsten"**

1. Zu Pfingsten kam der Heilige Geist auf die Apostel herab

- Damit man Pfingsten richtig begreifen kann, muss man sich in die Lage der Apostel versetzen. Die Enttäuschung am Karfreitag, die Überraschung am Ostermorgen, die vierzig Tage der Freude mit dem Auferstandenen und dann der Abschied bei der Himmelfahrt.
  - o Die Apostelgeschichte berichtet uns, dass die Apostel nach der Himmelfahrt Jesu nach Jerusalem zurückkehrten und in das Obergemach hinaufgingen, „wo sie nun ständig blieben". „Sie verharrten dort einmütig im Gebet, zusammen mit den Frauen und mit Maria, der Mutter Jesu, und mit seinen Brüdern" (Apg 1,13-14).
  - o Die einzige Aktion bis zum Pfingstfest war die Wahl des Apostels Matthias, der die

Stelle von Judas einnehmen sollte.

- Am Pfingsttag waren sie wieder alle mit Maria, der Mutter Jesu, im Abendmahlsaal versammelt, als plötzlich der Heilige Geist wie ein Feuersturm auf sie herabkam und von allen Besitz ergriff.
- Feuerzungen ließen sich auf ihnen nieder, sie konnten plötzlich in fremden Sprachen reden und verkündeten allen Menschen Gottes große Taten.
- Der Heilige Geist bewirkte, dass ihre Menschenfurcht in einem einzigen Augenblick von ihnen wich.
- Durch die Ausgießung des Heiligen Geistes wurden den Aposteln alle Gaben geschenkt, die sie zur Ausbreitung des Evangeliums benötigten: die Gabe, das Evangelium mit Macht zu verkünden, Kranke zu heilen, Tote zu erwecken...

2. Zu Pfingsten begann die erste Evangelisierung der Welt

- Die verwandelnde Kraft des Heiligen Geistes kommt besonders bei Petrus zum Ausdruck. Noch vor wenigen Wochen hatte er aus Furcht vor einer Magd seinen Herrn und Meister mit einem Schwur verleugnet und jetzt stellt sich derselbe Petrus furchtlos vor das Volk und verkündet machtvoll das Evangelium.
- Von diesem Pfingsttag an wird der ganzen Welt das Evangelium verkündet. Die Apostel werden bis in das Zentrum des römischen Reiches kommen und von dort wird das Evangelium seinen Siegeszug bis zu den Grenzen der Erde nehmen.
- Mit dem Pfingsttag beginnt die Zeit der Mission. Der Auftrag Jesu: „Geht hinaus in die ganze Welt und verkündet das Evangelium allen Geschöpfen" (Mk 16,15) ist seit dem Pfingsttag Wirklichkeit geworden.
- Erfüllt von der Botschaft des Evangeliums und gestärkt durch den Heiligen Geist, brach eine Lawine los, die das Antlitz der Erde verändern sollte. Was wäre Europa ohne Christentum? Welch massive Einflüsse hatte das Christentum auf Wissenschaft, Kunst und Kultur!
- Mutter Teresa schreibt: „Wir werden die Wahrheit des Evangeliums bezeugen durch unsere aufrichtige Verehrung Christi und die brennende Liebe zu ihm und seiner Kirche. Wir werden das Wort Gottes verkünden – furchtlos, offen und klar."

3. Der Heilige Geist ist Geschenk für jeden Gläubigen

- Der Heilige Geist ist aber nicht Privileg der Apostel, er ist Geschenk für jeden Gläubigen. Wer umkehrt und sich taufen lässt, sagt Petrus, der wird „die Gabe des Heiligen Geistes empfangen" (Apg 2,38).
- Und worin diese Gabe besteht, das erklärt Petrus in der Pfingstpredigt. Er zitiert dabei den Propheten Joel, der die Ausgießung des Heiligen Geistes für die letzten Tage vorhergesagt hat (Apg 2,17-21).
  - Wo aber findet man diese Christen, die wie die Apostel sind, die die Kraft des Heiligen Geistes empfangen haben?
  - Es gibt sie, sie lebten oder leben unter uns! Einige unter ihnen wurden heilig gesprochen, wie: Mutter Teresa, Sr. Faustyna Kowalska, Pater Pio und viele andere.
- Und wie steht es mit uns? Wir sind zwar getauft und gefirmt, auch wir haben den Heiligen Geist empfangen, woran aber merkt man das?
  - Die Wirkung von Taufe und Firmung können wir mit einem Kaffee vergleichen, in den ein Stück Zucker gelegt wird. Der Zucker sinkt zu Boden und bleibt dort liegen. Erst wenn man ihn aufrührt, wird man seine Existenz an seiner Wirkung merken.
  - Genauso wird man die Kraft und Wirksamkeit des Heiligen Geistes und seiner Gaben erst dann spüren, wenn diese Gaben „freigesetzt" werden, was dem „Aufrühren" von Zucker entspricht.
- Gerade das Pfingstfest eignet sich dafür, in dieser Richtung einen bewussten Schritt zu setzen, z.B. mit dem Gebet: „Herr, ich danke dir, dass du mir in der Taufe deinen Bund angeboten hast. Ich sage ja zu diesem Bund! Ich sage ja zu meiner Taufe! Bei meiner Firmung hast du mir Anteil an deinem Geist geschenkt. Ich sage ja zu meiner Firmung und bitte dich, dass der Heilige Geist wirksam wird in mir. Schenke mir alle Gaben des Heiligen Geistes, die ich brauche, um ganz in deinem heiligen Willen zu leben. Ich danke dir, o Herr!"
- Viele Menschen haben im Glauben diesen Schritt gesetzt und in ihrem Leben durch die Wirkung des Heiligen Geistes eine Veränderung erfahren: eine Gnade, die unmittelbar wahrnehmbar war oder ein langsames Wachsen im Guten bewirkte.

- Bei den „Gaben des Heiligen Geistes" unterscheiden wir die „sieben Gaben" des Heiligen Geistes und die „Gnadengaben" oder „Charismen". Die „sieben Gaben" des Heiligen Geistes vervollständigen die Tugenden der Gläubigen (KKK 1830/31). Die „Charismen" dienen dem Aufbau der Kirche (KKK 799 ff.).

4. Der Heilige Geist schenkt die Kraft zum Zeugnis

- Die Kirche wurde aus dem durchbohrten Herzen Jesu geboren, doch für die Welt wurde sie am Pfingsttag sichtbar (vgl. KKK 1076). An diesem Tag erhielten die Apostel durch den Heiligen Geist die Kraft, das Evangelium so zu verkünden, dass die ersten Christen am „Brotbrechen" (an der Eucharistie) und an der „Lehre der Apostel" festhielten (vgl. Apg 2,42).
- Gestärkt durch den Heiligen Geist, wirkten die Apostel viele Wunder und Zeichen, „sie lobten Gott und waren beim ganzen Volk beliebt" (Apg 2,47).
- Bald aber zeigte sich, dass die Jünger ihrem Herrn auch im Kreuz nachfolgen mussten: Jesus, der zum „Zeichen, dem widersprochen wird" (Lk 2,34) geworden ist.
- Mit Stephanus begann die Zeit der Blutzeugen, da er „erfüllt vom Heiligen Geist" (Apg 7,55) vom Menschensohn Zeugnis gab.
- Überall in der Welt sind die Christen, so wie ihr Herr, zu einem „Zeichen des Widerspruchs" geworden. Denn die Gesinnung der „Welt" entspricht vielfach nicht der Gesinnung Christi. Der Heilige Geist aber gibt uns Mut und Kraft, in Liebe für die Wahrheit einzutreten und dem Willen Christi gemäß seine Zeugen zu sein.

❖ **Anregungen zum Nachdenken / Gespräch:**

> ➢ Ein Vorschlag: Sie könnten nach einem kurzen Gebetsteil einzeln Ihr Tauf-, Firm-, und das Eheversprechen erneuern, das heißt sich wieder bewusst für die Gnaden, die aus diesen Sakramenten fließen öffnen und sie neu annehmen. Sie können auch um einzelne Gaben bitten: Glaube...

*„Pfingsten ist immer
ein ‚Mehr' vom Heiligen Geist!"*
(Sr. Nancy Kellar)

Allerheiligen KJ 7

❖ **Begleitende Literatur:** KKK 956, 988 - 1060

❖ **Schriftbetrachtung:** 1 Thess 4, 13-18

❖ **Ein Text zur Einstimmung:**

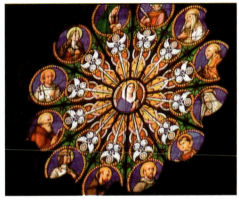

„Meine Reise begann, als ich durch einen Akt der unendlichen und ewigen Liebe Gottes auf die Welt kam. Jetzt habe ich die Rückreise zur endgültigen Heimat, dem himmlischen Jerusalem angetreten, wo es weder Trauer noch Tränen gibt, weder Schluchzen noch Krankheit, noch Tod. Jeden Tag bin ich dem Haus näher, dessen Tore immer geöffnet sind, wohin der gute Jesus uns vorausging, um uns einen Platz bei den Heiligen zu bereiten..."
(P. Emiliano Tardif, Jesus lebt).

❖ **Zum Thema: „Allerheiligen"**

1. Wer ist ein Heiliger?

- Kardinal Suenens war vor vielen Jahren bei einer Heiligsprechung in Rom anwesend. Da kam ein Journalist mit Block und Bleistift und fragte: „Eminenz, können Sie mir definieren, was ein Heiliger ist?" Der Kardinal antwortete: *„Ein Heiliger ist ein gnz normaler Christ!"* Der Journalist bohrte weiter: „Ja, und was ist ein normaler Christ?". Darauf der Kardinal: „Ein normaler Christ entspricht der Norm! Die Norm, von der ich spreche, gibt Christus vor!" und das „Normale" kann sich schlicht und unscheinbar äußern.

- Über die heilige Therese von Lisieux sagte eine Mitschwester, kurz bevor sie starb: „Was wird unsere Mutter über ihr Leben schreiben können? Sie trat bei uns ein, lebte und starb. Mehr ist doch wirklich nicht zu sagen."

171

Das Urteil dieser Schwester kam deshalb zustande, weil Thereses Leben schlicht und einfach war, weil sie nichts Außergewöhnliches vollbrachte. Doch in ihrem Alltag lebte sie die Liebe in außergewöhnlichem Maß und setzte so das Evangelium ins Leben um. Im grauen Alltag und ganz im Verborgenen wurde Therese von Lisieux zur größten Heiligen der Neuzeit und zur Kirchenlehrerin.

- Die heilige Bernadette von Lourdes ist nicht deshalb heilig gesprochen worden, weil ihr die Muttergottes erschienen ist, sondern weil sie heilig gelebt hat. Sie führte ein verborgenes Leben in einem Kloster. Ihre Heiligkeit zeigte sich in den alltäglichen Hausarbeiten und in der Krankenpflege, und vor allem in den Leiden, die sie geduldig ertrug. Bernadette heiligte sich, indem sie ihre Pflichten in großer Liebe erfüllte.
- Der Ehemann von Gianna Beretta Molla, die am 16.5.04 heilig gesprochen wurde, sagte: *„Ich hatte nie den Eindruck, neben einer Heiligen zu leben. Sie war nicht eine jener Mystikerinnen, die nur an das Paradies denken und auf Erden wie in einem Tal der Tränen leben. Sie war eine wunderbare, aber absolut normale Frau... Sie war auch eine moderne, elegante Frau. Sie fuhr Auto, liebte die Berge, das Schifahren, die Blumen, die Musik..."*

2. Heiligsprechungen

- Von Zeit zu Zeit spricht die Kirche einen Christen heilig oder selig. Bei einer Heiligsprechung sagt die Kirche: „Seht, hier ist ein gutes Vorbild, dem ihr folgen könnt!"
- „Wenn die Kirche gewisse Gläubige heilig spricht, das heißt feierlich erklärt, dass diese die Tugenden heldenhaft geübt und in Treue zur Gnade Gottes gelebt haben... (stärkt sie) die Hoffnung der Gläubigen, indem sie ihnen die Heiligen als Vorbilder und Fürsprecher gibt" (KKK 828).
- Der Prozess für die Selig- und Heiligsprechungen ist im Kirchenrecht geregelt. Ein Prozess kann frühestens fünf Jahre nach dem Tod des Betreffenden eingeleitet werden.
- Sobald der Prozess in der Diözese abgeschlossen wurde, wird er an eine eigene Kommission im Vatikan weitergeleitet.
- Auf Grund der Unterlagen wird der „heroische Tugendgrad" festgestellt. Eine weitere Bedin-

gung für die Seligsprechung ist ein Wunder (eine Heilung, die nicht natürlich zu erklären ist).

3. Heilige sind Vorbilder
- Gott kennt unsere Schwachheit, daher hat er uns außer der Bibel auch das Zeugnis heiliger Menschen geschenkt. Die Kirche stellt uns diese Heiligen als leuchtende Zeugen des Glaubens vor Augen.
- „Wenn wir nämlich auf das Leben der treuen Nachfolger Christi schauen, erhalten wir neuen Antrieb, die künftige Stadt zu suchen. Zugleich werden wir einen ganz verlässlichen Weg gewiesen, wie wir, jeder nach seinem Stand und durch die irdischen Wechselfälle hindurch, zur vollkommenen Vereinigung mit Christus, nämlich zur Heiligkeit, kommen können. In seinen Heiligen zeigt Gott den Menschen in lebendiger Weise seine Gegenwart und sein Antlitz. In ihnen redet er selbst zu uns, gibt er uns ein Zeichen seines Reiches..." (Lumen Gentium 50).
- Der Konzilstext unterstreicht eine Erkenntnis der Psychologie, die auf das „Modelllernen" als eine sehr effiziente Methode des Lernens hinweist. Wir brauchen nämlich Vorbilder, Modelle, denen wir folgen können. Und nachahmungswürdige Vorbilder finden wir in den Heiligen. Außerdem machen die Heiligen Mut. Wenn sie den Weg zur Heiligkeit geschafft haben, warum nicht auch ich?

4. Heilige sind Fürsprecher
- Seit dem Urchristentum werden Heilige verehrt. Zuerst waren es die Märtyrer, dann die Bekenner, die angerufen wurden. Dies fand auch seinen Niederschlag in der Liturgie der Kirche.
- Über den Gräbern von Heiligen wurden oft prächtige Kirchen erbaut. Pius XII. ließ während des 2. Weltkrieges Ausgrabungen unter dem Petersdom in Rom durchführen, wo sensationelle Entdeckungen gemacht wurden. Es wurde erwiesen, dass die Peterskirche ganz sicher über dem Grab des heiligen Petrus steht.

5. Heilige sind ein lebendiger Lobpreis Gottes
- Wenn wir einen Heiligen verehren, so verherrlichen wir letztlich Gott. Wenn ich das Werk eines Künstlers bewundere, so bewundere ich doch letztlich den Künstler.
- Die Heiligen weisen uns hin auf Gottes Herrlichkeit und Gnade.

- Durch die Heiligenverehrung wird Gott von seiner Herrlichkeit nichts weggenommen. Leider glauben viele reformierte Christen an den „Todesschlaf". Das hat zur Folge, dass weder die Heiligen als Fürbitter angerufen werden, noch für die Verstorbenen gebetet wird.

6. Das Fest Allerheiligen
- Es gibt ungezählte Heilige, die nicht kanonisiert wurden; Heilige, die niemand kennt. Um ihrer zu gedenken und um sie zu ehren und Gott für die ihnen erteilten Gnaden zu danken, hat die Kirche am 1. November das Fest „Allerheiligen" eingeführt.
- Ein Vers der Offenbarung lässt uns einen Blick in die Schar dieser Heiligen werfen: *„Danach sah ich: eine große Schar aus allen Nationen und Stämmen, Völkern und Sprachen; niemand konnte sie zählen. Sie standen in weißen Gewändern vor dem Thron und vor dem Lamm..."* (Offb 7,9).
- Es ist ein schöner Brauch, an diesem Tag der verstorbenen Angehörigen zu gedenken und ihre Gräber zu besuchen.
- Am 2. November gedenken wir der „Armen Seelen" im Fegefeuer oder Reinigungsort. Wir können ihnen durch Gebet und Opfer helfen und sind insbesondere im November dazu aufgerufen, dies zu tun.

❖ **Anregungen zum Nachdenken / Gespräch:**

> - Welche Heiligen verehre ich besonders?
> - Welche Heiligen sind für mich Vorbild?
> - Welche Heiligenbiographien habe ich gelesen?

*„Auf welche Weise
soll ich dich suchen, Herr?
Denn wenn ich dich, meinen Gott, suche,
suche ich das glückselige Leben.
Ich will dich suchen,
auf dass meine Seele lebe.
Denn mein Leib lebt durch meine Seele,
und meine Seele lebt durch dich".*

(Hl. Augustinus)

Ausgewählte Themen
(AT)

von der
„Berufung des Mannes"
bis zum Thema
„Unter dem Schutz der Engel"

„Die sichtbare Welt"

Gelobt seist du, mein Herr,
mit allen deinen Geschöpfen,
vornehmlich durch die Herrin,
die Schwester Sonne,
die uns den Tag herauführt
und uns erhellt durch ihr Licht.
Schön ist sie und strahlend
mit großem Glanz:
sie bietet uns ein Gleichnis von dir,
du Höchster…
Gelobt seist du, mein Herr,
durch unsere Schwester, die Mutter Erde,
die uns trägt und nährt…
Lobet und preiset meinen Herrn,
sagt ihm Dank und dient ihm
in großer Ergebung.

(Franz von Assisi, Sonnengesang)

Berufung des Mannes   AT 1

- ❖ **Begleitende Literatur:** KKK 355 - 373
- ❖ **Schriftbetrachtung:** Sir 7,18-36
- ❖ **Ein Text zur Einstimmung:**

Er war im Ort sehr angesehen, Gemeinderat, Filialstellenleiter, Mitglied der freiwilligen Feuerwehr, unentbehrlich bei der Dorfkapelle... Er hat ein schönes Haus gebaut, er war stolz auf seine hübsche Frau und seine fünf Kinder. Doch an einem Wochenende wurde der vermeintliche Glanz gründlich ramponiert, die Familienbeziehungen stürzten zusammen, wie ein Kartenhaus. Die Frau schrie ihn an: „Wenn du für alle Zeit hast, nur nicht für mich, brauchst du überhaupt nicht mehr nach Hause kommen!" Unglücklicherweise verwechselte er auch die Namen seiner Kinder und eine seiner Töchter fuhr ihn an: „Ein Bauer kennt seine Kühe besser auseinander wie du deine Töchter!" Spät nach Mitternacht kam schließlich der älteste Sohn heim, er traf den Vater noch wach an und forderte von ihm Geld, mehr Geld. „Du bist ja betrunken!", war der Vater entsetzt. „Ja, wie immer", grölte der Sohn. „Hast du das früher noch nicht bemerkt?"
(Ingeborg Obereder, Kurzgeschichte)

- ❖ **Zum Thema: „Berufung des Mannes"**

- Will der Mann von heute dem Bild entsprechen, das die Medien über ihn verbreiten, so muss er Karriere machen, potent sein und sich viel leisten können.
- Liebe, Treue, Ritterlichkeit oder gar Gottesfurcht haben, so scheint es, ausgedient.

1. Liebe zum Schöpfer

- Die Muttergottes sagt in der kirchlich anerkannten Botschaft von Amsterdam über die Männer: „Ich habe eine Frage an euch

Männer: Wo sind die Soldaten für Christus? Mehr habe ich euch nicht zu sagen."
- Der „Soldat für Christus" kämpft einen Kampf gegen die eigenen schlechten Neigungen, gegen die Menschenfurcht und er kämpft um Mut und Zivilcourage.
- Sich zu Christus zu bekennen, zu den Geboten Gottes zu stehen, sich für Werte einzusetzen, gegen den Strom zu schwimmen, das erfordert Kampf, Mut und Kraft.
- Ist Religion wirklich „Weibersache", wenn sie den ganzen Mann fordert?
- Paulus erklärt, woher die Kraft, gegen den Strom zu schwimmen, kommt: „Werdet stark durch die Kraft und Macht des Herrn!" (Eph 6,10).
- Ohne Verbindung mit dem Herrn geht es nicht, denn „getrennt von mir könnt ihr nichts vollbringen" (Joh 15,5), sagt Jesus.
- Wie ist es möglich, dass die Männer von Reichtum, Sport und Sex träumen und den Kampf für Christus verschlafen?
- Jeder, der beim Ansturm des Gegners schläft, wird von ihm besiegt!
- Wer von den Männern weiß, was der Papst der Welt unerschrocken verkündet, wer verteidigt sein Wort? Noch einmal: „Wo sind die Soldaten für Christus?"

2. Liebe und Treue in der Ehe

- Vielen Männern ist das Wort des heiligen Paulus geläufig: „Ihr Frauen, ordnet euch euren Männern unter" (Eph 5,22). Aber haben sie auch den Satz davor und die Sätze danach gelesen?
- „Einer ordne sich dem anderen unter in der gemeinsamen Ehrfurcht vor Christus" (Eph 5,21), so heißt der einleitende Satz.
- Der eigentliche Auftrag an die Männer aber, ihre Berufung in der Ehe, lautet so: „Ihr Männer, liebt eure Frauen, wie Christus die Kirche geliebt und sich für sie hingegeben hat" (Eph 5,25).
- Paulus unterstreicht diese Berufung nochmals und sagt: „Darum sind die Männer verpflichtet, ihre Frauen so zu lieben, wie ihren eigenen Leib" (Eph 5,28). Und damit dies jeder Mann versteht, fügt er hinzu: „Wer seine Frau liebt, liebt sich selbst. Keiner hat je seinen eigenen Leib gehasst, sondern er nährt und pflegt ihn, wie auch Christus die Kirche" (Eph 5,28-29).
- Zur Liebe gehört die Treue! Schon im Alten Testament heißt es: „...verstoße sie nicht und schenke dein Vertrauen keiner Geschiedenen!" (Sir 7,26).

- Jesus stellt klar die Unauflöslichkeit der Ehe fest. Daran gibt es nichts zu rütteln und zu deuteln (vgl. Lk 16,18).

3. Liebe zu den Kindern
- Die Liebe des Mannes zu den Kindern ist anders als jene der Frau.
- Der Vater muss seinen Kindern vor allem Sicherheit vermitteln. Kinder brauchen eine sichere Führung. Das Gefühl, sich auf seinen Vater verlassen zu können, stärkt das Urvertrauen, aber es stellt sich nicht von alleine ein!
- Wenn die Kinder Zuwendung erhalten, wenn ihnen der Vater Zeit schenkt, werden die Kinder in ihrem Selbstwert bestätigt und eine positive Persönlichkeitsentwicklung wird gefördert.
- Vergessen Sie nicht, dass das positive Beispiel tausend Ermahnungen und Belehrungen ersetzt.
- Betrachten Sie Sir 7,23-24.

4. Liebe zu den Eltern
- In einer Zeit, wo „humanes Sterben" immer mehr zu einem Thema wird, ist es besonders wichtig, das 4. Gebot nicht aus den Augen zu verlieren: „Du sollst Vater und Mutter ehren, damit du lange lebest und es dir wohlergehe auf Erden". Kein anderes Gebot enthält eine Verheißung für das eigene Wohlergehen auf Erden.
- Vergiss nicht die Elternliebe, „ehre deinen Vater von ganzem Herzen, vergiss niemals die Schmerzen deiner Mutter! Denk daran, dass sie dir das Leben gaben. Wie kannst du ihnen vergelten, was sie für dich taten?" (Sir 7,27-28).

5. Die Mühsal der Arbeit
- Nach dem Sündenfall sprach Gott zu Adam „Im Schweiße deines Angesichts sollst du dein Brot essen" (Gen 3,19). Diese Mühsal der Arbeit ist besonders dem Mann aufgetragen.
- Der Beruf fordert heutzutage großen Einsatz. Tüchtigkeit im Beruf ist zweifelsohne gefragt und Erfolg soll dankbar angenommen werden.
- Der Mann soll aber nicht sein ganzes Herz an die Arbeit und seinen Besitz hängen.
„Müh dich nicht ab, um Reichtum zu erwerben und dabei deine Einsicht aufzugeben" (vgl. Spr 23,4), lautet ein Weisheitsspruch. Überlegen Sie gut Ihre Hierarchie der Werte: Auch wer in seinem Beruf sehr viel gefordert wird, muss sich fragen: An welcher Stelle steht Gott, wo meine Familie, wo der Beruf, wo der Sport…?

6. Die Mahnung zur Besonnenheit

- Der heilige Josef, der gerecht war, handelte nicht aus einem Affekt heraus. Er war besonnen und dachte über die Situation, in der er stand, nach (vgl. Mt 1,19-20).
- Besonnenheit bewahrt vor vielem Schaden, Affekte und Zorn bringen viel Leid.
- Der Mann soll besonnen handeln im Beruf, in der Familie und im persönlichen Leben. Alles Tun sollte Gott anempfohlen werden, denn dann werden die Pläne gelingen (vgl. Spr 16,3).
„Bei allem, was du tust, denk an das Ende, so wirst du niemals sündigen" (Sir 7,36), heißt es am Schluss unseres Textes über das Verhalten im häuslichen Kreis im Buch Jesus Sirach.
- Ja, der Besonnene sieht alles im Blick auf die Ewigkeit, im Blick auf Gott, denn er ist weise und „fürchtet Gott" (vgl. Sir 1-11-20).

7. Der Ruf zur Gerechtigkeit

- Jeder Mensch soll sich nach allen Tugenden ausstrecken. Die Gerechtigkeit steht besonders dem Manne zu, denn Gerechtigkeit hat mit Klarheit, Mut und Entschlossenheit zu tun. Mitläufer und Feiglinge sind nicht gerecht!
- Vom heiligen Josef wird in der Heiligen Schrift eine Tugend besonders erwähnt, die Gerechtigkeit (Mt 1,19), er lebte nach dem Recht und tat das Rechte.

❖ **Anregungen zum Nachdenken / Gespräch:**

➢ Tauschen Sie Ihre Gedanken zum vorliegenden Thema aus.
➢ Wo sind die „Soldaten für Christus"? Wie können wir uns selbst und andere mobilisieren?

„Wie kommst du darauf,
es sei nicht männlich,
eine Novene zu halten? –
Diese Frömmigkeitsübung wird männlich
in dem Augenblick,
da ein Mann sie übt –
im Geiste des Gebetes
und der Buße."
(Hl. Josefmariá Escrivá)

Berufung der Frau   AT 2

❖ **Begleitende Literatur:** KKK 355, 383, 489

❖ **Schriftbetrachtung:** Spr 31,10-31

❖ **Ein Text zur Einstimmung:**

> *„Obwohl sie nur eine Bürgersfrau*
> *in einem kleinen Marktflecken war*
> *und nicht eine ausnahmsweise Bildung erhalten hatte,*
> *war ihr Herz doch von einer sittlichen Tiefe,*
> *von einer Großmut und Leutseligkeit*
> *sowie ihr Verstand von einer Klarheit,*
> *wie man es in den so genannten besten Kreisen*
> *selten antrifft."*
>
> (Adalbert Stifter über seine Mutter)

❖ **Zum Thema: „Berufung der Frau"**

- Durch die Führung reifer Erwachsener, durch Gebet und die Lebensumstände wird jede Frau ihre Berufung erspüren (ob Ehe, geistlicher Stand oder eheloses Leben in der Welt).
- In den folgenden kurzen Betrachtungen sind einige Gedanken dem „Brief an die Frauen" von Papst Johannes Paul II. entnommen.

1. Frausein als Berufung

- Besonders in ihrer Hingabe an die anderen im alltäglichen Leben begreift die Frau die tiefe Berufung ihres Lebens. Sie sieht – noch mehr als der Mann – *den Menschen*, denn sie sieht mit dem Herzen.
- Sie sieht den Menschen – seine Größe und seine Grenzen – und möchte ihm eine *Hilfe* sein.
- In der Genesis wird berichtet, dass Adam geschaffen wurde „als Abbild Gottes, ihm ähnlich". Adam war zwar von zahllosen Geschöpfen umgeben, und doch fühlte er sich einsam. Gott aber holte ihn aus seiner Einsamkeit heraus und sprach: „Es ist nicht gut, dass der Mensch alleine

bleibt. Ich will ihm eine Hilfe machen, die ihm entspricht" (Gen 2,18).
- Der Frau ist also von Anfang an das Attribut der „Hilfe" zugeordnet – doch man beachte – es geht nicht um einseitige, sondern um *gegenseitige* Hilfe.
- Die Frau ist die Ergänzung des Mannes, wie der Mann die Ergänzung der Frau ist. Mann und Frau *ergänzen* sich gegenseitig.
- Wenn die Genesis davon spricht, dass die Frau eine „Hilfe" ist, meint sie nicht nur ihr *Tun*, sondern auch ihr *Sein*.
- Die Frau *ist* eine bereichernde Hilfe, weil alleine durch ihr *Sein* eine wechselseitige Beziehung zwischen Personen möglich ist.

2. Berufen zur Ehe

- Die christliche Frau bindet sich bei ihrer Eheschließung unwiderruflich an ihren Mann.
- In gegenseitiger Hingabe sollen beide, Mann und Frau, der Gemeinschaft und dem Leben dienen.
- Mann und Frau spiegeln keine nivellierende Gleichheit, aber auch keinen abgrundtiefen Unterschied. Nach dem Plan Gottes sind sie eine „Einheit in der Zweiheit", denen das Werk der Fortpflanzung und das Leben der Familie anvertraut sind.
- Die verheiratete Frau kann aber auch in verschiedenen Bereichen der Gesellschaft segensreich wirken. Papst Johannes Paul II. spricht deshalb vom „Genius der Frau".
- Wir dürfen aber auch nicht übersehen, dass viele Frauen ihrer Berufung nicht entsprechen und sie an den vielen Verfallserscheinungen unserer Zeit mitbeteiligt sind.
- Maria mahnt deshalb in den kirchlich anerkannten Botschaften von Amsterdam die Frauen mit den Worten: „Kennt ihr eure Aufgabe noch? Hört gut: So wie die Frau ist, so ist der Mann. Gebt das Vorbild, ihr Frauen. Kehrt zurück zu eurem Frausein".

3. Berufen als Mutter

- Die schönste Aufgabe der Frau ist die Berufung zur Mutter. Nicht nur die leibliche, sondern auch die geistige Mutterschaft ist zutiefst beglückend und sinnfüllend.
- Mutterschaft (auch geistige) ist wegen ihrer Wirkung auf die Entwicklung der Person und die Zukunft der Gesellschaft von unschätzbarem Wert.
- Zur Mutter, die ein Kind geboren

hat, sagt Papst Johannes Paul II.:

*„Dank sei dir,
Frau als Mutter,
die du dich in der Freude
und im Schmerz einer einzigartigen Erfahrung
zum Mutterschoß
des Menschen machst,
die du für das Kind,
das zur Welt kommt,
zum Lächeln Gottes wirst,
die du seine ersten Schritte
lenkst, es bei seinem Heranwachsen betreust und zum
Bezugspunkt auf seinem
weiteren Lebensweg wirst."*

- Vor allem die Mutter vermittelt ihren Kindern die grundlegenden Werte.
- Die Mutter ist die erste Glaubensbotin ihrer Kinder. Eine junge Frau bezeugte:
  „Mein Glaube wurde in meiner Familie Grund gelegt! In meiner Familie, vor allem von meiner Mutter, habe ich gelernt, was gut und was schlecht ist – nach welchen Werten ich mich ausrichten soll."
- Es besteht ein deutlicher Zusammenhang zwischen der psychischen Gesundheit eines Kindes und der Betreuung eines Kindes durch eine Bezugsperson in den ersten Lebensjahren. Das hat in einem Forschungsergebnis unter anderem auch die Weltgesundheitsorganisation (WHO) bestätigt.
- Im deutschen Sprachraum hat sich insbesondere die Kinder- und Jugendpsychologin Christa Meves in ihren vielen Büchern und Vorträgen unermüdlich dafür eingesetzt, dass – sofern es irgendwie möglich ist – die Mütter ihre kleinen Kinder selbst betreuen. Die Liebe und Zuwendung, die ihnen geschenkt wird, ist eine unbezahlbare und lohnende Investition.
- Die „KKK"-Frau (Küche-Kirche-Kinder) ist kein minderwertiges „Hausmütterchen", sondern Ratgeberin, Ärztin, Geliebte, Lehrerin, Erzieherin, Religionslehrerin, Gesellschafterin,…
- Hugo von Hofmannsthal hat einmal gesagt: *„Der Rosenstock vor meinem Fenster ersetzt mir eine Weltreise."* Um wie viel mehr – im Vergleich zum Rosenstock – wird eine Mutter von dem Zauber fasziniert sein, der von ihren Kindern ausgeht.
- Kleine Kinder brauchen Nähe, viel Fröhlichkeit und viel gemeinsames Spiel.
- Für ältere Kinder sind spannende gemeinsame Unternehmungen und vor allem viel Gespräch angesagt.

4. Berufen zur Nächstenliebe

- Die christliche Frau hält Kontakt mit den Verwandten und Nachbarn. Sie nimmt sich der Eltern und Schwiegereltern an, sorgt und betet für sie.
- Sofern es die häuslichen Pflichten zulassen, ist sie offen, nach Kräften zu helfen. Sie besucht Kranke, hilft in der Pfarre,...
- Sie wird ein Wort der Ermutigung und Zuwendung finden, mitfühlen mit jenen, die einsam und vergessen sind.

5. Die Würde der Frau

- Der Papst schreibt eindringlich, dass die Würde der Frau erneuert und universal bewusst gemacht werden muss. Man möge wirklich den „Genius der Frau" gebührend hervorheben…
- Schon König Salomo schreibt: *„Kraft und Würde sind ihr Gewand, sie spottet der drohenden Zukunft"* (Spr 31,25).
  - König Salomo errichtete neben seinem Königsthron einen Thron für seine Mutter.
  - Von dieser Zeit an saß immer die Königs-Mutter neben dem jeweiligen König.
  - Dies war einerseits ein prophetisches Tun im Hinblick auf Jesus und Maria, andererseits zeugt es davon, dass der „weiseste aller Könige" sehr wohl die Würde der Frau erkannte und dies auch zum Ausdruck brachte.
- Maria, die „Mutter der Barmherzigkeit" und **„Königin der Familien"**, ist das Vorbild jeder Frau: der jungfräulichen, der verheirateten, der mit Kindern gesegneten. Mit dem Blick auf sie wird jede Frau ihre Berufung besser erfüllen und darin Sinn und Glück finden.

❖ **Anregungen zum Nachdenken / Gespräch:**

➢ Warum spricht der Papst mit Recht vom „Genius der Frau"?
➢ Kennen Sie Beispiele, wie die Frau den Mann religiös formen kann?
➢ Welche Frauen geben ein beredtes Zeugnis über die Würde der Frau?
➢ Welche Bedeutung hat die Frau für die Familie und für die Gesellschaft?

„Jeder Stand hat seine eigene Tugend.
… die Ehefrau, die Witwe müssen zwar alle Tugenden haben,
aber sie müssen und können sie nicht alle gleichzeitig … betätigen,
sondern jeder nach dem besonderen Beruf,…"
(Hl. Franz von Sales, Philothea)

Tipps zum Glücklichsein ... AT 3

❖ **Begleitende Literatur:** KKK 2204 - 2231

❖ **Schriftbetrachtung:** Eph 5, 21-33

❖ **Ein Text zur Einstimmung:**

„Die Liebe ist wie eine Flamme, sie erlischt, wenn man sie einschließt. Gibt man sie aber weiter, so kann sie die ganze Welt in Brand setzen. Die Familie ist der bevorzugte Ort, um Liebe zu schenken. Mutter Teresa sagt: Die Liebe beginnt im eigenen Haus, in der eigenen Familie..."
(Familienbischof Klaus Küng, Familiennovene)

❖ **Zum Thema: „Tipps zum Glücklichsein in Ehe und Familie"**

1. Liebe ist Entscheidung

- Am Beginn der christlichen Ehe steht nicht allein ein gefühlsbetontes Verliebt-Sein, sondern eine bewusste Entscheidung, ein JA zum Du und zur Liebe zu diesem Du.
- „Euer Ja sei ein Ja, euer Nein ein Nein; alles andere stammt vom Bösen" (Mt 5,37), sagt Christus!
- Liebe ich meine Frau, liebe ich meinen Mann, liebe ich meine Kinder, liebe ich meine Eltern? Kann ich ein vorbehaltloses „JA" zu ihnen sprechen?

2. Bewusst machen einer Hierarchie der Werte

- Jedes Ehepaar sollte bestrebt sein, sich über eine Hierarchie der Werte zu einigen. Vieles ist nämlich schwer oder gar nicht miteinander vereinbar. Solche Gegensätze können sein: Berufskarriere beider Partner oder Kindersegen. Doppelverdienst oder Geborgenheit der Kinder bei der Mutter in den ersten Lebensjahren. „Workoholiker" oder dauernd Sport treibender Mann – oder aber: Vater mit Zeit für die Familie.

3. Füreinander beten

- Für gläubige Christen sollte es ein Bedürfnis sein, gemeinsam zu beten und ihre Anliegen vor Gott zu bringen.
- Das gemeinsame Gebet ist sozusagen eine „Kaskoversicherung" für die Ehe.

4. Ehrfurcht vor dem anderen haben

- In der Trauungsformel heißt es: „Ich will dich lieben, achten und ehren." Vergessen wir nicht, dass die Ehrfurcht der Angelpunkt der Liebe ist. Liebe und Ehrfurcht sind ein Zwillingspaar!

5. Interesse am anderen zeigen

- Eine ehrliche, ungeteilte Zuwendung baut den Gesprächspartner auf und ist immer wie Balsam für die Liebe. Wie vielmehr verlangt es die Liebe in der Familie, sich dem anderen wirklich zuzuwenden und sich für seine Freuden, Leiden oder Hobbys... zu interessieren.

6. Die Grenzen des anderen sehen und anerkennen

- Selbst Jesus war in seinem irdischen Dasein begrenzt: Wie vielmehr sind es wir! Akzeptieren wir daher unsere eigenen Grenzen und die Grenzen des anderen. Es ist wesentlich an der Liebe, den anderen nicht zu überfordern!

7. Das Positive im anderen verstärken

- Die Verstärkung des Positiven wirkt wie ein Multiplikator. Versuchen wir, das Gute im anderen zu sehen und zu loben. Die Früchte werden überwältigend sein und viele Verwundungen heilen!

8. In der Wahrheit leben

- Viele Probleme entstehen, weil man seine Gefühle unterdrückt oder nicht ausspricht; wohl aber „sauer" reagiert und hin und wieder „explodiert". Es entspricht der Wahrheit und ist daher besser, wenn ich mir meine eigenen Gefühle eingestehe und sie in angemessener Weise ausdrücke.
- Zur Wahrhaftigkeit gehört auch die Bereitschaft, mich mit Kritik – vor allem, wenn sie in nicht verletzender Weise an mich herangetragen wird – auseinanderzusetzen.

Das Wichtigste also ist die Liebe, mit der ich die Wahrheit sage!

9. Vertrauen schenken

- Mit der Wahrheit eng verbunden

ist das Vertrauen in den anderen. Wenn ich dem anderen „traue", d.h. annehmen kann, dass er die Wahrheit sagt, dann kann ich ihm auch vertrauen.

10. Höhepunkte setzen

- Das Leben in der Familie soll nicht Grau in Grau verlaufen. Man muss sich immer wieder auf etwas freuen können. Festzeiten sind Zeiten des Atemholens.
- Der Sonntag sollte immer ein Höhepunkt in der Woche sein.

11. Den „Knigge" der Welt beachten

- Die christliche Ehe ist nicht abgehoben von der Welt, daher müssen auch die Umgangsformen unserer Kultur beachtet werden wie Freundlichkeit, Höflichkeit, Pünktlichkeit,…
- Wir sollen den anderen ausreden lassen, zuhören können und uns einfühlen.
- Wir dürfen keine unverrückbaren Festlegungen machen wie z.B.: „Du bist ein Egoist…".
- Wir müssen unsere Sprechqualität, die Tonhöhe und Sprechgeschwindigkeit... überprüfen.
- Es gilt auch hier die „goldene Regel" der Bergpredigt: „Was ihr also von anderen erwartet, das tut auch ihnen!" (Mt 7,12).

12. Die Liebe in kleinen Dingen pflegen

- Die kleinen Aufmerksamkeiten machen den Alltag aus!
- Die Liebe bewährt sich im Alltag!
- Machen wir Überraschungen, seien wir dankbar – auch für ganz kleine Zeichen der Liebe.
- Denken wir daran, immer wieder ehrliche Komplimente zu machen, und nehmen wir das Lob anderer auch dankbar an.
- Schenken wir einander Zeit und verbale sowie nonverbale Zuwendung.
- Versuchen wir, Fröhlichkeit und Heiterkeit auszustrahlen. Denken wir daran: Worte der Liebe schaffen eine fröhliche Atmosphäre.
- Sind wir erfinderisch in der Liebe und zärtlich zueinander.
- Versuchen wir, gemeinsam zu beten (als Eheleute und auch zusammen mit den Kindern).
- Erfüllen wir treu unsere Standespflichten als Vater, Mutter, Gatte, Gattin, Sohn oder Tochter.

13. Die Liebe wiederherstellen (Versöhnung)

- Wenn in der Ehe Probleme auftauchen, dann sollten wir uns wieder unserer Entscheidung zur Liebe bewusst werden. Richten wir dann unsere Gedanken nicht auf eine mögliche Scheidung in der Zukunft, sondern auf die Entscheidung in der Vergangenheit!

14. Das Kreuz in der Familie annehmen

- „Wer mein Jünger sein will, der nehme sein Kreuz auf sich und folge mir nach" (Lk 9,23), sagt Jesus. In keiner Familie wird das Kreuz ganz ausbleiben, aber man wird es gemeinsam tragen. Wir dürfen nicht davonlaufen und fliehen, sondern es heißt: gemeinsam hindurch!

15. Die Familie ist eine Schule der Liebe

- Die Liebe in der Familie zeigt sich an den Werken der Liebe: zuhören, ermutigen, loben, verzeihen, zuwenden, Zeit schenken, verzichten, helfen, verlässlich sein, den anderen achten, mitfreuen, mitleiden...
- Mutter Teresa sagt: „Love begins at home"

„Die Liebe beginnt zu Hause!"

❖ **Anregungen zum Nachdenken / Gespräch:**

➢ Welche Hierarchie der Werte haben wir uns – bewusst oder unbewusst – aufgestellt?
➢ Wie viel Zeit schenken wir einander? Ist das genug?
➢ Wie schaut unser Familienleben aus? Ist es Grau in Grau oder „bunt"?
➢ Sage ich meine geheimen Wünsche oder hoffe ich, dass mein Ehepartner sie von selbst errät?
➢ Haben wir spezielle Versöhnungsstrategien?

*„Schweigst du, so schweige aus Liebe;
sprichst du, so sprich aus Liebe;
tadelst du, so tadle aus Liebe;
schonst du, so schone aus Liebe!*

*Lass die Liebe
in deinem Herzen wurzeln,
und es kann nur Gutes
daraus hervorgehen!"*

(Hl. Augustinus)

Die Beziehung in der Ehe pflegen   AT 4

❖ **Begleitende Literatur:** KKK 2201 - 2206

❖ **Schriftbetrachtung:** Spr 15

❖ **Ein Text zur Einstimmung:**

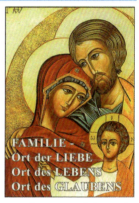

„Hast du etwas?", fragt er. „Nein!", sagt sie. „Aber deine Miene verrät, dass du über etwas sauer bist". „Passt dir schon wieder etwas nicht an mir?" „Aber ich frage ja nur". „Du müsstest es wissen!" „Nein" beteuert er, „deshalb frage ich dich ja". „Glaubst du wirklich, dass das bei mir ankommt, wenn du vorgibst, so ein Unschuldslamm zu sein"...
Eine „Zwangsspirale" beginnt sich zu drehen: ein Mechanismus von gegenseitigen Vorwürfen, Unterstellungen, Leugnen,... setzt ein und führt zu vielen Verletzungen. Beide meinen es gut, aber sie machen es falsch, denn sie vermeiden ein aufrichtiges, offenes Gespräch, obwohl dieses nicht schwer gewesen wäre! Die Beachtung einiger Regeln kann den Ehealltag problemloser werden lassen. (Ingeborg Obereder)

❖ **Zum Thema: „Die Beziehung in der Ehe pflegen"**

A. Jeder ist von seiner VERGANGENHEIT GEPRÄGT

- Es gibt Spuren im eigenen Leben, die ihre Wurzeln in der Vergangenheit haben: in den Erbanlagen, in der Erziehung, im Kulturkreis, in übernommenen Traditionen und Einstellungen, in der persönlichen Lebenserfahrung,...
- Jeder hat sein „Vorleben", seinen individuellen Stammbaum, jeder hat seine individuellen Eigenheiten, seine Lebensgewohnheiten, seine Grundeinstellungen, seine individuelle Entwicklung auf der physischen, der geistigen und emotionalen Ebene. Ich bin ein Baum mit individuellen Wurzeln in einem individuellen Boden und Klima. Von daher ist es zu erklären, ob jemand viel oder

wenig Selbstvertrauen hat, selbständig oder unselbständig, zuverlässig oder unzuverlässig ist, bereit ist zum Verzicht oder nicht, flexibel oder nicht, belastbar oder nicht, zielstrebig oder nicht.
- Durch das unterschiedliche „Vorleben" und die unterschiedliche Herkunft gibt es verschiedene Erwartungen, Vorstellungen und verschiedene Verhaltensweisen. Diese können bei einem Ehepaar völlig gegensätzlich sein, was notgedrungen zu Spannungen führt. Um es auf den Punkt zu bringen: Es kann deshalb zu ungezählten Streitigkeiten im Alltag kommen.

B. WEGE zu einer GLÜCKLICHEN BEZIEHUNG trotz unterschiedlicher Vergangenheit

1. Ich kann mein Verhalten ändern

- Warum Beziehungen gut oder schlecht sind, ist wissenschaftlich untersucht worden. (vgl. Schindler u.a., Partnerschaftsprobleme, Springer1999) Es kommt nicht so sehr auf die Herkunft, die Bildung oder andere Persönlichkeitsmerkmale an, ob eine Beziehung gelingt oder nicht, sondern auf das konkrete Verhalten in bestimmten Situationen.
- Meine und deine Vergangenheit ist wichtig, um zu verstehen, warum sich mein Partner bzw. ich mich so verhalte. Aber halten wir fest: das Entscheidende ist, wie ich mich jetzt und hier verhalte.
- Wir sind nicht Sklaven unserer Vergangenheit! Wir können daher unser Verhalten ändern und dadurch auch unsere Beziehung wieder neu und besser gestalten.
- Nur wer auf dem Standpunkt steht, dass sich zuerst der Partner ändern muss, bevor man selber etwas tut, trägt nichts zur Qualitätsverbesserung der Ehe bei und läuft Gefahr, dass sich nichts zum Positiven hin bewegt.
- Die Bereitschaft jedes einzelnen, den ersten Schritt zu tun, ist die Voraussetzung für eine konstruktive Gestaltung der Ehe.

2. Mein Beziehungskonto füllen

- Jede kleine Aufmerksamkeit gleicht einer Einzahlung auf das „Beziehungskonto". Selbstverständlich wiegt eine tiefe Liebesbezeigung mehr als ein flüchtiges „Dankeschön!" Es gibt aber auch Abhebungen vom „Beziehungskonto". Das ist der Fall, wenn ich den Partner verletze, ärgere, mich an Vereinbarungen nicht halte,...

3. „Zwangsprozesse" vermeiden

- „Wie du mir, so ich dir!" – ist

nicht nur ein Sprichwort, es fließt sehr oft in den Ehealltag ein. Anklagen, Vorwürfe und Herabsetzungen plündern nicht nur das Beziehungskonto, sondern die Beziehung gerät in eine Abwärts-Spirale. Es kommt zum so genannten „Zwangsprozess". Er ist ein Teufelskreis von gegenseitigen Bestrafungen, der die Gefahr in sich trägt, immer stärkere „Bestrafungen" einzusetzen, „um noch eins drauf zu setzen", damit der andere doch endlich „kapiert'", was er eigentlich tun und lassen sollte.

- Es ist notwendig, so bald wie möglich aus diesem „Zwangsprozess" auszusteigen, sich auch die guten Seiten des Partners vor Augen zu halten und ein offenes Gespräch mit ihm zu suchen.

4. Ich suche und führe ein offenes Gespräch

- Unterschiede zwischen den Eheleuten sind naturgemäß gegeben, weil sie…
  - eben Mann und Frau sind.
  - verschiedene Personen mit verschiedener Vergangenheit sind.
  - verschiedene Gewohnheiten haben.
  - verschiedene Erwartungen haben.
- Nicht die Unterschiede selbst führen zu Spannungen, sondern wie man mit ihnen umgeht. Spannungen sollen durch ein offenes Gespräch bereinigt werden, damit es nicht zu einer unvorhergesehenen Explosion kommt. Solche Spannungen sind mit einem schwelenden Brand vergleichbar, aus dem ja auch durch einen kurzen, starken Luftstrom ein loderndes Feuer entstehen kann, das aber schwer zu löschen ist.

- Sehr wichtig ist auch ein offenes Gespräch über die geheimen Wünsche des anderen. Eines nämlich ist sicher: „heimliche Wünsche" werden „unheimlich selten" erfüllt.

5. Einen gemeinsamen Eheabend festsetzen

Folgende Themen sind zu empfehlen:

- Unausgesprochenes aus dem Ehealltag, das man noch nicht bereinigt hat.
- Vor allem aber ist es günstig, über Positives zu sprechen: Was schätze ich an dir? Was hat mir in der vergangenen Woche besonders an dir gefallen?
- Haben wir Fortschritte dort gemacht, wo wir etwas verändern wollten?

- Habe ich mich irgendwann in der vergangenen Woche verletzt gefühlt? Warum wohl?
- Wie fühle und wie denke ich?
- Wie kommt es zu den Gefühlen, gibt es Wurzeln in der Vergangenheit? Helfen Sie einander!

6. Kommunikation – Regeln

Oft wirkt die Beachtung einfacher Gesprächsregeln Wunder in der Beziehung:
- Je enger eine Beziehung ist, umso mehr stehen bei einem Gespräch die Gefühle im Vordergrund.

Die Ehe ist kein Ratespiel, daher müssen wir offen über unsere Gefühle sprechen. Dazu einige Regeln:
  o Sprechen Sie immer von Ihren Gefühlen. Gebrauchen Sie daher das Wort „Ich". Also „Ich habe den Eindruck, du hörst mir nicht zu" anstelle: „Du hörst mir niemals zu!" Ich spreche vom konkreten Verhalten des anderen, nicht von seinen Eigenschaften.
  o Ich spreche vom Hier und Jetzt! Nicht auf Vergangenes zurückgreifen!
  o Formulieren Sie direkt, was in Ihnen vorgeht! Lassen Sie nichts erraten!
  o Sagen Sie, welches Verhalten des Partners Sie wünschen, und versuchen Sie, gegebenenfalls Kompromisse zu finden.
  o Hören Sie mit Interesse und Verständnisbereitschaft dem zu, was ihr Partner sagt, und zeigen Sie ihm dies durch eine kurze Rückmeldung.

❖ **Anregungen zum Nachdenken / Gespräch:**

➢ Führen wir offene Gespräche? Halten wir uns an die wichtigsten Kommunikationsregeln? Was können wir daran verbessern?
➢ Über welche Themen, die oft zu Konflikten führen, sollten wir eingehend sprechen?
➢ Wenn ich erkenne, dass bestimmte Verhaltensweisen aus meiner Herkunft kommen – bin ich bereit, mich damit im Licht der Bibel oder auch an Hand der guten Umgangsformen und der berechtigten Erwartungen meines Partners auseinanderzusetzen?

„Jagt der Liebe nach!"
(1 Kor 14,1)

Konfliktbewältigung in der Ehe AT 5

❖ **Begleitende Literatur:** KKK 2838 - 2845

❖ **Schriftbetrachtung:** 1 Petr 3, 8-12

❖ **Ein Text zur Einstimmung:**

Karl und Maria streiten, dass die Wände zittern. Die Schimpfworte werden immer kräftiger, die in Erinnerung gebrachte Vergangenheit wird immer bedrohlicher. Plötzlich kann Maria nicht mehr weiter, setzt sich nieder und schluchzt: „Karl, mit jedem Streit wird es ärger. Ich will Recht behalten und beschimpfe dich, und du tust dasselbe und beschimpfst mich. Wir wollen beide gewinnen und bleiben doch auf der Strecke. Mir ist es egal, wer von uns siegt, ich möchte nur deine Liebe nicht verlieren!" Plötzlich wird Karl ruhig, besinnt sich und sagt: „Liebling, das will ich doch auch!" (Zeugnis)

❖ **Zum Thema: „Konfliktbewältigung in der Ehe"**

- Es werden viele Methoden angeboten, um Ehekonflikte zu lösen. Heute ist die „Mediation" groß in Mode gekommen. Ehepaare können aber auch alleine zu einer Lösung kommen, wenn sie folgende sechs Schritte gehen:

1. Schritt: Die eigenen Gedanken und Gefühle ordnen

- Jeder Weg beginnt mit dem ersten Schritt, und der gilt jedem selbst. Frage dich selbst:
  o Suche ich ein ehrliches, offenes Gespräch?
  o Bin ich bereit, den andern zu sehen, wie er ist, und von meinen negativen Festlegungen dem andern gegenüber abzugehen?
  o Will ich meinen Entschluss zu Liebe und Treue erneuern?
- Damit man seine Gedanken und Gefühle in ein ausgewogenes

Verhältnis zueinander bringen kann, sollte man...
- sich selbst etwas Gutes zu tun.
- sich körperlich stabilisieren (Spazieren gehen, Joggen, Ausschlafen).
- beten (Gott danken, loben, bitten).
- den Segen Gottes auf den Partner legen.
- Entspannungsübungen machen, Musik hören, lesen.
- sich Dinge aufschreiben (was trifft mich so?)
- einen Brief schreiben (Gefühle lassen sich schriftlich oft besser mitteilen).
- überlegen, ob man den Brief in dieser Fassung weitergeben möchte.
- die eigene Schuld eingestehen, sich aber aus Selbstvorwürfen entlassen. (Sagen Sie: „Das war mein Fehler" – aber nicht: „Hätte ich nur", „Wäre ich doch"...)

2. Schritt: Gemeinsamkeiten herausfinden
- Ein Konflikt kann nur gelöst werden, wenn beide Partner es wollen. Dies ist sicher leicht möglich, wenn die Ehe nicht schon in einer schweren Krise steht.
  Folgende Überlegungen sollen Klarheit schaffen:
  - Wo haben wir uns auseinander gelebt?
  - Wodurch wurden wir uneins?
  - Welche Wünsche habe ich an den anderen?
  - Warum fühle ich mich nicht so geliebt, wie ich möchte?
  - Wo und wie kann uns unser gemeinsamer Glaube helfen?
  - Lassen sich kleine Elemente der Gemeinsamkeit wieder aktivieren?
  - Welche gemeinsamen schönen Erinnerungen haben wir? Wie können wir an sie wieder anknüpfen?

3. Schritt: Wieder Vertrauen gewinnen
- Es gibt einfache Regeln, die Ihnen helfen, wieder Vertrauen zu gewinnen.
  - Bringen Sie dem Partner Verständnis entgegen.
  - Bejahen Sie seine Person!
  - Vermitteln Sie ihm Wertschätzung.
  - Sprechen Sie von sich, von Ihren Gefühlen, aber klagen Sie nicht an!
  - Machen Sie keine Unterstellungen!
  - Stellen Sie keine Vermutungen für das Fehlverhalten des anderen aus Ihrer Sicht an, sondern reden Sie offen mit Ihrem Partner!

Konfliktbewältigung in der Ehe   AT 5

- o Trauen Sie dem Partner Gutes zu!

4. Schritt: Recht geben
- Geben Sie auch dem andern Recht!
Bei einem Konflikt ist es leicht möglich, dass beide Recht haben, weil Sie das Problem aus unterschiedlichen Augen ansehen.

5. Schritt: Vereinbarungen treffen
- Viele Paare nehmen sich vor, nie unversöhnt schlafen zu gehen, zumindest nicht ohne ein Zeichen der Versöhnung. Dies entspricht auch dem Rat der Bibel: „Die Sonne soll über eurem Zorn nicht untergehen" (Eph 4,26).
Allgemein gilt:
  - o Arbeiten Sie gemeinsam an einer Lösung!
  - o Gehen Sie auf die Wünsche des Partners ein!
  - o Was soll ich, was sollst du ändern? Sind Sie dabei ganz konkret!
  - o Vereinbaren Sie regelmäßige Gespräche über Ihre Beziehung!

6. Schritt: Seien Sie versöhnungsbereit
- Sich versöhnen heißt: das Alte hinter sich lassen und neu anfangen.
- Vergebung ist der Schlüssel, sich und den andern aus der Schuld zu entlassen und nicht nachtragend zu sein. Das heißt aber nicht: „Es war nichts!", sondern: „Du hast mir wirklich wehgetan. Aber ich verzeihe dir!"

Einige Regeln:
- o Das Besondere an einer christlichen Ehe besteht nicht darin, keine Konflikte zu haben, sondern mit den Konflikten christlich umzugehen.
- o Wenn man einander verletzt hat, ist es wichtig, gegenseitig um Verzeihung zu bitten und auch wirklich von Herzen zu verzeihen.
- o Wenn jemand ganz klar die eigene Schuld erkennt, sollte er auch eine Wiedergutmachung leisten.

Ein Beispiel dazu:
Karl informierte seine Frau erst Freitagabends, dass er am Wochenende mit einer Gruppe fortfahren muss. Maria hatte aber seinetwegen eine Einladung Ihrer Freundin abgelehnt. Nun sah sie sich am Wochenende allein. Bei Karls Rückkehr kam es zu einem handfesten Streit. Bei der Versöhnung über diesen Konflikt wurde als Wiedergutma-

chung vereinbart, dass Karl mit seiner Frau das kommende Wochenende in ein Thermalbad zu einem Schnupperwochenende fährt.
- **Frère Roger** von Taizé sagt: „In jeder Familie soll eine Gebetsecke sein mit einer Ikone, einer Bibel und einer Kerze. Dort soll man sich versammeln, um sich zu versöhnen. Selbst wenn man die Versöhnung nicht mit Worten aussprechen kann, soll man dort 10 Minuten im Schweigen zubringen. Dann schenkt Gott jedem die Kraft zur Vergebung."
- **Herbert Madinger** schreibt: „Der erlösende Augenblick Eurer Liebe kommt, sobald Du im Herzen des anderen wieder jenen ‚Schatz' aufleuchten siehst, der Dich einst so begeistert hat!"

„Beendet keinen Tag im Unfrieden – so werden die Herzen wieder neu!"

❖ **Anregungen zum Nachdenken / Gespräch:**

➢ Auf welche Versöhnungsstrategien haben wir uns geeinigt oder wollen wir uns einigen?
➢ Haben wir einander schon einmal unsere geheimen Wünsche gesagt?
➢ Vereinbaren Sie eine Zeit, wo Sie regelmäßig miteinander und füreinander beten.

*"Als Gebet um den Frieden
ist der Rosenkranz auch und schon immer
das Gebet der Familie und für die Familie.
Früher war dieses Gebet
den christlichen Familien besonders teuer
und hat sicherlich die Eintracht
unter ihren Gliedern gefördert.*

*Dieses kostbare Erbe darf nicht verlustig gehen.
Es tut Not, zum Beten in der Familie
und zum Gebet für die Familien zurückzukehren,
indem gerade von dieser Gebetsform Gebrauch gemacht wird…
Eine Familie, die vereint betet, bleibt eins."*
(Johannnes Paul II.)

Fruchtbarkeit – Humanae vitae   AT 6

❖ **Begleitende Literatur:** KKK 1652, 2366 - 2379

❖ **Schriftbetrachtung:** 1 Kor 7, 1-11

❖ **Ein Text zur Einstimmung:**

„Für mich ist die natürliche Empfängnisregelung (NER) die einzige Möglichkeit, eine Schwangerschaft anzustreben oder zu vermeiden. Was sollte ich sonst tun? Es ist erwiesen, dass absolut kein Verhütungsmittel eine Schwangerschaft an den fruchtbaren Tagen der Frau mit Sicherheit ausschließen kann. Außerdem habe ich mich über die schädlichen Auswirkungen von Antibabypille, Hormonspirale oder die Dreimonatsspritze bei kompetenter Stelle informiert. Ich bin nicht der Feind meiner selbst! Und mein Mann liebt mich. Er respektiert, dass ich als Frau so bin, wie eben eine Frau ist; er respektiert meinen Zyklus. Er wartet aus Liebe zu mir, auch wenn es ihm oft schwer fällt. Mutter Teresa hat recht, wenn sie sagt: NER ist Selbstkontrolle aus Liebe. Für uns ist NER zu einem Lebensstil geworden."
(Zeugnis einer Mutter von zwei Kindern)

❖ **Zum Thema: „Fruchtbarkeit – Humanae vitae"**

1. Wer kennt die „Pillen-Enzyklika"?

- Die am 25. Juli 1968 veröffentlichte Enzyklika „Humanae vitae" hat die Gemüter mehr bewegt als das Zweite Vatikanische Konzil.

- Nach der Veröffentlichung des Schreibens von „Humanae vitae" brach ein Sturm der Entrüstung außerhalb und innerhalb der Kirche los, doch trotz des Sturmes zog Papst Paul VI. die Enzyklika nicht zurück.

- Auch alle nachfolgenden Päpste bekräftigten die Aussagen der Enzyklika.

2. Humanae vitae

Die Enzyklika besteht nur aus drei Kapiteln, deren Kernaussagen in diesem Abschnitt zusammengefasst werden.

- **Neue Problemstellungen**
  Die Kirche ist sich der Probleme der Fruchtbarkeit in der modernen Welt und unter einer drohenden Bevölkerungsexplosion durchaus bewusst.
  Das kirchliche Lehramt hat auf der Grundlage des natürlichen Sittengesetzes und der göttlichen Offenbarung zu diesem Problem Stellung genommen.
    o Ärzte, Gelehrte und Ehepaare haben Gutachten und Stellungnahmen eingebracht. Es gab dabei allerdings keine Einigkeit.
    o Der Papst hat nach Begutachtung aller Stellungnahmen und gestützt auf die Kraft des Heiligen Geistes kraft seines Amtes entschieden.

- **Gesamtschau des Menschen**
    o Die eheliche Liebe ist eine vollmenschliche Liebe, sie ist also sinnenhaft und geistig zugleich. Es ist eine Liebe, die aufs Ganze geht, die treu und fruchtbar ist.
    o Diese Liebe fordert eine verantwortete Elternschaft. Die Ehepaare sollen die biologischen Vorgänge kennen und sie durch Vernunft und Willen beherrschen.
    o Die Weitergabe des Lebens soll deshalb keinesfalls zufällig oder willkürlich erfolgen.
    o Die liebende Vereinigung muss immer natürlich erfolgen, das heißt man darf nicht „künstlich" auseinander reißen, was von Natur eine Einheit ist, nämlich Liebe und Zeugung.
    o Der Papst verwirft Abtreibung, Sterilisation und alle anderen Handlungen, die das Ziel verfolgen, eine Befruchtung künstlich zu verhindern.
    o Den Gatten ist es selbstverständlich erlaubt, den natürlichen Zyklus der Frau zu beachten, den ehelichen Verkehr auf die empfängnisfreien Zeiten zu beschränken und dadurch die Kinderzahl sittlich verantwortlich zu planen.
    o Der Papst zeigt anschließend die Gefahren der künstlichen Empfängnisverhütung auf: wachsende Untreue, Aufweichung der Moral – besonders der Jugendlichen, Rücksichtslosigkeit und Ehrfurchtslosig-

keit der Männer, Diktat der Behörden.

- **Die Kirche als Lehrmeisterin**
  - Schließlich weist der Papst auf die Bedeutung der Selbstbeherrschung, eine gute öffentliche Atmosphäre (Freihalten der Medien von Pornografie, Gewalt…) und eine verantwortungsvolle Politik hin.
  - Der Papst bittet die Wissenschaftler, die Methoden für eine sittlich einwandfreie Geburtenregelung genauer zu erforschen.
  - Die christlichen Eheleute bittet der Papst, im Gebet und aus der Eucharistie Gnade und Liebe zu schöpfen und bei Versagen nicht mutlos zu werden, sondern im Bußsakrament Zuflucht zu nehmen.
  - Die Moraltheologen und Priester ermahnt der Papst, die kirchliche Ehelehre unverfälscht und offen vorzulegen und die Eheleute zu ermutigen, damit sie wegen ihrer Schwachheit nicht den Mut verlieren.

3. Ist die Kirche ein Spaßverderber?

- Manche Kommentatoren bezeichneten den Papst als hinterwäldlerischen Spaßverderber. Das klingt so, als hätte der Papst gegen die eheliche Liebe gesprochen. Genau das Gegenteil aber ist der Fall.
- Alle ungefälschten Statistiken zeigen, dass bei der Verwendung von Verhütungsmitteln die Liebe und die Libido leiden und verstärkt medizinische Probleme auftreten.
- Nicht „Spaß nach Belieben" führt zu wahrem und dauerhaftem Glück in der Ehe, einzig die Beachtung des natürlichen Zyklus der Frau.
- Die Päpste sind sich ihrer Verantwortung für Kirche und Welt bewusst. Im letzten Kapitel der Enzyklika schreibt der Papst: *„Dieses wahrhaft große Werk, davon sind Wir fest überzeugt, gereicht sowohl der Welt wie der Kirche zum Segen. Nur wenn der Mensch sich an die von Gott in seine Natur eingeschriebenen und darum weise und liebevoll zu achtenden Gesetze hält, kann er zum wahren, sehnlichst erstrebten Glück gelangen."*

4. Was können wir tun?

- Als Christen sollten wir uns mit „Humanae vitae" ernstlich auseinandersetzen.
- Eine lehramtliche Äußerung wird umso bedeutender, je öfter sie

wiederholt wird. Im Fall von „Humanae vitae" haben alle Päpste nach Papst Paul VI. dessen Lehre bestätigt und die Gläubigen aufgerufen, diese zu befolgen.
- Wer sich bisher nicht nach der kirchlichen Lehre gehalten hat, der soll nicht mutlos werden.
- Haben Sie sich mit der natürlichen Empfängnisregelung (=NER) auseinandergesetzt? Wenn nicht, dann tun Sie dies bald!
- Der österreichische Arzt Dr. Josef Rötzer hat die so genannte „sympto-thermale" Methode zur Bestimmung der fruchtbaren und sicher unfruchtbaren Tage der Frau entwickelt und sehr klar in seinem Buch „Natürliche Empfängnisregelung" dargestellt. Dieses Buch gehört in jede christliche Familie!
- Es ist auch unbedingt erforderlich, sich über die schädlichen Auswirkungen von Pille, Hormonspirale, Implanon,… zu informieren.
- Sie können sich über NER informieren (http://www.iner.org), einen Kurs über NER besuchen und sich auch mit gleichgesinnten Ehepaaren über die Erfahrungen mit NER austauschen. Das Zeugnis eines Ehepaares:

„Unsere Sexualität wurde durch NER viel natürlicher und beglückender!"

❖ **Anregungen zum Nachdenken / Gespräch:**

➢ Wer hat die Enzyklika „Humanae vitae" gelesen? Was hat mich darin angesprochen und wo habe ich noch Schwierigkeiten?
➢ Oft wird die Sicherheit einer empfängnisverhütenden Methode als Argument für deren Verwendung angeführt. Ist dieses Argument haltbar?
➢ Wie stehe ich zu NER (Natürliche Empfängnisregelung)?

*„Die Aussagen der Enzyklika Humanae Vitae
und des päpstlichen Rundschreibens Familiaris Consortio
haben ihre Gültigkeit trotz aller Probleme,
die es in diesem Zusammenhang gibt;
die negativen Folgen ihrer Nichtbeachtung
zeigen sich heute deutlicher denn je."*

(Familienbischof Klaus Küng)

Familie und Beruf   AT 7

❖ **Begleitende Literatur:** KKK 2207 - 2213

❖ **Schriftbetrachtung:** Hebr 13,1-6

❖ **Ein Text zur Einstimmung:**

„Wenn wieder einmal besonders viel Stress und Lärm in der Arbeit an meinen Nerven gezehrt hat, sehne ich mich nur mehr nach Ruhe. Am liebsten würde ich dann meinen Mann und meine Kinder aussperren, denn meine Kinder sind übermütig und zanken sich um ein Nichts; mein Mann sitzt vor dem Fernseher, um ja kein Wort zu überhören. Manchmal tut es mir leid, dass ich geheiratet habe. Früher hatte ich wenigstens meine Ruhe" *(Verkäuferin Petra, Zeugnis).*

❖ **Zum Thema: „Familie und Beruf"**

ÜBERFORDERUNG:
Familie und Beruf

- Viele Berufstätige leben an der Grenze ihrer physischen und psychischen Kraft.
  - Wenn sich daheim ein Problem ergibt, merken sie erst, wie sehr sie ständig an ihrer Leistungsgrenze leben.
  - Schon eine geringe Belastung kann eine „Explosion" auslösen.
- Die Ursachen der Überforderung können sein (unvollständig):
  - unmenschliche Arbeitsbelastung
  - zu hoch gesteckte Leistungslatte
  - zu hohe Erwartungen vom Arbeitgeber oder der Familie
  - der Wunsch nach mehr Geld, Ansehen und Prestige
  - der Wunsch nach mehr Lebensqualität durch zusätzliche Anschaffungen,…
- Selbst bei einer partnerschaftlichen Arbeitsteilung leiden Frauen und Männer an der Doppelbelastung – Familie und Beruf.

PROBLEMLÖSUNG - HILFEN

1. Sprechen Sie die Überforderung aus

- Denken Sie an das Beispiel von Petra.
  o Die junge Frau kommt nach der Arbeit nach Hause und macht sich an die Hausarbeit.
  o Der Mann sitzt vor dem Fernseher.
  o Sie denkt wehmütig an ihr Leben als Junggesellin.
  o Wenn Petra so weitermacht, fällt sie wahrscheinlich in eine Depression, da sie kein Lebensziel mehr sieht.
  o Sie möchte aus diesem Leben ausbrechen, aber wie?
  o Vielleicht denkt sie sogar an Scheidung, nur um ihre Situation zu verändern.
  o Hier wäre ein offenes Gespräch mit ihrem Mann sehr wichtig.
- Allgemein gilt:
  o Ein Problem, das unterdrückt und nicht gelöst wird, führt zu einer seelischen Erkrankung.
  o Probleme, die ausgesprochen werden, können gelöst werden.
  o Wer nicht den „Mut" aufbringt, Probleme anzusprechen, muss den Mut aufbringen, Martyrer zu werden.

2. Versuchen Sie eine Diagnose

Ursachen der Überforderung können sein:

- **Fehlen der notwendigen Erholung**
  o Es wird fast ohne Pause gearbeitet und trotzdem bleibt noch immer etwas auf der Strecke.
- **Überhöhte Ansprüche an meine physische und psychische Leistungskraft**
  o Ich bin physisch meinem Arbeitspensum nicht gewachsen!
  o Es stellen sich gesundheitliche Schäden ein – Herz- und Kreislaufprobleme, Schlafstörungen...
- **Leistungsdruck im Beruf**
  o Die Arbeit beansprucht mich so sehr, dass ich nicht mehr abschalten kann.
  o Oder ich kann manche Dinge nicht bewältigen, weil ich den Anforderungen durch meine Fähigkeiten nicht gewachsen bin.
- **Überforderung durch eine perfektionistische Einstellung zur Arbeit**
  o Wer sich immer selbst überfordert, ist mit seinen Ergebnissen nie zufrieden.
  o In diesen Fällen muss die Einstellung zur Arbeit, der Anspruch auf Erfolg oder die

Organisation der Arbeit überdacht werden.

3. Entscheiden Sie sich für die richtigen Schritte oder Mittel

- **Setzen Sie Prioritäten**
  o Welche Werte bedeuten mir am meisten? Was möchte ich für sie einsetzen?
  o Bei der Suche nach der Priorität könnte man sich folgende Fragen stellen:
    - Was ist der Sinn meines Lebens?
    - Wie stelle ich mir meine Ehe vor?
    - Wie viel Zeit sollte ich meinen Kindern widmen?
    - Was will ich in meinem Beruf erreichen?
    - Was bedeuten mir Ruhe, Erholung, Kultur, die Religion...?
    - Welche materiellen Wünsche habe ich?
      - Was ist unbedingt erforderlich?
      - Was ist wichtig?
      - Was wäre schön?
      - Was muss nicht sein?

- **Mut zum Verzicht**
  o Wenn ich überfordert bin, kann ich nur mit dem Rotstift arbeiten. Ich muss mich abgrenzen und fragen: Was kann ich streichen?
  o Brauchen wir wirklich schon wieder ein neues Auto...?
  o Ist die Karriere im Beruf wirklich diesen Einsatz wert oder habe ich Alternativen, die menschlicher sind?

- **Vereinbaren Sie eine Arbeitsteilung**
  o In vielen Familien ist die berufstätige Frau oft aber auch die „Nur-Hausfrau" mit Kindern an der Grenze ihrer Leistungsfähigkeit.
  o Egal, wodurch die Überforderung entstanden ist, in allen Fällen ist der Mann gefragt, seine Rolle zu überdenken.
  o Allein der Gedanke: „Er hilft mir ja!", kann befreien und Stress reduzieren.
  o Sind beide Partner berufstätig, dann ist eine Arbeitsteilung in der Kinderbetreuung und bei der Hausarbeit wohl selbstverständlich.

- **Beachten Sie die Schöpfungsordnung**
  o Viele Probleme durch Überforderung rühren daher, weil die Schöpfungsordnung Gottes einfach missachtet wird.
  o Eine gewisse Zeit geht alles gut, vielleicht sind es sogar einige Jahre.
  o Plötzlich aber kommt das „Burnout" – „Ich kann nicht mehr" (siehe AT 13).

- o Halten wir den Sonntag wieder heilig! Machen wir ihn nicht zum siebenten Arbeitstag!
- **Vergessen Sie nicht das Gebet**
  - o Ist die Seele verwundet, braucht sie Heilung. Eine Erneuerung des Gebetes wird viel zur Heilung der Seele beitragen, denn Glaube und Gebet sind unentbehrliche Kraftquellen.
  - o Die Schwestern von Mutter Teresa stöhnten unter der Last der Arbeit. Mutter Teresa hat daraufhin die Zeit der Anbetung verdoppelt und die Schwestern bezeugten: Seit diesem Tag haben wir die Arbeit leichter bewältigt.
  - o Im Gebet werde ich die Ursachen meiner Überforderung und die richtigen Schritte und Mittel zu ihrer Behebung erkennen.
  - o Gott überfordert keinen, das machen wir immer selbst, meist durch übersteigerte Ansprüche und Wünsche oder ungesunden Ehrgeiz.
  - o Wenn wir überfordert sind, dann ist es wichtig:
    - einmal richtig auszuspannen.
    - unsere Einstellung zur Arbeit, zu unserer Familie, zum Leben... zu überprüfen und zu überdenken.
    - Gott nicht zu vergessen und auf seine Hilfe und Führung zu vertrauen.

❖ **Anregungen zum Nachdenken / Gespräch:**

➢ Fühle ich mich durch Familie und Beruf manchmal überfordert?
➢ Versuchen Sie eine Analyse! Wo liegen die Ursachen der Überforderung?
➢ Was kann ich in meinem Leben ändern? (Prioritäten, Verzicht, Arbeitsteilung, Gebet…)

*"Äußerlich weniger Lärm
und innerlich mehr Gebet.
Warum gelingt es nicht, Gutes zu tun?*

Weil wir nicht genug beten."
(Hl. Gianna Beretta Molla,)

Christliche Kindererziehung   AT 8

❖ **Begleitende Literatur:** KKK 2221 - 2233

❖ **Schriftbetrachtung:** Sir 30,1-13

❖ **Ein Text zur Einstimmung:**

„Seit ich denken kann, war es für mich selbstverständlich, dass es einen Gott gibt, und dass dieser Gott gut sein muss. Ich hatte schon als ganz kleines Kind ein ganz großes Vertrauen zum ‚lieben Gott', wie ich ihn immer zu nennen pflegte. Als ich überlegte, warum mir Gottes Liebe wohl immer selbstverständlich war, fühlte ich wieder die Geborgenheit und Liebe, die mich einfach zu Hause umgeben hat: die Ausstrahlung meiner Eltern, ihre fröhlichen Gesichter, ihre liebende Zuwendung. Ich sehe auch wieder meine Mutter an meinem Bettrand sitzen und erinnere mich, wie sie mir Abend für Abend eine Geschichte erzählt hat und wir dann gemeinsam gebetet haben"

(Anita Garz, Kindheitserinnerungen).

❖ **Zum Thema: „Christliche Kindererziehung"**

Als christliche Eltern haben wir den Auftrag, unsere Kinder christlich zu erziehen.

Gott schenkt uns die erforderlichen Gaben des Heiligen Geistes, um den Kindern in ihrem menschlichen und christlichen Reifungsprozess beistehen zu können (vgl. FC 38).

Wie aber können wir den Erziehungsauftrag konkret erfüllen?

Einige wichtige Grundsätze:

1. Das Kind muss geliebt werden

1.1 Das Kind braucht Nestwärme

Die psychologische Forschung bestätigt immer wieder eine wichtige Volksweisheit:

„Eine Kindheit voller Liebe reicht für das ganze Leben!"

Die liebende Zuwendung der Eltern zu ihrem Kind ist wichtig...

o *für die seelische Gesundheit*
Christa Meves hat in einer Forschungsarbeit gezeigt, dass Tiere untüchtig werden, wenn sie nicht artgerecht aufgezogen werden. Für den Menschen heißt das: Wenn die liebevolle Betreuung der Kinder in den ersten Lebensjahren fehlt, dann „verkommt die Seele solcher Menschen."
Eine liebevolle Betreuung in der Kindheit ist daher der beste Garant für eine seelische Stabilität im Erwachsenenalter und in den Krisen des Lebens.

o *um liebesfähig werden zu können*
Der Mensch muss zuerst Liebe erfahren, um Liebe weiterschenken zu können.

o *um ein richtiges Gottesbild aufbauen zu können*
Wenn das Kind erfährt, dass seine Eltern es lieben, wird es fähig, an die Liebe Gottes zu glauben.
Pestalozzi hat schon 1792 gesagt, dass Liebe, Vertrauen, Dankbarkeit und Gehorsam hauptsächlich in der Beziehung gründen, die zwischen dem unmündigen Kind und seiner Mutter besteht.

1.2 Das Kind braucht den Blick der Liebe

- *Jedes Kind ist einzigartig*
Jedes Kind ist eine einmalige Person. Schon das Kind soll durch seine Eltern erfahren, dass ihm Würde verliehen ist. Wir sollen daher...
o *Kinder nicht miteinander vergleichen* – das schürt meist Eifersucht.
o *jedes Kind annehmen, wie es ist* – „Nicht jedem das Gleiche, sondern jedem das Seine."
o *jedem Kind eine persönliche Zeit schenken.* Ganz kleine Kinder benötigen öfter am Tag eine ungeteilte Zuwendung der Mutter.
Kleinkindern erzählen wir ein Märchen; mit den größeren wird etwas Besonderes unternommen, vielleicht ein Kleid gekauft...
o *die geschenkte Zeit muss ungeteilt sein.* Vor allem für ältere Kinder ist die „Qualität" der Zuwendung wichtig, sonst suchen sich die Kinder andere Zuhörer und Berater.

- *Das Kind braucht Grenzen.*
o Zur Liebe gehört es, Grenzen zu setzen und elterliche Auto-

rität auszuüben, damit das Kind…
- die Erfahrung macht, dass es seinen Eltern nicht gleichgültig ist und es seine Eltern behüten.
- Orientierung, Halt und Selbstsicherheit gewinnt.
- Selbstdisziplin lernt.
o Grenzen sind wichtig, um…
- sich nicht selbst zu schaden.
- anderen nicht zu schaden.
- kein falsches Bild von der Realität zu erhalten (die Erde liegt uns nicht zu Füßen).
o Die ausgeübte Autorität ist kein Mittel zur Macht, sondern ein Dienst.
- Es ist wie bei einem Bäumchen, das an einen Pflock gebunden wird, damit es gerade wächst.
o Autorität kommt nicht ohne Strafe aus. Die Strafe darf jedoch nicht überraschend kommen.
- Das Kind muss klar wissen, was von ihm verlangt wird (z.B. es muss um 4 Uhr nachmittags zu Hause sein).
- Die Strafe muss in Liebe und aus Liebe (nicht aus Wut oder Ärger) erfolgen.
o Die Autorität der Eltern ist für das Kind nur dann glaubwürdig, wenn Vater und Mutter einer Meinung sind.

- **Der Blick muss positiv sein.** Wir sollen daher unsere Kinder…
  o *nicht in ausweglose Situationen zwingen* (z.B. Du bist ein Lügner, Du räumst nie auf…), sondern Brücken bauen: (heute hast du noch nicht zusammengeräumt…)
  o *ermutigen.* Der hl. Paulus sagt schon: „Ihr Väter, schüchtert eure Kinder nicht ein, damit sie nicht mutlos werden" (Kol 3,21).
  o *loben!* Versuchen wir, das Positive im Kind zu entdecken! Der Sohn eines Sportlers ist vielleicht unsportlich, dafür aber musisch begabt…
  o *im Gebet begleiten.* Beten wir um das rechte Wort zur richtigen Zeit. Beten wir um Gottes Führung.

2. Das Vorbild der Familie

2.1 Das Beispiel der Eltern

- Die religiöse Erziehung kann nicht isoliert vom übrigen Leben stehen.
  o Die religiöse Erziehung ist wie eine Blüte, die am Baum bleiben muss, damit sie zu einer Frucht heranreifen kann. Dieser Baum ist die Familie,

in der das Kind geliebt wird und die Eltern aus dem Glauben leben.
- o Die Liebe Gottes werden die Kinder (schon die ganz kleinen) nur spüren, wenn die Eltern diesen lebendigen Glauben leben.
- o Gläubige Eltern wirken wie die Sonne, deren Strahlen sich nichts entziehen kann.

2.2 Mit den Kindern beten
- Schon lange bevor man mit dem Kind betet, soll man für es gebetet haben (schon im Mutterleib).
  - o Man kann nie zu früh beginnen, mit den Kindern zu beten. Bruder Ephraim (von der Gemeinschaft der Seligpreisungen) sagt, bevor die Kinder Jesus mit ihrem Verstand begreifen, soll er schon in ihrem Herzen sein.
  - o Was gesät ist, kann nicht verloren gehen. Manchmal ist es wie bei einem Wasserlauf im Kalkgebirge. Das Wasser verschwindet, aber nur scheinbar! Im Tal kommt es wieder zum Vorschein. So versiegt bei manchen Kindern der Glaube – aber nach allerlei Irrwegen erwacht er wieder.
- Beten Sie regelmäßig und einfach: am Morgen, bei Tisch; bringen Sie vor allem am Abend alles vor Gott.
- Beten Sie altersgemäß und natürlich. Die Kinder sollen verstehen, was sie beten, und sie sollen erfahren, dass Gott sie liebt.
- Verbinden Sie das Gebet mit dem Leben des Kindes. „Danke Jesus, dass es heute so schön war!"; „Bitte mach, dass Peter wieder bald gesund wird!"…

2.3 Die Freiheit respektieren
- Es ist besonders wichtig, dass wir unsere Kinder nie zum Gebet zwingen.
- Das geistliche Leben der Kinder ist wie bei einem Erwachsenen einem Auf und Ab unterworfen.
- Wenn das Kind beim Gebet Liebe und Wärme empfindet, wird es gerne mittun.

3. Gemeinsam zur Heiligkeit berufen
- Wir sind nicht nur die Eltern unserer Kinder, wir sind auch „Brüder und Schwestern" im Herrn. Wir sind ja gemeinsam zur Heiligkeit berufen. Der Papst schreibt: „…Im Schoß der Familie… verkünden alle Familienmitglieder das Evangelium und empfangen es zugleich voneinander" (FC 52).
  - o Eltern können viel von Ihren Kindern lernen! Jesus stellt uns ein Kind vor Augen und

sagt, dass wir werden sollen wie die Kinder (vgl. Mt 19,14). Lernen wir vor allem dies: Die Beziehung zwischen liebenden Eltern und ihrem kleinen Kind ist ein Gleichnis für die Beziehung zwischen Gott und mir.

o Schenken wir als Eltern den Kindern die Erfahrung der Vergebung. Auch Eltern machen den Kindern gegenüber Fehler und es ist gut, sich dafür zu entschuldigen.

4. Hilfen zum Erwachsenwerden

4.1 Bildung des Gewissens
- Der oberste Grundsatz lautet: Wir müssen unsere Kinder zur Wahrhaftigkeit erziehen.
- Wenn wir selbst leben, was wir sagen, dann wird unser Wort Gewicht haben.
Wenn wir Geliehenes zurückgeben, Versprechungen einhalten, pünktlich sind, ehrlich sind… dann wird es den Kindern leichter fallen, all diese Eigenschaften anzunehmen.

4.2 Erziehung zur Freiheit
- Unsere Kinder sind uns anvertraut, damit wir sie befähigen, sich selbst für das Gute zu entscheiden.
- Wenn wir wissen, dass wir unsere Kinder nicht „besitzen", dann werden wir sie Schritt für Schritt zur Eigenständigkeit führen, unsere Obhut zurücknehmen und sie ganz Gott übergeben.

❖ Anregungen zum Nachdenken / Gespräch:

➢ Grenzen setzen und lieben – welche Erfahrungen haben Sie damit gemacht?
➢ Wie, wann und was beten Sie mit Ihren Kindern?
➢ Was haben Sie von Ihren Kindern gelernt?
➢ Was tun Sie konkret, um Ihre Kinder zur Eigenständigkeit zu erziehen?

*Manchmal ist es gut, eine Erklärung zu bekommen,
warum man das jetzt nicht machen darf.*

*Und manchmal ist es besser
einfach ein klares Nein zu hören und zu wissen,
dass das akzeptiert werden muss!*

(Erziehungsweisheit)

Don Bosco, ein Vorbild für alle Erzieher

Der hl. Don Bosco war kein „theoretischer Pädagoge", sondern ein begeisterter Praktiker. Sein pädagogisches Konzept war eng mit seiner Lebenspraxis verbunden. Als **drei "Grundpfeiler"** seiner Pädagogik benennt Don Bosco die Religion, die Vernunft und die Liebe.

Nachfolgend einige Ratschläge dieses heiligen und weisen Erziehers:

- *Erziehung ist Sache des Herzens.*
- *Es genügt mir zu wissen, dass ihr jung seid, um euch zu lieben.*
- *In jedem jungen Menschen, auch im schlimmsten, gibt es einen Punkt, wo er für das Gute zugänglich ist.*
- *Man erreicht mehr mit einem freundlichen Blick, mit einem guten Wort der Ermunterung, das Vertrauen einflößt, als mit vielen Vorwürfen.*
- *Es geht nicht darum, was ihr für eure Kinder tut, sondern darum, was ihr sie zu tun lehrt. Dies zählt und wird ihnen helfen, gute Christen und ehrbare Bürger zu werden.*
- *Liebt, was die Jugend liebt, dann wird die Jugend lieben, was ihr liebt.*
- *Der Himmel ist nicht für Faulenzer geschaffen.*
- *Vergesst niemals die Liebenswürdigkeit im Umgang mit den Jugendlichen.*
- *Familiengeist schafft Zuneigung, und Zuneigung schafft Vertrauen.*
- *Lieben heißt: Das Glück des anderen suchen.*
- *Bemühe dich immer, durch die Tat zu zeigen, was du von anderen mit Worten verlangst.*
- *Der Mut der Schlechten stammt nur aus der Furcht der Guten; seid mutig, und ihr werdet sehen, dass sie die Flügel hängen lassen.*
- *In die Tat umgesetzte Liebe bewirkt wirkliche Erziehung und ein gutes Benehmen. Erinnert euch daran, dass Erziehung Herzenssache ist.*
- *Das erste Glück eines Kindes ist das Bewusstsein, geliebt zu werden.*
- *Achte jeden, aber fürchte niemanden.*

**Fröhlich sein,
Gutes tun und die
Spatzen pfeifen lassen.**

Lernen lernen — AT 9

❖ **Begleitende Literatur:** KKK 2229

❖ **Schriftbetrachtung:** Spr 2,1-11

❖ **Ein Text zur Einstimmung:**

„Als ich noch Professor einer Abendschule war, erklärte ich den Studierenden zu Beginn des Schuljahres einige Lerntechniken, darunter auch die Lernkartei. Ich erwähnte, dass diese Lernkartei ganz besonders zum Wiederholen und Lernen von Vokabeln geeignet sei. Nach dem ersten Semester kam ein Student in mein Zimmer und berichtete: ‚Herr Professor, ich habe in meinem ganzen Leben immer Schwierigkeiten gehabt, Vokabeln zu lernen. Ich habe mir einfach nichts gemerkt. Als Sie uns vor einem halben Jahr die Lernkartei zeigten, dachte ich, probieren kannst du es ja. Und stellen Sie sich vor, ich habe mir seither alle Vokabeln gemerkt! Ich hätte das nie für möglich gehalten. Ich bin nur gekommen, um Ihnen für diesen Tipp zu danken.'" *(Zeugnis)*

❖ **Zum Thema: „Lernen lernen"**

1. Ich muss selbst lernen

- Jedes Kind ist fähig zu lernen, aber es muss selbst lernen *wollen*!
- Kein Kind ist vollkommen unbegabt.
- Lernen ist Arbeit, und Arbeit macht nicht immer Spaß. Das Kind muss deshalb zur Ausdauer erzogen werden!

2. Motivation

- Wenn ein Kind ein Ziel vor Augen hat, das es erreichen will, dann wachsen die Kräfte!
- Um gut zu lernen, braucht das Kind ein gutes Ziel, eine Motivation „von innen".
- Das Kind muss das Ziel erreichen wollen, nicht Mama oder Papa.

3. Einsicht

- Wenn das Kind ein Ziel erreichen will, wird es so lange Hilfe suchen und Fragen stellen, bis es den Lehrstoff wirklich versteht.
- Ein klares Verständnis wird Zielstrebigkeit, Zufriedenheit und Ausdauer vermitteln.

4. Wiederholung und Übung

- Man vergisst von dem in der Schule Gelernten am ersten Tag am meisten.
- Es ist eine gute Angewohnheit, den Stoff am Abend nochmals durchzulesen, man kann damit bis 50% an Vergessensquote verhindern.
- Außerdem sollte man den alten Stoff immer wieder durchlesen (nicht büffeln). Der Text wird jedes Mal in anderen Gehirnpartien abgespeichert und man hat plötzlich Zugriff (ohne Büffeln).
- Jeder Pianist wird folgende Aussage bestätigen: „Wenn ich einen Tag nicht übe, merke es ich, wenn ich zwei Tage nicht übe, merkt es ein Kenner und wenn ich drei Tage nicht übe, merkt es jeder."

5. Lernperioden - Pausen

- Die Lerneinheiten sollten durch Kurzpausen unterbrochen werden.
- Für einen Mittelschüler wäre z.B. ideal: 15 Minuten Lernen, 3 Minuten Pause (z.B. Aufstehen und tief durchatmen), nicht aber 45 Minuten „büffeln" ohne Pause.

6. Reihenfolge des Lernens

- Man sollte abwechselnd lernen. Also nicht einen ganzen Abend nur Mathematik.
- Besser ist es, dazwischen Geschichte zu wiederholen oder die Englischaufgabe zu machen.
- Dann kann man wieder zur Mathematik greifen. Dies bringt mehr Lernzuwachs!

7. Strukturierung

- Jedes Kind sollte die Struktur des Lernstoffes erkennen und strukturiert lernen.
- Möglichst bald sollte das Kind vom Lernstoff (besonders dann, wenn es Schulbücher gibt) eine Zusammenfassung erstellen können und diese lernen.

8. Alle Sinne einschalten

- Beim Lernen sollten möglichst alle Sinne eingeschaltet werden.
- Beim Auswendiglernen laut sprechen und die Musik abschalten!

9. Arbeitsplatz

- Woran denken Sie, wenn Sie in ein Kaufhaus gehen? Natürlich ans Einkaufen. Sie sind durch die

Atmosphäre des Kaufhauses sozusagen zum Kaufen „konditioniert".
- Für jeden Menschen hat die jeweilige Umgebung großen Einfluss auf die Gefühle, Wünsche, Erwartungen,…
- Es ist daher für ein Kind sehr vorteilhaft, es durch geeignete Rahmenbedingungen zum Lernen zu „konditionieren".
- Vielleicht hat jemand die Möglichkeit, dem Kind einen eigenen „Lernplatz" zu schaffen. Dieser „Lernplatz" aber wird sicher kein eigenes „Lernbüro" sein, es genügen ein Tisch und ein Sessel. Aber dort wird nur gelernt, sonst nichts – nicht Musik gehört, nicht gegessen, nicht „relaxt".
  - Die Wohnverhältnisse werden allerdings meist den „Luxus" eines eigenen „Lernplatzes" nicht erlauben. Jeder aber kann dafür sorgen, dass während der Lernzeit nur Schulsachen auf dem Tisch liegen – nichts anderes, kein Computerspiel, kein CD-Player… Dieses immer gleiche Umfeld „konditioniert" zum Lernen.

10. Lernkartei

- Probleme gibt es oft beim Auswendiglernen von Vokabeln und Formeln.
- Es hat sich hier eine Lernkartei sehr bewährt – allerdings muss man sie auch wirklich verwenden!
- In den normalen Vokabelheften lernt man immer wieder auch die schon gewussten Vokabeln.
- Lernkarteien kann man sich in einschlägigen Papiergeschäften kaufen oder selbst basteln. Die „Kartei" ist nichts anderes als eine kleine Schachtel mit 3(4) Fächern.
- Auf ein kleines Kärtchen schreibt man z.B. vorne „Hund" und rückwärts „dog". Dann stellt man das Kärtchen in das erste Fach.
  - TÄGLICH überprüft man alle Kärtchen im ersten Fach. Man zieht die Karte und liest „dog". Kenne ich die richtige Antwort – „Hund", dann kommt das Kärtchen in das zweite Fach, anderenfalls bleibt es im ersten Fach.
  - WÖCHENTLICH überprüft man die Kärtchen im zweiten Fach. Bei richtiger Antwort wandert das Kärtchen ins dritte Fach, bei falscher Antwort ins erste Fach.
  - MONATLICH überprüft man die Kärtchen im dritten Fach. Bei richtiger Antwort wird das Kärtchen ausgeschieden, bei falscher Antwort wandert das Kärtchen wieder in das erste Fach.

11. Persönliche Leistungsbereitschaft

- Das Kind sollte gerne lernen, denn was es gerne lernt, bleibt hängen!
- Das Kind nicht drängen oder strafen, sondern einfühlend locken. – „Was du schon wieder kannst!"

12. Bedeutung von Körper – Seele – Geist

- Ein harmonisches Familienleben wirkt sich auf die Lernleistung sehr gut aus!
- Sorgen sie für einen gesunden Körper und eine gesunde Psyche, dann wird auch der Geist lernen wollen, und das Kind wird zu optimalen Ergebnissen gelangen.
  - Es ist wie bei einem Schifahrer: Material, Kondition und Technik müssen zusammenspielen. Alle drei sind notwendig; wenn eines einen Mangel aufweist, wird das Ergebnis zu wünschen übrig lassen. Dann wird es leider kein „Stockerl" geben.

13. Keine Überforderung

- Lassen Sie Ihrem Kind auf keinen Fall eine eventuelle Enttäuschung spüren, wenn es Ihre Leistungserwartungen nicht erfüllt. Das Kind muss auch bei schlechten Lernergebnissen Ihrer Liebe gewiss sein!
- Kinder sind unterschiedlich begabt. Es gibt auch Kinder mit echten Lernschwächen. Gerade sie brauchen Verständnis, Wärme und Liebe!
- Suchen Sie zusammen mit Ihrem Kind seine besonderen Anlagen und fördern Sie diese.

❖ **Anregungen zum Nachdenken / Gespräch:**

➢ Habe ich mit meinem Kind schon einmal darüber gesprochen, wie man lernen soll?
➢ Sind Ihre Kinder lernmotiviert? Wenn nicht, wie können Sie sie dazu bringen?
➢ Wäre eine Lernkartei nicht einen Versuch wert? Und machen auch Sie mit (z.B. Spanisch)!

„Jeder Augenblick, den du gut nutzt,
ist ein Schatz, den du gewinnst."
(Hl. Don Bosco)

Feste feiern in der Familie AT 10

❖ **Begleitende Literatur:** KKK 1655 - 1657

❖ **Schriftbetrachtung:** Lk 2, 41-43

❖ **Ein Text zur Einstimmung:**

In Michael Endes Buch „Momo" verrät der Straßenkehrer Peppo sein besonderes Geheimnis. Wie macht er es nur, wenn er eine endlos lange Straße kehren muss? „Schritt, Atemzug, Besenstrich; so macht das Kehren Freude", das ist sein Geheimnis. Auch unser Alltag gleicht oft einer endlos langen Straße und wir brauchen Zeit für einen „Atemzug". Dieser „Atemzug" sind die Feste, die wir feiern. Durch sie fällt Licht und Freude auf unseren Alltag.
(Idee für diese Parabel aus: Michael Ende, Momo)

❖ **Zum Thema: „Feste feiern in der Familie"**

1. Gehen wir mit dem Herrn durch das Jahr!

In christlichen Ländern und auch darüber hinaus prägt noch immer die Kirche den Ablauf des Kalenderjahres. Leider sind Inhalt und Sinn der christlichen Feste bei vielen verloren gegangen. Zum Teil wird ihnen ein (neu)heidnischer Inhalt unterlegt. So musste in den letzten Jahren das „Christkind" dem „Weihnachtsmann" immer mehr Platz machen oder „Halloween" (keltisch-heidnisch) verdrängte in Kindergärten, Schulen und Pfarren das wunderschöne „Martinsfest". Für die christliche Familie allerdings ist es von entscheidender Bedeutung, dass das Leben Jesu, wie wir es im Jahreskreis betrachten, Einfluss nimmt auf unser Leben. Gehen wir mit dem Herrn durch's Jahr, damit dieses wieder ein „Herrenjahr" werde!

2. Die Festgeheimnisse in der Hauskirche betrachten

Im Ablauf des Jahres wird uns die ganze Welt des Glaubens eröffnet.
Durch die jeweiligen Festge-

heimnisse zieht gleichermaßen eine Ikone nach der anderen an uns vorüber.
Betrachten wir diese Ikonen in unserer Hauskirche und führen wir vor allem die Kinder in die Festgeheimnisse ein.

- **Advent und Weihnachten**
  - Sprechen Sie in der Vorbereitung auf dieses Fest immer wieder davon, was aus uns geworden wäre, wenn Gott nicht als Mensch zu uns gekommen wäre. Was heißt: „Ohne Jesus wären wir verloren!"?
  - Überlegen Sie, ob Sie nicht den Brauch des Herbergsuchens in Ihrer Familie und bei Ihren Freunden pflegen und einführen könnten.
  - Die Freude über die Geburt Jesu sollte die Freude über die Geschenke übersteigen – jedes Jahr mehr! Ihre eigene Freude, Ihr eigener Glaube wird auch die Kinder anstecken!
- **Fasching**
  - Schabernack, Spaß, Spiel
  - Verkleidungen mit einfachen Mitteln,…
  - Es soll wirklich eine lustige Zeit sein.
- **Aschermittwoch**
  Auch jüngere Kinder verstehen bald, dass das Leben kein fortwährender Fasching sein kann. Wir müssen uns besinnen, bei uns einkehren, um zu erkennen wo wir umkehren müssen.
- **Fastenzeit**
  - Schon kleine Kinder sind zu kleinen Opfern bereit, wenn Ihnen der Sinn eines Opfers oder eines Verzichtes erklärt wird.
  - Die Hauskirche ist auch eine Schule des Lebens: Lernen sich selbst zu disziplinieren, dass ich nicht alles haben muss, dass ich über mich selbst siegen kann – das ist unbezahlbar!
  - Und einen Sieg über sich selbst erlangen, das fördert die Selbstachtung und das Selbstwertgefühl der Kinder.
- **Ostern**
  Als gläubige Eltern werden wir unseren Kindern vermitteln, dass die Auferstehung Jesu das Wesentliche unseres Glaubens ist. In der Reihe „Glaube und Leben" finden Sie hierzu viele Anregungen.
- **Sonntag**
  - Feiern Sie vor allem den Sonntag! Er ist das „Atemholen" nach der Arbeitswoche. Räumen wir Gott den gebührenden Platz ein! Kein Sonn-

tag ohne Heilige Messe! Der Kirchgang sollte keine „Pflicht" sein, sondern ein Bedürfnis: Gott zu begegnen in seinem Wort und Sakrament.
- o Gestalten Sie den Sonntag als Familientag! Suchen Sie Gespräche mit dem Partner und den Kindern beim Wandern, Musizieren, Spielen, Erzählen,…
- o Pflegen Sie am Sonntag auch das Familiengebet etwas intensiver.
- o Lesen Sie aus der Kinderbibel vor, veranstalten Sie ein Bibelquiz, beten Sie ein Gesätzchen Rosenkranz, üben Sie mit den Kindern das spontane Gebet,…

3. Einige praktische Tipps zum Feste-Feiern

- **Bereiten Sie ein Fest gut vor!**
Durch Erzählen, Vorlesen, Singen, Zeichnen, Malen, Spielen biblischer Szenen… kann man den Kindern das Festgeheimnis nahe bringen.
  - o Pestalozzi, ein Pädagoge des 18. Jh. hat gesagt: „O, ihr alle, die ihr Kinder erzieht, lernt, ich bitte euch, lernt mit Kindern spielen! Ihr werdet durch diese Übung drei wichtige Zwecke erreichen: die Kinder an euch ziehen und ihre Liebe und ihr Zutrauen erwerben."
  - o Vor allem aber werden dadurch die Herzen der Kinder von Gott berührt werden.
- **Sprechen Sie alle Sinne an!**
Bei einer guten Vorbereitung wird ein Fest so geplant, dass es möglichst alle Sinne anspricht, das Fest sollte man sehen, hören, schmecken, riechen und fühlen können.
  - o **Sehen** kann ich den Raumschmuck: ob das ein Adventkranz, Christbaum oder Osterstrauch ist; ich sehe auch den Tischschmuck, denn plötzlich gibt es ein besonderes Tischtuch oder Kerzen; ich sehe Torten mit Verzierung, eine festliche Kleidung...
  - o **Hören** kann ich Lieder, Instrumente, Gedichte, gemeinsame Gebete…
  - o **Schmecken** kann ich das Mahl, das Festtagsessen oder auch das trockene Brot am Fasttag.
  - o **Riechen** kann ich Weihrauch, aber auch den Osterbraten und die Bäckerei.
  - o **Fühlen** kann ich schließlich die Zuwendung, die Umarmung, den Kuss, die Liebe in den Geschenken, die zeitliche Zuwendung beim Spielen, Erzählen und Basteln...

Feste feiern in der Familie   AT 10

- **Glaubenswahrheiten sind keine Märchen!**
  - Kinder lieben Feste! Wir brauchen ihnen nichts vorzuspielen oder vorzulügen, die Kinder verstehen intuitiv den Kern vieler Feste. Setzen Sie nicht das Vertrauen Ihres Kindes aufs Spiel, indem Sie den heiligen Nikolaus oder das Christkind zu Märchengestalten machen!
  - Sie können gemeinsam mit den Kindern die Nikolausgewänder abholen oder den Christbaum kaufen. Sie können auch sagen, dass Sie sich verkleiden oder den Christbaum schmücken.
  - Erklären sie dem Kind, warum wir uns zu Weihnachten beschenken.
  Die Freude und Überraschung wird dadurch beim Fest nicht gemindert.

- **Nutzen Sie die im Fest liegenden erzieherischen Möglichkeiten.**
  - In der Advents- und Fastenzeit sind kleine Opfer angesagt.
  - Schenken Sie Ihren Kindern in den Vorbereitungszeiten für die großen Feste für bestimmte gute Taten oder die Unterlassung von Fehlern kleine Zeichen.
  - Schenken Sie z.B. im Advent einen Stern für den Christbaum, einen Strohhalm für die Krippe; in der Fastenzeit ein Ostersymbol (z.B. ein Osterei aus Papier) für den Osterstrauch.
  - Mit diesen kleinen Geschenken dürfen die Kinder dann den Christbaum oder den Osterstrauch schmücken.
  - In der Buchreihe „Glaube und Leben" finden Sie viele weitere Ideen.

❖ **Anregungen zum Nachdenken / Gespräch:**

➢ Das häufigste kirchliche Fest ist der Sonntag. In welcher Weise unterscheidet sich dieser Tag von den anderen Tagen der Woche?
➢ Wie können wir sinnvoll die kirchlichen Feste in der Familie feiern?

„Ein Haus ohne Geselligkeit
ist wie eine Blume ohne Duft."
(Sigismund von Radecki)

„Loslassen" und „Loslösen" — AT 11

- **Begleitende Literatur:** KKK 2214 - 2231
- **Schriftbetrachtung:** Lk 2, 43-52
- **Ein Text zur Einstimmung:**

„Was da Not tut, ist ein großzügig-versöhnlicher Abschied. Für die Jungen bedeutet es einen mehrfachen Abschied, weil sie sich nicht nur vom ‚Nest', sondern auch von ihrer eigenen Jugendzeit verabschieden müssen. Es wird sozusagen ernst mit dem Abenteuer des Lebens. Dafür tragen sie auch alle Ressourcen in sich, die sich nach einem großzügig-versöhnlichen Abschied explosionsartig aktivieren. Für die zurückbleibenden Eltern bedeutet es einen ähnlich existentiellen Abschied, weil sie an die Launen des Zufalls ausliefern müssen, was sie jahrelang davor zu schützen versucht haben. Ihre zu leistende Umorientierung ist kein geringeres Abenteuer, doch der großzügig-versöhnliche Abschied erleichtert es ihnen, es zu wagen."
(Elisabeth Lukas, Familienglück, Kösel Verlag)

- **Zum Thema: „Loslassen" und „Loslösen"**

1. Das Kind – „Geschenk Gottes"

- Jedes Kind ist ein „Geschenk Gottes" – unabhängig davon, ob die Eltern des Kindes dieses „Geschenk" gewollt haben oder nicht.
- Das Kind ist kein Geschenk im Sinne eines „Besitzes", also MEIN Kind. Ruth Schaumann drückt dies wunderbar mit dem Vers aus: „Was ich geboren habe, ist doch nicht mein, ist deiner Liebe Gabe, o Herr, ist dein."
  - Machen Sie sich bewusst: das Kind muss nicht Ihre Erwartungen erfüllen, sondern soll gefördert werden, seine persönlichen Begabungen zu entfalten.
  - In diesem Sinne müssen sich schon junge Eltern im „Loslassen" üben, nämlich im Los-

lassen ihrer eigenen Wünsche und Erwartungen.
- Liebende Eltern werden selbstverständlich die Rahmenbedingungen für eine gesunde Entwicklung ihres Kindes schaffen.
  o Sie werden bereit sein, auf vieles zu verzichten, wenn es mit dem Wohl des Kindes nicht oder schwer vereinbar ist.
  o Sie werden ihre eigenen Interessen hintanstellen.
  o Die Eltern werden z.B. weniger Zeit für die eigenen Hobbys verwenden, um mit dem Kind zu spielen, sie werden Treffen mit den Freunden aus der Single-Zeit reduzieren, Urlaube kindgerecht gestalten…

2. Erfahrung der Selbständigkeit
- Die grundlegende Erziehung erfährt ein Kind in den ersten Lebensjahren. Mit zunehmendem Lebensalter müssen Sie ein Kind weniger „erziehen", dafür aber „führen", „leiten" und „formen".
- Schon vor der Pubertät sollte das Kind erfahren haben, dass man mit den Eltern über alles sprechen kann und dass es klare Freiräume gibt.
- Der Jugendliche drängt von Natur aus zur Selbständigkeit und man soll ihm helfen, diese Selbständigkeit auch wirklich zu erreichen.
- In diesem Alter zählt für die Jugend vor allem das Beispiel und Vorbild der Eltern und die Ehrlichkeit ihrer Absichten.
- Damit der Jugendliche in eine gesunde und verantwortliche Eigenständigkeit hineinwachsen kann, muss er von frühester Kindheit an lernen, „Regeln" einzuhalten.
  o Solche „Regeln" sollen früh und ausführlich besprochen werden, damit der Jugendliche ihren Sinn einsieht.
  o Wer motiviert ist, sie einzuhalten, kann mit seiner Freiheit und wachsender Eigenständigkeit verantwortlich umgehen.
- Spätestens mit sechzehn Jahren sollte der Jugendliche im Rahmen der familiären Möglichkeiten weitgehend selbständig entscheiden können.
- Ein sensibles Thema ist vor allem auch die Berufswahl des Kindes.
  o Oft sind die Interessen der Eltern anders als die der Jugendlichen gelagert.
  o Die Eltern sind gefragt, die Begabungen und Neigungen ihrer Kinder mehr zu beachten als ihre eigenen (eventuell bei

sich selbst unerfüllten) Wünsche.
  ○ Beachten Sie daher die Begabungen und Neigungen des Kindes!
- In einer christlichen Familie muss das Kind lange vor der Pubertät über christliche Wertvorstellungen Bescheid wissen.
- Es muss ihm auch klar sein, dass es selbst sein „Ja" zu Gott sagen muss, sich aber auch anders entscheiden kann – mit allen Konsequenzen.

3. Zur Freiheit erziehen
- Die Freiheit gehört wesentlich zum Menschen. Wäre der Mensch nicht frei, wäre er nicht Ebenbild Gottes.
- Wichtige Entscheidungen im Leben können leichter getroffen werden, wenn man schon als Kind gelernt hat, mit seiner Freiheit richtig umzugehen.
- Hermann Kronsteiner schreibt: *„Unsere Erziehung war ganz außergewöhnlich geprägt von einem großen Freiheitsraum, freilich gesichert durch fraglose Bindung an Grundsätze und getragen durch vorgelebtes Christentum, verbunden mit unablässigem Beten"* (Kronsteiner, Eine Mutter und 11 Kinder, Veritas).
- Beziehen Sie Ihre Kinder in die Urlaubsgestaltung ein, in die Vorbereitung von Festen, fragen Sie nach Ihren Ideen…
- Die Erziehung zur Freiheit ist aber kein Freibrief für einen kleinen Tyrannen.
- Der Rahmen für die Entscheidungsfreiheit des Kindes wird mit fortschreitendem Alter weiter.
- Schon früh werden die ersten „Loslösungen" kommen: Wenn das kleine Kind allein bei einer anderen Familie spielt, bei einer Party mitfeiert oder mit einer anderen Familie einen Ausflug mitmachen darf.
- Es kommt die Zeit, wo das Kind erstmals länger von zu Hause weg ist: bei Verwandten, auf einem Jungscharlager,…
- Unterstützen Sie dies und halten Sie Ihr Kind nicht zurück, es ist ein „Geschenk" und kein „Besitz".

4. „Loslösung" von den Eltern
- Um ein Leben in Eigenverantwortung zu führen – sei es in der Ehe, in einem geistlichen Stand oder als Alleinstehender – ist „Loslösung" von den Eltern erforderlich.
- Im Buch der Genesis heißt es: „Darum verlässt der Mann Vater und Mutter und bindet sich an seine Frau, und sie werden ein

Fleisch" (Gen 2,24).

- Die Loslösung aus der elterlichen Obhut ist im Willen Gottes begründet.
  - „Loslösung" aber heißt nicht: Kontaktabbruch oder Rebellion, indem man möglichst oft das Gegenteil von dem tut, was die Eltern tun oder erwarten.
  - „Loslösung" heißt: Ich führe mein eigenes Leben und habe Kontakt zu den Eltern. Ich bin eigenständig und autonom, bleibe aber meinen Eltern in Ehrfurcht und Liebe verbunden.
  - „Loslösung" von den Eltern heißt: Die Beziehung zu den Eltern wird eine Beziehung der Liebe, Dankbarkeit und Zuneigung bleiben, auch wenn ich fähig bin, meinen eigenen Lebensstil zu wählen und meine eigenen Überzeugungen umzusetzen.
  - Den Rat und die Erfahrung meiner Eltern schätze ich. Ich werde sie daher bei besonders wichtigen Entscheidungen einholen.

5. Das „Loslassen" der Eltern

- Es ist Aufgabe der Eltern, die Kinder zur Selbständigkeit zu erziehen, so dass sie mit ihrer Freiheit verantwortlich umgehen können.
- Ketten Sie Ihre Kinder nicht an sich. Respektieren Sie, dass sie ihr eigenes Leben führen.
- Die Tür Ihres Hauses, vor allem aber die Tür Ihres Herzens soll immer offen bleiben!
- Die Eltern müssen ihre Kinder in die Eigenständigkeit „loslassen". „Loslassen" aber dürfen sie sie nie im Gebet.
- Bringen Sie Ihre Kinder – wo immer sie sind – vor Gott! Vor Gott füreinander einzustehen – ein ganzes Leben lang und über den Tod hinaus – ist eine Pflicht der Liebe.

❖ **Anregungen zum Nachdenken / Gespräch:**

➢ In welcher Weise haben Sie den Prozess der „Loslösung" von den Eltern empfunden?
➢ Wie wollen Sie Ihre Kinder zu selbständigen und freien Menschen erziehen?

„Das sicherste Mittel, Kinder zu verlieren, ist,
sie für immer behalten zu wollen."
(Adolf, Sommerauer)

Ein gesundes Selbstwertgefühl AT 12

❖ **Begleitende Literatur:** KKK 355 - 360

❖ **Schriftbetrachtung:** Lk 13.10-17

❖ **Ein Text zur Einstimmung:**

„Ein berühmter Spezialist für plastische Chirurgie, Dr. Maxwell Maltz, hat vor Jahren ein Buch herausgegeben, in dem er beschreibt, wie sich die Persönlichkeit eines Menschen ändert, wenn sich sein Gesicht verändert. Er hat beobachtet, dass sich die Menschen meistens besser annehmen konnten, wenn sie von einem entstellenden Makel (z.B. einer zu großen Nase) befreit waren. Er hat aber auch die gegenteilige Erfahrung gemacht: Menschen, die nach einer kosmetischen Operation wirklich schön geworden waren, kamen sich immer noch wie das hässliche kleine Entlein vor, obwohl sich äußerlich ihr Bild sehr zu ihrem Vorteil verändert hatte. Ihr inneres Selbstbild war nämlich gleich geblieben, sie fühlten sich weiterhin hässlich, wertlos und nicht liebenswert" (Aus einem Vortrag von Ingeborg Obereder) .

❖ **Zum Thema: „Ein gesundes Selbstwertgefühl ist ein Kapital"**

1. Grundlagen des Selbstwertgefühls

- **Die Bedeutung der frühen Kindheit**
  - Bestimmte Fähigkeiten oder Eigenschaften können nur in der „Präge-" oder „sensiblen Phase" erworben werden. Kinder, die bis zum 15. Lebensmonat keine fixe Bezugsperson haben, werden mit hoher Wahrscheinlichkeit emotionell bindungsunfähig bleiben und kein Selbstwertgefühl aufbauen können.
  - Liebe kann ich nur geben, wenn ich sie zuvor empfangen habe.

- **Die Bedeutung der Erziehung**
  - Wer ein negatives Selbstbild

und zu wenig Selbstvertrauen entwickelt, hat vielfach zu wenig Lob und zu viel Kritik bekommen.

2. Auswirkungen eines zu geringen Selbstwertgefühls

- **Tendenz zum Rückzug**
  - Rückzug ist eine Möglichkeit, mit Minderwertigkeitsgefühlen umzugehen. Aber Rückzug bewirkt zumeist eine Verschlechterung der Stimmung.
- **Wer sich selbst ablehnt, behandelt sich auch nicht gut**
  - Beachten Sie Ihre Selbstgespräche! Wie denken Sie über sich? Wie reden Sie mit sich? Wie schaut der innere Monolog aus, den Sie mit sich führen?
  - Können Sie auch Ihre eigenen Bedürfnisse anmelden?
  - Wie kritisieren Sie sich selbst?
  - Sorgen Sie verantwortlich für sich? Passen Sie sich zu oft an?
  - Können Sie auch einmal einen Konflikt austragen?
- **Menschen mit geringem Selbstwertgefühl sehen auch andere eher negativ**
  - Die Hl. Schrift lehrt uns: „Liebe deinen Nächsten wie dich selbst!" Wäre Nächstenliebe ohne Selbstliebe möglich, so würde das Gebot anders lauten.

3. Was ist einem gesunden Selbstwertgefühl förderlich?

- **Ein negatives Selbstbild ist veränderbar**
  - Niemand muss bleiben wie er ist! „Ich kann nicht aus meiner Haut!" – das stimmt nicht! Das aber heißt nicht, dass ich mich von heute auf morgen vollends ändern kann.
  - Sicher aber ist es möglich, unsere „Denkmuster", unsere irrationalen Annahmen oder Ansprüche an uns selbst und an unsere Umgebung zu ändern.
  - Wenn es uns gelingt, diese „Denkmuster" zu verändern, dann werden sich auch unsere Gefühle und damit unser ganzes Leben verändern.
- **Innere Qualität mehr beachten als äußere Leistung**
  - Wer seinen Selbstwert nur an seinen Leistungen misst, kann unter Umständen gründlich Schiffbruch erleiden.
  - Ein Ausweg aus dem Leistungsdenken ist die Bewertung der inneren Qualitäten. Erkennen Sie diese bei sich und anderen an: Lob für Teilen, Fleiß, Geduld, Liebe, Treue, Dienen,…

- o Wir sollten viel mehr das Üben der Tugend bewerten als Leistung und äußeren Erfolg.
- o Wer die Tugenden übt und dies auch in Demut anerkennt, wird ein gutes Selbstwertgefühl entwickeln. Weil die Selbstachtung steigt, steigt auch die Selbstliebe.
- **Das Positive mehr beachten als die Schwächen**
  - o Leben wir viel mehr im Hier und Jetzt und beachten wir mehr das Positive!
  - o Kritisieren wir daher wenig und loben wir viel mehr – vor allem unsere Kinder!
- **Z – Z – Z**
  - o Steht für Zeit – Zuwendung – Zärtlichkeit!
  - o Schenken wir uns gegenseitig die 3 Z!
  - o Vermitteln Sie dem anderen: Du bist OK! Du bist erwünscht, so wie du bist!
- **Lösen vom Perfektionismus**
  - o Durch Unzufriedenheit mit sich selbst erleidet das Selbstwertgefühl einen Einbruch.
  - o Niemand kann ständig fehlerfreie Superleistungen vollbringen. Niemand kann eine Latte, die immer zu hoch gesteckt ist, überspringen.
  - o Verzichten Sie auf den Anspruch, alles zu können und das noch dazu fehlerlos!
- **Verantwortlich für sich selbst sorgen**
  - o Ich darf vor lauter Zurückschauen in die Vergangenheit nicht versäumen, mein Leben selbst in die Hand zu nehmen und zu gestalten!
  - o Mein Selbstwertgefühl wird erst dann in Ordnung kommen, wenn ich aufhöre, die Schuld für mein Missbehagen oder mein Versagen anderen zuzuschieben.
  - o Ich bin für meine Gefühle selbst verantwortlich, auch für mein Selbstwertgefühl.
  - o Wie ich über mich denke, so werde ich mich fühlen.
- **Sich selbst annehmen**
  - o Wenn wir überzeugt sind, wertlos zu sein, ziehen wir uns zurück, denken nur noch über uns nach und begeben uns in ein fruchtloses Labyrinth.
  - o *Schritte zur Selbstannahme:*
    - Akzeptieren Sie sich, so wie Sie sind: „Das gehört eben zu mir. So bin ich."
    - Wenn ich mich dagegen wehre, wird alles noch schlimmer.
    - Ich muss Abschied nehmen, von Hoffnungen, Erwartungen, Vorstellungen.

- Ich muss diese imaginäre Person, die ich sein wollte, loslassen.
- **Sich selbst verzeihen**
  - Wir wissen heute, dass es viele *Krankheiten* gibt, die dadurch zustande kommen, dass jemand anderen oder sich selbst nicht vergibt.
  - Wer Schuld auf sich geladen hat, soll die Vergebung Gottes suchen, annehmen und auch wirklich an sie glauben. Dann wird sich auch wieder eine gesunde Selbstachtung einstellen.
- **Die Ehegatten sollen einander helfen**
  - Die Ehegatten sind in einer sakramentalen Gemeinschaft zusammengebunden und haben eine besondere Vollmacht füreinander.
  - Zur Stärkung des Selbstwertes sind kleine Mittel angebracht und wünschenswert: wirkliches Zuhören, Hilfe anbieten und ein liebevoller Blick, ein Lächeln, ein Kompliment…
- **Den wahren Selbstwert schenkt Gott!**
  - **Blaise Pascal** hat dies so ausgedrückt:

    *„Gott liebt uns nicht,
    weil wir wertvoll sind,
    sondern wir erhalten
    unseren Wert,
    weil Er uns liebt."*

❖ **Anregungen zum Nachdenken / Gespräch:**

➢ Wie sehr sind Sie in Ihrer Selbstannahme vom Echo Ihrer Umwelt abhängig?
➢ Sagen Sie Ihrem Ehepartner möglichst konkret, was Ihnen am meisten hilft, ein gesundes SW-Gefühl aufzubauen.
➢ Gehen Sie mit Ihren Kindern so um, dass sie ein gesundes Selbstwertgefühl entwickeln können?

*„Wenn ich mir einrede,
ich kann etwas nicht,
dann bin ich dazu unfähig.
Wenn ich aber fest daran glaube,
ich würde es können,
dann erlange ich auch die Fähigkeit dazu."*
(Mahatma Gandhi)

Depressive Verstimmung - was tun?   AT 13

❖ **Begleitende Literatur:** KKK 1817 - 1821

❖ **Schriftbetrachtung:** Jona 4,1-11

❖ **Ein Text zur Einstimmung:**

Wir können uns heute vergleichen mit den Jünglingen im Feuerofen – wir sehen überall Flammen, abscheuliche Dinge, Kriege, Hass... Das ist schrecklich und könnte uns lähmen. Wenn wir aufhören, Gott zu loben, bleiben uns nur die Traurigkeit, unsere eigene Unzulänglichkeit und die Last der Welt. Aber wenn wir Gott loben, schauen wir auf ihn und nicht auf das Schlechte in uns und in dieser Welt, und wir werden frei, das Schöne in uns, in unserer Umgebung und in unserem Leben und die Liebe Gottes zu entdecken. Jesus sagt zu allen Traurigen und Depressiven aller Zeiten: „Kommet zu mir, die ihr euch plagt und schwere Lasten zu tragen habt. Ich werde euch Ruhe verschaffen. Nehmt euer Joch auf euch und lernt von mir, denn ich bin gütig und von Herzen demütig; so werdet ihr Ruhe finden für eure Seele" (Mt 11,28-29). *(Aus einem Vortrag von Ingeborg Obereder)*

❖ **Zum Thema: „Depressive Verstimmung – was tun?"**

- Viele Menschen leiden heute an Depressionen, diese müssen von Fachleuten behandelt werden. Oft aber liegt keine eigentliche Krankheit, sondern nur eine depressive Verstimmung vor.
- Die Stimmung ist „down", man ist lustlos, nichts freut einen, alles ist langweilig, ich fühle mich gelähmt, ich bin traurig, interesselos – eben deprimiert.
- Was kann ich tun?
  Drei praktische Tipps:

1. **Stärken Sie ihre „soziale Kompetenz"**

- Wer „sozial kompetent" ist, das heißt, wer weiß, wie er mit ande-

ren umgeht, stärkt seine Selbstsicherheit.
- o Wer immer ein „Verlierer" ist, fühlt sich in seiner Haut nicht wohl. Entweder häuft sich Groll gegen sich selbst oder gegen andere an.
- o „Schlucken" Sie nicht alles! Sagen Sie offen, frei und klar Ihre Meinung, ohne dabei andere zu verletzen.
- o Äußern Sie berechtigte Wünsche, aber in einer Form, dass der andere sie auch annehmen kann. Bitten kommt immer besser an als fordern.
- o Sagen Sie nicht immer „ja", wenn Sie „nein" sagen möchten. Es ist legitim, nicht alle Wünsche anderer zu erfüllen.
- o Erkennen Sie das Gute und Schöne bei anderen auch verbal an. Machen Sie ehrliche Komplimente, dann wird das Zusammenleben freudiger.
- o Nehmen Sie ein Lob oder auch ein Kompliment an!

2. Setzen Sie positive Verstärker ein

- Ist man einmal niedergeschlagen – aus welchem Grund auch immer –, ist man sehr verleitet, passiv zu sein, das heißt man tut all das nicht, was einem bislang immer Freude gemacht hat. Die Folge davon ist: Man verharrt in der trüben Stimmung, die einem den ganzen Elan genommen hat.
- Setzen Sie dann bewusst eine sehr erfolgreiche Strategie ein: Tun Sie etwas! Etwas, was Ihnen normalerweise immer Freude bereitet hat (das nennt man Verstärker). Auch dann, wenn Ihnen jetzt gar nicht danach zumute ist. Probieren Sie es aus! Sie werden sehen, dass sich Ihre Stimmung schnell positiv verändert.
- Im Folgenden einige Anregungen an Hand einer **Liste möglicher „Verstärker"**, die Sie einsetzen können:
  - o Pflegen Sie sich, machen Sie sich schön, spannen Sie einfach aus, nehmen Sie ein Bad, duschen Sie, machen Sie sich's gemütlich.
  - o Gehen Sie ins Freie, machen Sie eine schöne Wanderung.
  - o Machen Sie Bewegung, betreiben Sie Sport, spielen Sie!
  - o Singen und musizieren Sie. (David spielte die Zither, um das Gemüt Sauls aufzuhellen.)
  - o Tun Sie sich selbst etwas Gutes! (kaufen Sie etwas ein, kochen Sie,…)
  - o Gönnen Sie sich etwas!
  - o Tun Sie jemand anderem etwas Gutes. Seien Sie großzügig, schenken Sie jemand etwas, denn „Geben ist seliger

als Nehmen". Dieses Wort bewahrheitet sich immer wieder, wenn man mit offenem Herzen gibt (z.B. Zeit, ein Lächeln, ein gutes Wort, Trost, Zuwendung,... unter Umständen auch Materielles).
- Gehen Sie ins Theater oder ins Kino; machen Sie einen Einkaufsbummel.
- Machen Sie eine Reise.
- Verbringen Sie Zeit mit einem Hobby, basteln, lesen, malen... Sie!
- Nehmen Sie mit anderen Leuten Kontakt auf durch Anrufen, Besuchen, Verabredungen,...
- Rückzug ist immer schlecht, weil man sich der „sozialen Verstärker" selbst beraubt.
- Bleiben Sie an einer schweren Aufgabe dran!
- Bringen Sie eine alltägliche oder unangenehme Aufgabe zu Ende. Das erhöht die Zufriedenheit mit sich selbst.
- Spielen Sie mit Kindern, schauen Sie in Kinderaugen, lächeln Sie Kindern zu!
- Erweisen Sie Liebe und nehmen Sie Liebeserweise an Sie wahr.
- Beschäftigen Sie sich mit Tieren oder beobachten Sie diese.
- Verpassen Sie die Feiertage nicht und feiern Sie sinnvoll.
- Beten Sie; sprechen Sie mit Gott, danken und loben Sie ihn.

3. Formen Sie negative Einstellungen um!

- Wer niedergeschlagen ist, sieht entweder sich selbst, seine Umwelt oder die Zukunft negativ. Meistens entsprechen solche Gedanken aber nur teilweise oder gar nicht der Realität.
- Der Leitsatz für alle Betroffenen heißt demnach: Ich muss umdenken und mich bemühen, die Wirklichkeit in einem neuen Licht zu sehen.

Dazu drei Schritte:

1. **Erkennen stets wiederkehrender negativer Gedanken**
   Man muss seine negativen Gedanken auf ihre Richtigkeit hin überprüfen.
   Jemand sagt z.B. zu sich immer wieder: *„Ich habe schon wieder versagt. Ich versage immer!"*
2. **Realitätsprüfung**
   Nun muss man seine Gedanken überprüfen und fragen: Stimmt es, dass ich immer versage? Mit Sicherheit wird man draufkommen, dass dies nicht stimmt. Vielleicht ist man wirklich auf einem Gebiet untalentiert, aber auf einem anderen kann man sich

schen lassen.

3. **Falsche Gedanken korrigieren (umdenken)**
Wenn ich nun erkenne, dass meine negativen Gedanken nicht der Wahrheit entsprechen, dann muss ich diese umformen. Ich kann ein Selbstgespräch führen und etwa sagen:
„Stopp! Jetzt will ich einmal ganz nüchtern denken, ich tappe jetzt nicht in meine alte Denk-Falle! Das stimmt einfach nicht, wenn ich so denke! Stopp!"
Mit der Zeit ändern sich auch die negativen Gefühle, die ja auf Grund meiner negativen Gedanken entstanden sind.

- Eventuell sind Sie wirklich mit einem großen Problem konfrontiert, das Sie niedergeschlagen macht. Sprechen Sie sich dann selbst Mut zu: Für jedes Problem gibt es eine Lösung. Suchen Sie eventuell den Rat guter Freunde. Denken Sie daran, dass jedes Ereignis in unserem Leben auch eine zweite Seite hat – wie eine Medaille. Versuchen Sie, in allem Negativen auch das Positive zu finden. Lassen Sie niemals Ihren Blick von einem Problem so einengen, dass Sie nur mehr „schwarz" sehen!
- Vielleicht hilft Ihnen bei einem Problem das folgende, einfache Gebet:

„Herr, gib mir die Kraft,
Dinge zu ändern,
die ich ändern kann,
die Gelassenheit,
Dinge anzunehmen,
die ich nicht ändern kann,
und die Gabe, das eine
vom anderen zu unterscheiden."
(Thomas Morus)

❖ **Anregungen zum Nachdenken / Gespräch:**

➢ Wie gehen Sie mit depressiven Stimmungen um?
➢ Haben Sie schon einen positiven Verstärker zur Hebung Ihrer Verstimmung verwendet?
➢ Wie wirkt bei Ihnen bei einer depressiven Verstimmung Bewegung in frischer Luft?
➢ Besprechen Sie das so sinnvolle Gebet von Thomas Morus.

„Das Glück deines Lebens
hängt von der Beschaffenheit deiner Gedanken ab."
(Marc Aurel)

Richtig mit der Angst umgehen   AT 14

❖ **Begleitende Literatur:** KKK 1769

❖ **Schriftbetrachtung:** Mt 14, 25-33

❖ **Ein Text zur Einstimmung:**

„Als kleiner Bub war ich mit meinen großen Spielkameraden ‚Kirschen-Stehlen'. Der Bauer ertappte uns und wir flüchteten. Da ich nicht so schnell laufen konnte wie die anderen, steckten mich die ‚Großen' kurzerhand in eine auf dem Weg befindliche Erdhöhle. Noch bevor der Bauer zu meinem Versteck kam, hatte  sein Hund mich schon erreicht. Er steckte seinen Kopf in die Höhle, kläffte und fletschte solange die Zähne, bis mich der Bauer entdeckte und herausholte. Meine Angst war unbeschreiblich. Noch 20 Jahre später bekam ich Gänsehaut, wenn ein Hund bellte. Als ich aber die Ursache meiner Angst erkannte und nicht mehr vor jedem Hund flüchtete, verschwand allmählich meine Angst." (Horst Obereder, Erlebnisbericht)

❖ **Zum Thema: „Richtig mit der Angst umgehen"**

1. Jeder kennt die Angst

- Wer hätte sich noch nie gefürchtet? Jeder kennt sie, die Angst! Angst ist ein normales menschliches Gefühl wie Freude, Trauer oder Wut.
- Angst bewahrt uns davor, uns leichtfertig Gefahren auszusetzen.
- Angst hilft uns auch, gefahrvolle Situationen zu bewältigen, denn müssten wir bei jeder Gefahr zuerst einmal überlegen, wie wir reagieren sollen, dann könnte uns dies das Leben oder die Gesundheit kosten.
- Die Angstreaktion ist sozusagen ein Teil unseres genetischen

„Programms".
- Die Angst bewirkt Reaktionen wie „Kampf" oder „Flucht", um dadurch einer Gefahr sinnvoll begegnen zu können.

2. Wenn Angst zum Problem wird
- Zum Problem wird die Angst dann, wenn ich mich in keiner bedrohlichen Situation befinde und dennoch jene Symptome auftreten, die im Ernstfall zwar sinnvoll, in einer gefahrlosen Situation allerdings sehr belastend sind.
- Solche unerwünschten Zustände können sein: Muskelverspannungen, Würgegefühl, Einschlafstörungen, Beklemmungsgefühle, Schwitzen, Herzrasen, Blutdruckanstieg, Atemlosigkeit, Erstickungsgefühle,…
- Der Körper reagiert nämlich nicht nur auf tatsächliche, sondern auch auf vorgestellte Bedrohungen.
- „Nicht die Dinge an sich, sind es, die uns beunruhigen, sondern die Art und Weise, wie wir sie sehen", schrieb schon der griechische Philosoph Epiktet.

3. Durch die Angst hindurch
- Ein Grundsatz für den Umgang mit der Angst besteht darin, dass ich genau das tue, wovor ich mich fürchte.
- William James hat gesagt: „Tue das, wovor du dich fürchtest, und die Furcht stirbt einen sicheren Tod."
- Allen, die Angst haben, in ein Kaufhaus zu gehen, mit dem Zug zu fahren oder die in einem Gastlokal nur Plätze aufsuchen, die eine rasche Flucht ermöglichen…, möchte ich eindringlich ans Herz legen: „Vermeiden Sie Vermeidungsverhalten!"
- Flüchten Sie niemals aus der Situation, in der die Angstsymptome aufgetreten sind.
- Halten Sie unbedingt durch! Anfangs werden die körperlichen Symptome vielleicht stärker auftreten, doch Sie werden bald merken, dass diese von allein abnehmen – es sei denn, sie bekämpfen ihre Angst.
- Sprechen Sie sich selbst Mut zu wie: „Ich halte durch! – Es wird gleich besser!"

4. Angst erfasst uns ganz
- Angst erfasst immer den ganzen Menschen: seine Gedanken, Gefühle, Verhaltensweisen, seine körperlichen Reaktionen und Empfindungen.
- Manche Menschen nehmen ihre körperlichen Angstsymptome

wahr, ohne zu erkennen, dass deren Ursache in Angst machenden Gedanken liegt. Oft glauben sie daher, an einer Krankheit zu leiden.
- Andere Menschen wissen sehr wohl um ihre Ängste, bringen sie aber nicht mit ihrer körperlichen Missbefindlichkeit in Zusammenhang.
- Unsere Ängste hängen wesentlich von unseren Gedanken und Vorstellungen ab. Dies zu erkennen ist für alle wichtig, vor allem für jene, die „krank" sind vor Angst – die „Angst vor der Angst" haben, an Panikattacken oder Phobien leiden.

5. Angst weicht nicht Befehlen

- Ein schlechter Einfall wäre es, würde ich zu meiner Angst sagen: „Ich möchte dich nicht haben! Ich akzeptiere dich einfach nicht! – Verschwinde gefälligst!" Die Angst würde sich dann an mich heften wie eine Klette. Die Begründung ist einfach:
  - o Wenn ich mich ständig gegen das Aufkommen von Angst wehre, werden Stresshormone ausgeschüttet und die Angst wird umso sicherer auftreten oder bestehen bleiben.
  - o Das Phänomen Angst lässt sich nicht einfach einsperren, sie würde dadurch nur noch mächtiger.
  - o Angst lässt sich nämlich weder ein-, noch aussperren. Sie muss akzeptiert werden; ich muss lernen, mit ihr umzugehen.

6. Praktische Tipps

- Oft ist es sehr hilfreich, sich zu bewegen, da dadurch die für „Kampf" oder „Flucht" vorbereitete Energie abgebaut wird.
  - o Man kann gehen, laufen, hüpfen oder einfach die Arme und Beine ausschütteln.
- Auch eine bestimmte Atemtechnik vermindert die körperlichen Angstsymptome:
  - o Bei geschlossenem Mund tief durch die Nase ein- und 2- bis 3-mal so lange bei leicht geschlossenen Lippen durch den Mund ausatmen.
  - o Der Herzschlag wird durch die langsamere Atmung herabgesetzt, und das verlängerte Ausatmen bewirkt eine Entspannung der Muskulatur.
- Kontrollieren Sie vor allem Ihre Gedanken! Wer lebhafte Vorstellungsbilder über das entwickelt, was passieren könnte, begibt sich in einen Teufelskreislauf.
  - o Gedanken wie „Gleich fall' ich um" oder „Das halte ich

nicht mehr aus" werden unnötig die Angstsymptome verstärken.
- o Wenn Sie ruhiger leben wollen, dann verzichten Sie auf Ihre Angst-Phantasien, denn diese steigern zwangsläufig die so unangenehmen körperlichen Symptome der Angst.
- o Beobachten Sie vielmehr das Erlebte und beschreiben Sie, was tatsächlich geschieht: „Ich spüre, wie mein Herz schlägt, wie ich zittere; leichter Schwindel tritt auf,…"
- o Ermutigen Sie sich zugleich in einem inneren Selbstgespräch, dass Sie alles aushalten können.
- o Vielleicht gelingt es Ihnen sogar, Ihre Aufmerksamkeit überhaupt nach außen zu lenken, anstatt auf körperliche Vorgänge zu achten.
- Für jeden, der „Angst vor der Angst" hat, ist es wichtig…
  - o sich gerade jenen Situationen auszusetzen, die Angst hervorrufen, und in dieser Situation zu verharren, bis die Angst spürbar abgenommen hat.
  - o die Angst nicht verdrängen zu wollen, sondern zu akzeptieren.
- Lassen Sie sich von dem biblischen Aufruf „Fürchte dich nicht!" ermutigen und strecken Sie Ihre Hand wie der heilige Petrus nach Jesus aus, der ihn vor dem Ertrinken errettete.

❖ **Anregungen zum Nachdenken / Gespräch:**

➢ Welche Ängste bewegen Sie? Inwiefern hilft Ihnen der Glaube?
➢ Wie können wir der Aufforderung Jesu „Fürchte dich nicht!" in einer Zeit nachkommen, in der es so vielfache Bedrohungen gibt?

„Tue das,
wovor du dich fürchtest,
und die Furcht stirbt
einen sicheren Tod!"
(William James)

„Wer keine Angst hat,
hat keine Phantasie."
(Erich Kästner)

Burnout   AT 15

- ❖ **Begleitende Literatur:** KKK 2428
- ❖ **Schriftbetrachtung:** Ex 18,13-27
- ❖ **Ein Text zur Einstimmung:**

Eva hat ihr Informatikstudium erfolgreich absolviert. Mit Elan beginnt sie in ihrer Firma an einem größeren Projekt zu arbeiten. Sie ist sehr ehrgeizig und strebsam, macht häufig Überstunden. Teilweise übernimmt sie sogar die Arbeit einer Kollegin, die mit den Arbeitsanforderungen nicht zurecht kommt. Trotz allen Fleißes von Eva kommt das Projekt nur langsam voran. Der Chef ist unzufrieden und setzt immer kürzere Termine. Eva denkt Tag und Nacht an ihre Arbeit, macht noch mehr Überstunden,... Nach einigen Monaten kann sie plötzlich nicht mehr schlafen. Sie ist niedergeschlagen. Sie hat alle Freude an der Arbeit verloren, sieht sich und ihre Arbeit als wertlos an,... (Eine Burnoutgeschichte)

- ❖ **Zum Thema: „Burnout"**

1. Was ist Burnout?

- Burnout heißt „Ausbrennen". Der Begriff kommt aus der Raumfahrt: *Eine gezündete Raketenstufe brennt bis zum „burn-out"; und wenn sie „ausgebrannt" ist, funktioniert sie nicht mehr.*
- Analoges kann beim Menschen passieren. Beim Burnout-Syndrom kommen **drei Symptome** zusammen: *emotionale und physische Erschöpfung, Rückzug und Leistungseinbuße.*

2. Möglicher Verlauf von Burnout

- Dem Burnout geht meist ein großes Engagement voraus:
    - Arbeit mit viel Idealismus,
    - Eventuell freiwillige und unbezahlte Mehrarbeit,
    - Verdrängung von Misserfolgen,
    - Verleugnung eigener Bedürfnisse.

- Es folgt ein reduziertes Engagement wegen Erschöpfung oder Enttäuschung:
  - Der Arbeitseinsatz wird reduziert.
  - Die Arbeitsfreude schwindet.
  - Die Tendenz zum Nörgeln steigt.
  - Es beginnt ein sozialer Rückzug.
  - Emotionale Reaktionen sind dabei:
    - Desillusionierung,
    - Hilflosigkeit,
    - Verbitterung und Pessimismus.
- In der dritten Stufe des Burnout erfolgen:
  - Abbau von Engagement und deutlicher Leistungsabfall.
  - Verflachung von Verantwortungsgefühl und positiven Emotionen.

3. Burnoutgefährdete

- Die „klassischen" Helferberufe wie Ärzte, Krankenschwestern, Lehrer,… sind besonders gefährdet.
- Betroffen kann aber jeder sein, denn das Burnout-Syndrom ist eher an persönliche Merkmale als an Berufe gebunden.
- Für das Burnout sind insbesondere Menschen disponiert, die…
  - bereit sind, sich aufzuopfern und einen übertriebenen Idealismus haben.
  - übertriebene Forderungen an sich selbst stellen und sich unnötigen Stress machen.
  - geben, geben und sich selbst vergessen – unter dem Motto:

„So schön und einfach ist mein Leben; geben, immer nur geben"
(Inschrift bei einem Brunnen).

  - im Alltagsstress keine Oasen finden, um aufzutanken.
  - sich ständig mit Negativem konfrontieren.

4. Schützen Sie sich vor Burnout!

- **Schätzen Sie Erfolge und Misserfolge richtig ein!**
  Burnout-Gefährdete neigen dazu, die Ursachen für Misserfolge bei sich selbst zu suchen und übermäßig zu bewerten.
- **Machen Sie sich keine Selbstvorwürfe!**
  Selbstvorwürfe wirken lähmend!
  Richten Sie bei einem eventuellen Misserfolg den Blick in die Zukunft.
- **Suchen Sie den Beistand von anderen!**
  Unterstützung und Solidarität durch andere reduziert den Stress und wirkt als „Puffer".
- **Gewinnen Sie Distanz zu Ihrer Arbeit!**
  - Schützen Sie sich vor ständigem gefühlsmäßigen „Ausgebrannt-Werden".
  - Grenzen Sie sich innerlich spätestens dann ab, wenn die Gefahr besteht, dass Sie „aufgefressen" werden.
  - Sie brauchen Zeit zum Feiern und zum Ruhen! Gott überfordert Sie nie!

- o Sie müssen nicht alles heute erledigen.
- o Lernen Sie „abschalten". Sie „müssen" nicht immer nur helfen.
- o Suchen Sie die Begegnung mit Menschen, die auch Ihnen etwas geben!
- o Es gelingt leichter „abzuschalten", wenn man mit Kindern spielt.
- o Halten Sie Maß in allen Lebensbereichen:
  Wachen – Schlaf; Arbeit – Erholung; Beruf – Familie…
- o Schaffen Sie sich „Oasen der Freude":
  - Gehen Sie einmal gemütlich aus.
  - Treffen Sie sich mit Freunden.
  - Nehmen Sie sich Zeit für angenehme Aktivitäten wie Wandern, Lesen,…

- **Gewöhnen Sie sich nicht an den Wohlstand!**
  - o Auch ein sorgenfreies Leben in Wohlstand und ohne Überforderung in der Arbeit kann zu „Burn-out" Symptomen führen. Nehmen Sie ein angenehmes Leben nicht als selbstverständlich hin.
  - o Eine optimale Vorbeugung, um des Wohlstandes nicht überdrüssig zu werden und zu einer Verflachung seiner Gefühle zu gelangen, ist, immer wieder freiwillig auf Angenehmes zu verzichten. Deshalb ist Fasten so wichtig!
  - o Ebenso: Opfer aus Liebe zu bringen, sich im Konsum einzuschränken, sich um andere kümmern,…

- **Leben Sie in der Gegenwart!**
  - o Menschen in Burnout–Prozessen leben häufig aus der Vergangenheit und in der Furcht vor dem Versagen in der Zukunft.

- **Machen Sie sich unabhängig von äußerem Erfolg!**
  - o Erkennen Sie Ihre Grenzen an!
  - o Machen Sie sich möglichst unabhängig von der Anerkennung durch andere.
  - o Was man vor Gott ist, das ist man in Wahrheit.

- **Überprüfen Sie Ihre Erwartungen!**
  - o Überfordern Sie sich nicht selbst!
  - o Stellen Sie realitätsgerechte Erwartungen an sich selbst.
  - o Schätzen Sie Ihre Erfolgswahrscheinlichkeit richtig ein!
  - o Sehen Sie Ihre Berufsbedingungen realistisch und nicht illusionistisch.
  - o Bleiben Sie auf dem Boden!

- **Ändern Sie Ihr Denken!**
  - o Sagen Sie nicht: „Warum gerade ich!", Denken Sie vielmehr:
    - „Andere haben es schwerer als ich."
    - „Es ging mir schon schlechter!"
    - „Es gibt Schlimmeres!"…

- **„Entsorgen" Sie Ihre Belastungen am Feierabend!**
  - Seelische Wunden, die sich ansammeln, können sich verselbständigen.
  - Stapeln Sie nicht Ihren „Seelenmüll".
  - Legen Sie all Ihre Sorgen in einen großen Korb und übergeben Sie diesen Korb Gott. Das heißt: „Werft all eure Sorgen auf den Herrn!"
  - Es kann auch hilfreich sein, einen „Sorgenzettel" zu schreiben und ihn Jesus zu übergeben.
- **Ändern Sie Veränderliches und nehmen Sie Unabänderliches an!**
  - Halten Sie sich an Thomas Morus: „Ändere, was du ändern kannst und nimm an, was du nicht ändern kannst."
  - Akzeptieren Sie, was geschehen ist; das entlastet ungemein. Das heißt „sein Kreuz anzunehmen".
- **Treffen Sie eine geeignete psychische Selbstvorsorge!**
  - Erkennen Sie Ihre positiven Eigenschaften und Leistungen auch selbst an!
  - Legen Sie den Perfektionismus ab!
  - Akzeptieren Sie Ihre Grenzen!
- **Vergessen Sie Ihren Körper nicht!**
  - Achten Sie auf Ihre Gesundheit und schenken Sie Ihrem Körper die nötige Aufmerksamkeit: z.B.: Spazierengehen, Dauerlaufen, Walking, Entspannungsübungen, Atemübungen,…
  - Essen und trinken Sie mit Genuss.
- **Musik als Therapie bei Burnout**
  - Musik kann entspannen und heilen.
  - Denken Sie an die alte Volksweisheit:
    „Wo man singt,
    da lass dich ruhig nieder".

❖ **Anregungen zum Nachdenken / Gespräch:**

- ➢ Schreiben Sie einen Brief an sich selbst: „Was möchten Sie in Zukunft anders machen?"
- ➢ Überlegen Sie, welche Anregungen für Sie hilfreich sind und schreiben Sie für sich selbst eine „Hausübungsliste!"

„Dann macht es in der Seele 'knacks',
der Geist engt sich ein
und der Körper wird krank."
(Unbekannter Autor)

Heilkräfte der Seele — AT 16

- **Begleitende Literatur:** KKK 362 – 365, 2288 - 2290
- **Schriftbetrachtung:** Röm 13,11-14
- **Ein Text zur Einstimmung:**

„Unsere alltägliche Sprache weiß vielmehr von unserem Innern als wir ahnen. Vor allem drückt sie viele psychosomatische Zusammenhänge aus. Gefühle und Körpergeschehen sind untrennbar miteinander verbunden. Die Sprache drückt in ihren volksnahen Redewendungen den ursprünglichen Zusammenhang aus:
Etwas liegt mir schwer im Magen (etwas ist unverdaut), mir bricht es das Herz, ich ärgere mich noch krank, mir schnürt es vor Angst die Kehle zu, mir stockt der Atem, mir bleibt die Luft weg, mir steigt die Galle hoch, zähneknirschend …, gelb werden vor Neid, aus der Haut fahren…, mir bleibt die Spucke weg …" (Ingeborg Obereder).

- **Zum Thema: „Heilkräfte der Seele"**
  Quellen: Schriften der hl. Hildegard und Arbeiten von P. DDr. Alfons Berkmüller, SSS, (Priester und Arzt)

1. Menschenbild von Hildegard

- Eine besonders schöne Aussage der hl. Hildegard von Bingen gibt ihr Menschenbild wieder: „Der Mensch ist das Werk aller Werke Gottes".
- Der Mensch besteht aus Leib und Seele. Die Hl. Schrift drückt dies bildhaft und wahrhaft genial so aus: „Da formte Gott, der Herr, den Menschen aus Erde vom Ackerboden und blies in seine Nase den Lebensatem. So wurde der Mensch zu einem lebendigen Wesen" (Gen 2, 7).
- Der Leib stammt von der Erde – und er wird wieder zum Staub zurückkehren, wie es in der Liturgie vom Aschermittwoch heißt. Das Leben erhält der Leib durch die Seele – den „Lebensatem", wie es in der Bibel steht.
- Hildegard sagt: Die Seele ist die grünende Lebenskraft im Leib.

- Sie wirkt mittels des Leibes und der Leib mittels der Seele.
- „Die Seele ist die Herrin, das Fleisch ist die Magd."
- Oder in einem treffenden Bild ausgedrückt: Wie der Saft im Baum dem Baum das Leben gibt, so gibt die Seele dem Leib das Leben.
- Es gibt also einen ganz engen Zusammenhang zwischen Leib und Seele.
- Diesen Zusammenhang im Auge zu behalten, ist natürlich auch wesentlich, wenn es um die Erhaltung der Gesundheit oder um die Heilung von Krankheiten geht.

2. Der Zusammenhang von Leib und Seele

- Wir wissen aus der täglichen Erfahrung, dass sich seelisch-geistige Kräfte auf den Organismus auswirken können.
    - Positive Gedanken setzen heilende Stoffe frei, die das Immunsystem stärken.
    - Geht es um negative Gefühle, setzt der Körper Stresshormone aus der Nebenniere frei. Diese wirken bis in die Zellen und schwächen die Immunabwehr.
- Halten wir also fest: Verneinende, negative Gedanken und Gefühle wie z.B. Hass, Neid, Zorn, Gier jeglicher Art, vor allem Unzucht (Hildegard!) und Maßlosigkeit schaden dem Menschen: seinen Organen und seiner Abwehrkraft.
- Alle psychischen Vorgänge, alle Gedanken, alle Gefühle, positive wie negative, bewirken eine Verschiebung des Hormonmusters. Der Stoff, der bei diesem chemischen Prozess entsteht, entspricht dem Charakter des Gedankens oder Gefühls.
- Krankheit kann also die Antwort des Körpers auf negative Kräfte der Seele sein. Wohlgemerkt: kann!
- Besonders anfällig machen:
    - Zorn. Er zermürbt die Nerven.
    - Verzweiflung
    - Besitzgier. Sie ist unersättlich an Irdischem. Schon in der Schrift steht, dass Habgier die Wurzel allen Übels ist.
    - Unglaube
- Ebenso lassen Angst oder das Gefühl der Hilflosigkeit – wenn man sich nicht zur Wehr setzen kann – die Anfälligkeit gegenüber Infektionen schlagartig ansteigen.
- Um wieder heil werden zu können, muss der Mensch seine inneren Haltungen und Einstellungen ändern.

3. Die Tugendkräfte nach Hildegard

- Hildegard spricht von „tapferen Soldaten", die unser Immunsystem stärken. Diese „Soldaten" sind die verschiedenen Tugenden oder „Gotteskräfte unserer Seele" wie Hildegard sie auch nennt. Sie nennt 35 Tugendkräfte, davon sind 5 unumgänglich wichtig für die leib-seelische Gesundheit:
- **Unumgängliche wichtige Tugendkräfte:**
    - **Die Wahrheit**, sie ist der Beginn der Tugenden. Ihre Gegenspielerin ist die Lüge.
    - **Die Demut,** sie ist die Königin der Tugenden, ihr Gegenspieler ist der Hochmut. Hildegard sagt:
        - Demut ist die höchste heilende Kraft.
        - Anbetung ist der höchste Ausdruck der Demut. In der Anbetung muss und soll der Mensch nichts „leisten"; er kann und soll sich vor seinem Gott so zeigen, wie er ist. Dies bringt auch eine große körperliche Entspannung mit sich, die allein schon vieles heilen und regenerieren kann.
        - Insbesondere in der eucharistischen Anbetung machen wir es wie die Menschen aus dem Evangelium, die die Nähe Jesu suchten. Wir wissen, wie Jesus geheilt hat: Er blickt den Kranken an, er spricht ihn an und er berührt ihn. Er holt ihn aus seiner Isolation, er macht ihm Mut, er weckt in ihm Vertrauen und Hoffnung.
        - Es gibt unzählige Zeugnisse, dass Heilung von allen möglichen Krankheiten durch die Eucharistie geschehen sind.
        - In der Anbetung befreie ich mich von mir selbst, wende mich Gott zu. Dadurch bin ich für die Heilung, die Gott mir schenken will, viel offener und freier.
        - In den Krankengottesdiensten, die immer wieder irgendwo angeboten werden, sind immer wieder Heilungen passiert, wenn jemand für einen anderen gebetet hat. Wenn man offen für Gott und für andere ist, wenn ich aus meinem egozentrischen Gefängnis herauskomme, dann kann Gott am meisten an mir wirken und mich heilen.
        - Durch die innere Seelenhaltung der Anbetung – ich kann sie so formulieren:

„Gott ist der Herr" - werden bedeutende Heilkräfte wirksam. Hildegard sagt, durch die Hinwendung zu Gott kommen uns die „35 Gotteskräfte unserer Seele" zu Hilfe. Es sind die 35 Tugendkräfte, in denen Hildegard die besten Abwehrkräfte gegen alle Schwächen und Gebrechen des Körpers sieht.

- Die **Liebe** ist die **Mitte aller Tugenden**, und zwar die Liebe zum Himmlischen. Ihre Gegenspielerin ist die Liebe zum rein Irdischen, zum Vergänglichen.
- Die **Heiligkeit,** sie ist die **Kraftquelle aller Tugenden**. Ihre Gegenspielerin ist die Gottvergessenheit.
- Das **rechte Maß** ist die **Mutter aller Tugenden**, ihre Gegenspielerin ist die Maßlosigkeit.
  - Viele psychische Störungen entspringen der Maßlosigkeit – Essstörungen (Magersucht, Fettsucht Ess-Brechsucht); Alkoholsucht, Spielsucht; überhaupt alle Süchte. Der Alltag vieler ist von Maßlosigkeit geprägt: Wenn der Sport ein Götze wird, sich alles nur um den Sport dreht und der Sport zum Lebenssinn wird. Oder der Konsumrausch, in dem sich viele befinden: alles in Übermaß haben wollen etc.
  - Die hl. Hildegard ist um das rechte Maß besorgt und lehnt jede Art von Übertreibung und Maßlosigkeit ab. Oft ermahnt sie, Maß zu halten.
  - Sie vergleicht Maßlosigkeit mit einem Sturzregen, durch den die Früchte der Erde großen Schaden erleiden. Andererseits müsste alles verdorren, wenn es überhaupt nicht regnete.
  - Nur ein sanfter, gemäßigter Regen lässt die Früchte wirklich gut gedeihen: ein schönes Bild für das rechte Maß.

4. Die sechs goldenen Lebensregeln nach Hildegard

- Wenn unser Leben in geordneten Bahnen ablaufen soll, müssen wir unser Leben ordnen.
- Ordnung für unser Leben geschieht nicht automatisch, ist uns nicht von Natur mitgegeben. *Wir* müssen es ordnen. Wir selbst müssen immer wieder regulierend eingreifen; nachdenken, ob und wo wir etwas verändern müssen.

- Es muss uns bewusst sein, dass wir selbst Verantwortung für uns haben.
- Von Natur aus haben wir Triebe, die uns aktiv werden lassen, z.B. den Selbsterhaltungstrieb. Deshalb wollen und müssen wir essen und trinken. Wann, was und wie viel wir aber essen – das liegt in der Verantwortung jedes Einzelnen. So wie unser Essverhalten unserer Kontrolle unterliegt, so soll auch das Verhalten in unseren übrigen Lebensbereichen kontrolliert werden.
- Hildegard hat uns sechs goldene Regeln hinterlassen, durch die Ordnung in unser Leben kommt.
  - **Achten auf die Lebenskraft**
  (Lebensenergie, Vitalkraft, „Viriditas")

    Die Lebenskraft des Menschen kommt aus der Schöpferkraft Gottes. Hildegard verwendet für diese Lebenskraft, für die vom Schöpfer geschenkte Lebendigkeit, das Wort „Grünkraft" oder „Viriditas". Es bezeichnet das „gesunde Sein", das Leben im Einklang mit dem Willen des Schöpfers und das Leben im Einklang mit der Natur. Dieses „gesunde Sein", das „gesunde Leben" sollen wir pflegen. Wie? Durch Berücksichtigung der natürlichen Abläufe, durch ein Leben in Harmonie mit der Schöpfung. Hierzu gehört auch, die Geschenke Gottes dankbar anzunehmen und genießen zu können: durch positive Naturerlebnisse, durch das Bewusstmachen der Schönheit der Schöpfung und der Schönheit des Menschen.
  - **Achten auf die Heilkraft**
  Gott hat uns in Seiner Schöpfung viele Mittel (in Pflanzen, Tieren, Früchten…) geschenkt, in denen Heilkräfte enthalten sind. Wir sollen sie nützen. Schon der berühmte Arzt Hippokrates sagte vor fast zweieinhalbtausend Jahren: „Eure Lebensmittel sollen eure Heilmittel sein." Es gibt viel Hildegard-Literatur auf dem Büchermarkt, wo man sich gut informieren kann, welche Lebensmittel für uns gut sind und welche man meiden sollte.
  - **Ora et labora**
  (das „Bete und Arbeite" des hl. Benedikt)
  Gebet und Arbeit, Bewegung und Ruhe, sollen ausgewogen sein. Das richtige Maß ist wichtig, der richtige Rhythmus des Tagesablaufes und der Woche. Dazu gehört auch,

den Sonntag zu heiligen und ihn nicht zu einem siebenten Wochentag zu machen.
Hildegard ist Benediktinerin. Ihre Regel ist die des hl. Benedikt. Wichtig ist das „**und**"! Es bewahrt uns vor Übertreibungen und Einseitigkeiten.

o **Wachen und Schlafen**
Der richtige Rhythmus von Wachen und Schlafen ist wichtig, um seine Nerven und den gesamten Organismus zu regenerieren. Nicht den Tag zur Nacht machen. Vor Mitternacht schlafen! Das ist gesund.

o **Entgiftung**
Hinsichtlich der Entgiftung des Körpers findet man viele Tipps in der umfangreichen Hildegard-Literatur.
Was die seelische Entgiftung anbelangt, ist es erforderlich, seine Konfliktsituationen, so gut es geht, abzubauen und durch die Heilsangebote Gottes – vor allem auch durch die Übung der Tugenden – seinen Seelenfrieden zu finden.

❖ **Anregungen zum Nachdenken / Gespräch:**

➢ Viele Redewendungen drücken aus, dass Gefühl und Körpergeschehen miteinander verbunden sind. Welche kennen Sie?
➢ Wie hat sich tiefe eucharistische Anbetung auf Sie ausgewirkt – seelisch und körperlich? (Ruhe, Zuversicht…)
➢ Kann man die Lebensregeln der hl. Hildegard auch in unserer modernen Welt umsetzen? Was können Sie tun?

„Die Seele ist die grünende Lebenskraft im Leibe.
Sie wirkt mittels des Leibes und der Leib mittels der Seele…
Die Seele ist die Herrin, das Fleisch die Magd…
Denn dadurch, dass die Seele ihrem Leib das Leben mitteilt,
hat sie ihn in der Gewalt
und der Leib gibt sich, im Empfangen des Lebens gefangen,
der Herrschaft der Seele hin…

〰

Diese Menschenseele ist ein Hauch aus Gott.
Sie ist himmlischen Ursprungs
Und verliert nie ihr Wissen darum."
(Hl. Hildegard von Bingen)

Christliche Heilmittel — AT 17

❖ **Begleitende Literatur:** KKK 1667 - 1673

❖ **Schriftbetrachtung:** Apg 9, 10 - 19

❖ **Ein Text zur Einstimmung:**

Josef ist zwanzig Jahre alt, ein guter Handwerker, verlässlich und liebenswürdig. Seine Mutter hat sich redlich bemüht, ihn im Glauben zu erziehen. Doch seit der Pubertät geht er nur mehr Ostern und Weihnachten in die Kirche. Einer guten „Gewohnheit" aber ist er treu geblieben. Er geht nie aus dem Haus ohne sich mit Weihwasser zu bekreuzigen. Manchmal kommt es vor, dass er in der Eile ohne Weihwasserkreuz aus dem Haus stürzt. Aber spätestens, wenn er in das Auto einsteigen will, kehrt er um, geht noch einmal in sein Zimmer und „nimmt Weihwasser". Seiner Mutter hat er gesagt: „Weißt Du, ohne Weihwasser hätte ich schon viel Unglück gehabt. Ich sehe das bei meinen Freunden. Ich glaube ganz fest daran, dass ich durch das Weihwasser schon oft beschützt wurde." Josefs Mutter vertraut darauf, dass er eines Tages wieder ein praktizierender Christ werden wird.
(Bericht einer Mutter von fünf Kindern)

❖ **Zum Thema: „Christliche Heilmittel"**
(Quelle: „Weihwasser und andere christliche Heilmittel" von Ingeborg & Horst Obereder)

1. Die Gesundheit – ein hohes Gut

- „Hauptsache gesund!" Dieser Slogan fasst die Mentalität vieler Menschen zusammen. Freilich ist die Gesundheit ein hohes Gut. Doch für einen Christen gibt es andere „Hauptsachen": ein „christliches Leben", ein „liebevolles Herz", ein „reines Gewissen"…

- Für den Christen bietet der christliche Glaube viele Heilmittel für die Gesundheit von Leib und Seele an. Sie wurden von der Kirche immer angewandt, sind heute jedoch nahezu vergessen. Diese Mittel stehen jedem unentgeltlich zur

Verfügung, denn Gott hat sie in seiner unendlichen Güte durch die Kirche allen Menschen geschenkt.
- Oft erscheinen diese Mittel als so einfach, dass man kaum an ihre heilende Wirkung glauben will. So ging es auch dem Knecht Naaman, der nach Israel zog, um von seinem Aussatz geheilt zu werden (2 Kön 5,1-19). Das Mittel, das ihm Elischa empfahl – sich siebenmal im Jordan zu waschen – erschien ihm zu einfach. Aber seine Diener redeten ihm gut zu und sagten, einer schwierigen Bedingung hätte er sicherlich zugestimmt und an den Erfolg geglaubt; nur weil die Aufgabe einfach sei, wolle er sie nicht erfüllen. So ging Naaman doch hinab zum Jordan, wusch sich siebenmal und wurde rein!
- Weil diese einfachen Heilmittel heute kaum verwendet werden, tauchen heutzutage in kurzen Abständen immer neue Strömungen auf, die Heilung versprechen. Fast alle wurzeln im Buddhismus, Hinduismus oder New Age. Es ist erstaunlich, was einzelne an Strapazen und Kosten auf sich nehmen, um durch Gurus mit ihren zweifelhaften Methoden geheilt zu werden.
- Gott aber benötigt keine „komplizierten" Mittel! Er bietet uns in Fülle sehr einfache Heilmittel an.

2. Christliche Heilmittel

- Neben den fundamentalen christlichen Heilmitteln, den Sakramenten der Taufe, der Buße, der Eucharistie und der Krankensalbung, kennt die Kirche weitere Heilmittel, die zum Teil unter den Begriff „Sakramentalien" fallen.
- Es sind „Heilmittel", weil sie die Kraft in sich haben, den Gläubigen zu heiligen und zu Gott – zum endgültigen „Heil" – zu führen.
- Darüber hinaus gewährt Gott aber immer wieder auch sichtbares Heil im alltäglichen Leben: Schutz, Hilfe und Heilung der Seele und des Leibes.

3. Das Weihwasser

- Das Weihwasser zählt zu den Sakramentalien (siehe KKK) und besteht meist aus zwei verschiedenen Stoffen – Wasser und Salz –, um die zwei verschiedenen Wirkungen anzuzeigen, die es erzielen soll. Das Wasser soll reinigen, das Salz bewahren.
- **Die Weihe**
Die Geschöpfe weihen heißt einerseits, sie dem Einfluss Satans zu entziehen, und andererseits, sie zu übernatürlichen Wirkungen zu befähigen.
Die Kirche hat daher von Anfang an zweierlei Gebete für die Weihe des Weihwassers vorgesehen: Ex-

orzismen (Beschwörungen) und Benediktionen (Segensgebete).

- **Das Wasser**
In der Geschichte des Alten und Neuen Bundes hat Gott durch das Wasser machtvolle Zeichen gewirkt. Denken wir nur an den Durchzug durch das Rote Meer oder an die Taufe Jesu im Jordan, wo sich die Gottessohnschaft Jesu machtvoll manifestiert hat.

- **Das Salz**
Das Salz bringt Geschmack in die Speisen, wir brauchen es zur Erhaltung der Gesundheit, für unser Wohlergehen und um Verderbliches vor der Fäulnis zu bewahren. Durch das Salz wird die ewige Dauer angedeutet, so ist es auch Sinnbild für die Ewigkeit Gottes. (Das Salz als Beigabe zum Wasser ist nach der Studienausgabe des neuen Benediktionales heute nicht mehr unbedingt erforderlich).

- **Heilung für Leib und Seele**
  - Es gibt unzählige Zeugnisse über die Wirkung und die Kraft des Weihwassers. So war z.B. für die Missionare des 16. und 17. Jahrhunderts in Amerika, Japan oder in der Arktis... das Weihwasser nicht wegzudenken. Es gab kaum Ärzte, aber Unzählige erhielten Heilung durch das Weihwasser. Es wurden auch Landplagen, Epidemien, Unwetter... durch das Weihwasser vertrieben.
  - Aber auch heute gibt es zahlreiche Zeugnisse von der Wirkung des Weihwassers als Heil- und Gnadenmittel. Durch den gläubigen Gebrauch des Weihwassers wurden Menschen von Krankheiten und Leiden befreit, vor Unwettern bewahrt und mancher fand dadurch zum Glauben zurück.

4. Der Segen als Heilmittel

Ein altes Sprichwort sagt: *„An Gottes Segen ist alles gelegen."* Nicht alles ist für uns Menschen machbar, vieles kann uns nur Gott schenken. Darum brauchen wir dringend den Segen Gottes.

- Wenn man segnet, dann ist Gott gegenwärtig und dadurch werden Menschen oder auch Gegenstände der Macht Satans entrissen.
- Der Segen kann vor Unheil und Krankheit bewahren oder auch eine Heilung an Leib und Seele bewirken.
- Durch den Segen wird die Kraft des Guten im Menschen frei gesetzt, das Glaubensleben kann sich besser entfalten, er kann besser beten und wird in der Liebe zu Gott und zum Nächsten gestärkt.
- Die Vollmacht zu segnen hat jeder getaufte Christ. Niemand spare

daher mit dem Segen! Eltern, segnet eure Kinder, auch die in der Ferne; Kinder, segnet eure Eltern!
- Viele haben die Erfahrung gemacht, dass sich Menschen durch die Kraft des Segens verändert haben.
- Der wichtigste und stärkste Segen ist der Segen des Priesters. Immer, wenn ein Priester segnet, dann segnet Jesus selber.

5. Das Kreuzzeichen

- Wenn wir das Kreuzzeichen machen, dann stellen wir uns unter den Schutz des Dreifaltigen Gottes und beten: *„Im Namen des Vaters und des Sohnes und des Heiligen Geistes."* Jedes Kreuzzeichen ist daher ein Weiheakt an den dreieinigen Gott.
- Der heilige Chrysostomus sagt über die Macht des Kreuzzeichens:

„Geh nie aus deinem Hause, ohne das Zeichen des Kreuzes zu machen. Es wird für dich ein Stab, eine Waffe, ein uneinnehmbarer Turm sein... Weißt du nicht, was das Kreuz getan hat? Es hat den Tod überwunden, die Sünde zerstört, die Hölle geleert, den Satan entthront, die Welt auferweckt: und du könntest noch an seiner Macht zweifeln!"

- Wenn wir das Kreuzzeichen machen, denken wir an die Geheimnisse, die im Kreuz enthalten sind; erinnern wir uns daran, was unsere Erlösung gekostet hat.
- Wenn wir uns bekreuzigen, legen wir den Segen, der durch das Kreuz zu uns Menschen kam, auf uns. Machen wir darum oft und gern das Kreuzzeichen, damit der Segen Gottes unser ganzes Leben begleite.

❖ **Anregungen zum Nachdenken / Gespräch:**

➢ Mache ich das Kreuzzeichen andächtig – wann und wie oft?
➢ Was bedeutet für mich der Segen – vor allem jener des Priesters?
➢ Gibt es bei mir zu Hause Weihwasser und benutze ich es gläubig?

„Jeder Getaufte ist dazu berufen,
ein ‚Segen' zu sein und zu segnen"
(KKK 1669)

„Das Zeichen des Kreuzes ist ein Schild,
der uns gegen die feurigen Pfeile des Teufels beschützt."
(Hl. Hieronymus)

Haus- und Gebetskreise   AT 18

❖ **Begleitende Literatur:** KKK 1655 - 1658

❖ **Schriftbetrachtung:** Apg 11,14; 16,13-15; 18,8

❖ **Ein Text zur Einstimmung:**

„*In unserer Zeit entstehen neue Oasen des Glaubens und der Hoffnung: Aufbrüche, Gemeinschaften und Bewegungen... Viele Menschen werden durch eigene Initiative apostolisch tätig und lassen sich nicht durch den Zeitgeist verwirren und verführen. An ihrer Seite opfern Behinderte und Kranke oft in heroischer Weise ihre Leiden auf, damit Gott der Kirche einen neuen Frühling schenke. Der Heilige Vater sagt, dass Gott dabei ist ‚mit Hilfe der Familien eine wahre Erneuerung in der Kirche zu bereiten!' Nach diesen Worten ist die Familie in unserer Zeit für den Aufbau der Kirche von besonderer Bedeutung. Schon die Konzilsväter des II. Vatikanums haben dies erkannt und deshalb den alten Ausdruck ‚ecclesia domestica'* (LG 11) *oder ‚Hauskirche' aufgegriffen und die Gläubigen ermutigt, die Familien im Sinne einer gelebten ‚Hauskirche' zu erneuern*" (Familienbischof Klaus Küng).

❖ **Zum Thema: „Haus- und Gebetskreise"**

1. „Kaskoversicherung"

- Für alle Stände gilt, dass wir den Glauben nicht alleine leben können, wir brauchen Gleichgesinnte. Die Erfahrung des Glaubens in einer Gruppe Glaubender wirkt für den Einzelnen wie eine „Kaskoversicherung". Wenn ich einen „Unfall im Glauben" habe – wenn ich Glaubenszweifel bekomme, gefährdet bin, lau zu werden oder gar auf Abwege gerate – dann kann mir die Gruppe im Glauben helfen! Sie sollte für meinen Glauben geistig wie eine weltliche „Kaskoversicherung" wirken, die jeden Schaden vollständig behebt.

- Die beste „Kaskoversicherung" sind Haus- oder Gebetskreise.

2. Haus- oder Gebetskreise

- Die Urchristen fanden inmitten einer heidnischen Welt in den „Hauskirchen" Oasen christlichen Lebens. Sie haben so ihren Glauben bewahrt und vertieft.
- Die heutige Welt steht ebenfalls dem Glauben fern oder ist ihm sogar feindlich gesonnen. Wir sollten uns daher wieder auf die Praxis der Urchristen besinnen und uns Haus- oder Gebetskreisen anschließen oder welche gründen.
- In den Haus- oder Gebetskreisen können wir die „Schwerhörigkeit Gott gegenüber" behandeln, wie es Papst Benedikt XVI. in München am 10.9.2006 formulierte. Dann wird *„der Weg des Getauftseins... ein Prozess des Wachstums werden, in dem wir in das Leben mit Gott hineinwachsen und so auch einen anderen Blick auf den Menschen und auf die Schöpfung gewinnen"* (Papst Benedikt XVI.).

3. Bildung von Haus- oder Gebetskreisen

- Haus- oder Gebetskreise können in Pfarren oder auch überpfarrlich entstehen. Der Kontakt mit dem Pfarrer oder einer anderen Person, die fest in der Lehre der katholischen Kirche steht, ist sehr zu empfehlen.
- Wenn Sie sich nach einem Kreis gleich Gesinnter sehnen, dann beten Sie dafür und bitten Sie Gott um Führung. Vielleicht sind eine oder mehrere Novenen erforderlich. Gott erhört Sie sicher!
- Parallel zum Gebet öffnen Sie ihre Augen und denken Sie nach, welche Menschen in Ihrer Umgebung Sie ansprechen könnten.
- Im Dom zu Regensburg hat Papst Benedikt XVI. gesagt: *„Bitten wir den Herrn, dass er uns sehend macht. Helfen wir uns gegenseitig zum Sehen, damit wir auch die Menschen unserer Zeit sehend machen können und dass sie durch die ganze selbst gemachte Welt hindurch Gott wieder erkennen können; durch alle historischen Barrieren hindurch Jesus wieder wahrnehmen dürfen, den von Gott gesandten Sohn, in dem wir den Vater sehen."*

4. Teilnehmer am Haus- oder Gebetskreis

- Allen Personen, denen der Glaube ein Anliegen ist, empfehlen wir, sich einem Haus- oder Gebetskreis anzuschließen oder selbst einen zu gründen.
- Für Familien mag dies schwierig erscheinen, aber gerade an sie ergeht der Ruf, „Hauskirche" zu sein. Auch für die Familien ist

ein Zusammenschluss in Hauskreisen zu empfehlen, um einander im Glauben zu stärken.

5. Organisation der Treffen

- Die Treffen sollten regelmäßig stattfinden. Je nach Wunsch und Möglichkeit wöchentlich, 14-tägig oder monatlich.
- Diese Treffen laufen nach einem gleich bleibenden „Programm" ab.
- Es kann ein fixer Treffpunkt vereinbart werden oder die Gastgeber wechseln je nach ihren Möglichkeiten ab, z.B. in alphabetischer Reihenfolge.
- Die Dauer des Treffens sollte in einem vertretbaren Rahmen bleiben.
- Für Familien dürfen Kinder kein Hindernis sein.
- Wenn möglich, werden die Kinder nach einem eigenen Programm betreut. Ältere Geschwister, Großeltern oder Freunde könnte sich ein ansprechendes „Alternativprogramm" überlegen.
- Die Begrüßung erfolgt vom jeweiligen Leiter, z.B. dem Gastgeber.
- Ein erfahrener Geistlicher oder ein Laie, der mit Hauskreisen schon Erfahrung hat, sollte bei der ersten Runde „Geburtshelfer"

sein und für Rückfragen zur Verfügung stehen.

6. Ablauf der Haus- oder Gebetskreise

Der Ablauf eines Haus- oder Gebetskreises muss nicht starr dem angegebenen Schema folgen. Es hat sich jedoch folgender dreistufiger Ablauf – Gebetsteil, Fortbildungsteil, Ausklang – in der Praxis sehr bewährt:

- **Gebetsteil**
  - Das Gebet ist lebensnotwendig, denn *„die Gnade der Erneuerung... wird nur einer Kirche gegeben, die betet"* (Johannes Paul II.).
  - Der Lobpreis öffnet das Herz! Daher sollte mit mindestens zwei bis drei Liedern begonnen werden.
  - Ein Rosenkranzgesetzchen mit kurzen Betrachtungen (die jemand vorbereitet) oder ein Teil der Laudes oder ...
  - Es sind natürlich auch freies Gebet oder freier Lobpreis möglich.
  - Fürbitte
  - Gemeinsames Vaterunser – Ave Maria...
  - Ein Schlusslied beendet den „Gebetsteil"
- **Fortbildungsteil**
  - Viele Menschen sind heute

mit Recht stolz auf ihre beruflichen Qualifikationen oder ihre Leistungen im Sport.
- Welchen Sinn aber haben all diese Anstrengungen, wenn letztlich nichts auf das letzte Ziel ausgerichtet ist?
- Was nützt es uns im Angesicht Gottes, wenn wir im weltlichen Bereich Erfolge und Diplome aufweisen können, im religiösen Bereich aber in den Kinderschuhen stecken geblieben sind?
- Bei den Haus- oder Gebetskreisen soll daher die Fortbildung in Lebens- und Glaubensfragen einen zentralen Platz einnehmen. Dazu einige **konkrete Anregungen**:
- Gemeinsames Studium eines in diesem Buch vorgelegten Themas.
- Die einzelnen Themen wurden relativ knapp behandelt, man muss daher damit rechnen, dass noch Fragen offen bleiben.
- Es ist sinnvoll, den Text vor dem Treffen durchzulesen und beim Treffen eingehend zu besprechen.
- Bei Unklarheiten werden die Fragen notiert. Man kann in der weiterführenden Literatur nachschlagen oder sich mit einem Seelsorger besprechen.
- Austausch und Gespräch über das Thema (bei manchen Themen können die Männer und Frauen getrennt diskutieren.) Bitte vermeiden Sie Streitgespräche.

- **Ausklang**
  - Planung der nächsten Termine und Wahl des Themas.
  - Gemütlicher Ausklang

❖ **Anregungen zum Nachdenken / Gespräch:**

➢ Durchstöbern Sie einmal einige Seiten der Homepage der „Initiative Hauskirche" http:www.hauskirche.at.
➢ Sie können auch Fürbitten in die Homepage stellen.
➢ Ist es erstrebenswert, einem Haus- oder Gebetskreis anzugehören?
➢ Wie können Sie am Aufbau von Haus- oder Gebetskreisen mitwirken?

„Wo zwei oder drei
in meinem Namen versammelt sind,
da bin ich mitten unter ihnen."
(Mt 18,20)

Unter dem Schutz der Engel — AT 19

❖ **Begleitende Literatur:** KKK 327 - 336, 350 - 352

❖ **Schriftbetrachtung:** Apg 12, 6-19a

❖ **Ein Text zur Einstimmung:**

Der junge Giovanni Maria ministrierte jeden Tag in der väterlichen Hauskapelle. Während der heiligen Opferhandlung des Priesters kniete er immer an der untersten Altarstufe. Eines Tages aber begann während der hl. Messe sein Herz wie wild zu schlagen und er bekam große Angst. In seiner Not blickte er sich um und sah einen schönen Jüngling, der ihm zuwinkte, als ob er zu ihm kommen solle. Als er zögerte, winkte die leuchtende Gestalt noch kräftiger. Da sprang Giovanni Maria auf und lief zu dem Jüngling. In diesem Augenblick stürzte eine schwere Heiligenstatue vom Altar genau auf den Platz, an dem der Junge kurz vorher gekniet war. Der winkende Jüngling aber war verschwunden. Giovanni Maria wurde Priester, Bischof und Papst. Als Papst Pius IX. pries er noch immer den wunderbaren Schutz und die Führung durch seinen Schutzengel. (Papst Pius IX. erzählte immer wieder diese Erfahrung mit seinem Schutzengel)

❖ **Zum Thema: „Unter dem Schutz der Engel"**

1. Die unsichtbare Welt

- Im Glaubensbekenntnis von Nizäa-Konstantinopel bekennen wir: „Wir glauben an den einen Gott, den Vater, den Allmächtigen, der alles geschaffen hat, Himmel und Erde, die sichtbare und die unsichtbare Welt." Zu dieser unsichtbaren Welt gehören geistige, körperlose Wesen, die in der Heiligen Schrift als Engel bezeichnet werden.
- Engel sind Diener und Boten Gottes. Sie sind Personen und unsterblich. Als rein geistige Geschöpfe haben sie Verstand und Willen.
- Gabriel, Michael und Raphael sind die drei Engel, die in der Bibel namentlich erwähnt werden.
- Thomas von Aquin teilte die Engel

in drei Hierarchien mit jeweils drei Engelchören ein:
- Die erste Hierarchie ("Seraphim", "Cherubim" und "Throne") ist beauftragt mit dem Dienst am Throne Gottes.
- Die zweite Hierarchie ("Herrschaften", "Gewalten" und "Fürsten") verwaltet die Herrschaft Gottes im Universum.
- Die dritte Hierarchie ("Mächte", "Erzengel" und "Engel") ist für den Dienst am Menschen zuständig.

2. Die Prüfung der Engel
- Weil die Engel einen freien Willen haben, sollten sie sich für oder gegen Gott entscheiden. Die „Geheime Offenbarung" berichtet von der Dramatik dieser Entscheidung. Ein Teil der Engel erhob sich im Stolz gegen Gott: „Da entbrannte im Himmel ein Kampf; Michael und seine Engel erhoben sich, um mit dem Drachen zu kämpfen... er wurde gestürzt, der große Drache, die alte Schlange, die Teufel oder Satan heißt und die ganze Welt verführt..." (Offb 12,7-9).
- Im IV. Laterankonzil wurde definiert, dass die gefallenen Engel: „von Gott gut geschaffen wurden, aber durch ihren eigenen Willensentscheid böse geworden sind". Diese Entscheidung, dieses „Ich will nicht dienen!" (Jer 2,20) Luzifers und seines Anhangs ist endgültig. Damit wird sichtbar: „Der Stolz führt ins Verderben" (Tob 4,13).

3. Die Engel in der Heilsgeschichte
- Der hl. Paulus fragt: „Sind sie (die Engel) nicht alle dienende Geister, ausgesandt zum Dienste derer, die das Heil erlangen sollen?" (Heb 1,14).
- 320mal werden in der Heiligen Schrift die Engel erwähnt; hier nur einige „Blitzlichter".
  - Jakob sah eine Himmelsleiter, „auf der Gottes Engel auf- und niedersteigen" (Gen 28,12). Diese Engel bringen die Gebete der Menschen zu Gott und Gottes Gaben zu den Menschen.
  - Immer wieder schickt Gott seinen Engel, um jemanden zu führen: Den Großknecht Abrahams auf seinem Weg nach Mesopotamien (Gen 24,7), Mose auf dem Weg ins Gelobte Land (Ex 33,2 und 20) oder Tobias auf der Reise nach Medien (Tob 5, 1-17).
  - Die Engel sind auch mächtige Helfer, sie schützen sogar im Feuerofen (Dan 3,49-50).
  - Die wohl bedeutendsten Stellen über die Engel, finden wir im Neuen Testament. Die Engel nehmen in besonderer Weise teil an der Heilsgeschichte: bei der Verkündigung (Lk 1,26-38), bei der Geburt Jesu (Lk 2, 9-15), am Ölberg (Lk 22,43), bei der Aufer-

stehung (Lk 24, 2-7) und bei der Himmelfahrt Jesu (Apg 1, 10-11).
o Auch in der Apostelgeschichte spielen die Engel eine entscheidende Rolle: Sie führen die Apostel (Apg 5,19-20) und Petrus (Apg 12,6-10) aus dem Gefängnis, trösten den Schiffbrüchigen Paulus (Apg 27,23)…
o Eine besondere Funktion haben die Engel in der Endzeit. Sie „werden die von ihm (Menschensohn) Auserwählten aus allen vier Windrichtungen zusammenführen…" (Mt 24,31).
o Die Engel werden Zeugen des Gerichtes sein. Jesus sagt: „Wer mich aber vor den Menschen verleugnet, der wird auch vor den Engeln Gottes verleugnet werden" (Lk 12, 8-9).

4. Die Schutzengel

- Es ist immer Lehre der Kirche gewesen, dass jeder Mensch einen Schutzengel hat. Der Schutzengel ist ein besonderer Engel, der den Menschen auf seinem Lebensweg führt und vor vielen Gefahren bewahrt. Jesus selbst nimmt Bezug darauf, wenn er sagt: „…ihre Engel im Himmel sehen stets das Angesicht meines himmlischen Vaters" (Mt 18,10).
- Die Kirche feiert zur Ehr dieser treuen Begleiter am 2. Oktober das so genannte „Schutzengelfest".
- Schon der Psalmist schreibt: „Er (Gott) befiehlt seinen Engeln, dich zu behüten auf all deinen Wegen. Sie tragen dich auf ihren Händen, damit dein Fuß nicht an einen Stein stößt" (Ps 91, 11—12).
- Die Schutzengel „sind treu, sie sind klug und mächtig. Was sollen wir fürchten? Folgen wir ihnen in Treue: und wir wandeln im Schutze Gottes. So oft eine schwere Versuchung dich bestürmen will, so oft eine schwere Bedrängnis dir bevorsteht: rufe ihn an, deinen Schutzengel, deinen Führer, deinen Helfer in guten und in bösen Stunden" (hl. Bernhard von Clairvaux).

❖ **Anregungen zum Nachdenken / Gespräch:**

➢ Denken Sie an Ihren Schutzengel und beten Sie zu ihm?
➢ Haben Sie Erfahrungen im Umgang mit Ihrem Schutzengel gemacht?

*„Jeder Gläubige hat einen Engel
als Beschützer und Hüter neben sich,
der ihn zum Leben führen soll."*
(Hl. Basilius)

Literatur

Katechismus der Katholischen Kirche

Das Standardwerk über den katholischen Glauben „ist eine Darlegung des Glaubens der Kirche und der katholischen Lehre, wie sie von der Heiligen Schrift, der apostolische Überlieferung und vom Lehramt der Kirche bezeugt oder erleuchtet wird" (Papst JP II.).

Kompendium zum KKK

„Das Kompendium … ist eine getreue und sichere Zusammenfassung des Katechismus der Katholischen Kirche. Es enthält in knapper Form alle wesentlichen und grundlegenden Elemente des Glaubens der Kirche" (Papst Benedikt XVI.).

Religionsbuchreihe „Glaube und Leben"

„Glaube und Leben" ist eine umfassende Darstellung des katholischen Glaubens für Kinder und Jugendliche von 6 bis 14 Jahren, deren Eltern und Katecheten.

Große Geheimnisse unseres Glaubens

ISBN 3 85406 173 0
Dieser einzigartige Bildband ist eine Weihegabe an Maria. Es beinhaltet Gedanken und wunderschöne Meditationsbilder zu den einzelnen Geheimnissen des Rosenkranzes.

Unter den Strahlen der Liebe

Ingeborg Obereder
ISBN 978 3 85406 192 2
Diese kleine Schrift ist eine ausgezeichnete Hilfe dafür, wie man die kostbare Zeit vor Jesus im Allerheiligsten Sakrament verbringen kann.

Fall aus dem Licht

Horst Obereder
ISBN 978-3-902686-25-1
In diesem Buch wird ein Weltmodell vorgestellt, das nicht im Widerspruch zur Heiligen Schrift steht. Die Erbsünde bewirkt einen „Fall aus dem Licht", der den ganzen Kosmos in den Tod stürzt…

Weihwasser und andere christliche Heilmittel

Horst & Ingeborg Obereder
ISBN 3-85406 172 2
Dieses Buch die Gläubigen ermutigen, die göttliche Kraft, die im Weihwasser und in den anderen christlichen Heilmitteln liegt, wieder mehr und voll Vertrauen zu nutzen.

Therese, eine Freundin für immer

Ingeborg Obereder
ISBN 3-932426-35-5
Dieses Kinderbuch erzählt die Geschichte der hl. Therese von Lisieux in einer spannenden Rahmenerzählung. Das Buch eignet sich als Geschenk zur Erstkommunion, Firmung und für viele andere Anlässe.

Theresia von Lisieux – Rose in der Wüste

Ingeborg Obereder
ISBN 3-87449-269-9
Das Geheimnis dieser großen Heiligen und Kirchenlehrerin wird in einer verständlichen Sprache so vermittelt, wie es sonst kaum erfahrbar wird.

Diagnose Krebs

Horst Obereder
ISBN 3-87449-263-x
Was ist eigentlich los in der Kirche? Warum läuft so vieles schief?
Wer dieses Buch liest, dem gehen die Augen auf. Er wird viele Entwicklungen in der Kirche anders sehen und mehr für die Kirche beten.

Lobe den Herrn!

Ingeborg Obereder
ISBN 978-3-902722-08-9
Wer jemanden zärtlich liebt, denkt fast immer an ihn; er wird danach trachten, für ihn da zu sein, ihm zu helfen und von ihm nur Gutes sprechen. So wollen auch jene, die Gott lieben, an Ihn denken, Seinen Willen erfüllen und Ihn loben und preisen.

Alle Bücher erhalten Sie im guten Fachhandel oder über den Mediatrix-Verlag